TransLatin 트랜스라틴 총서 06

커피밭 사람들

라틴아메리카 커피노동자, 그들 삶의 기록

커피밭 사람들 —라틴아메리카 커피노동자, 그들 삶의 기록

초판1쇄 펴냄 2011년 7월 15일
초판7쇄 펴냄 2025년 4월 1일

지은이 임수진
펴낸이 유재건
펴낸곳 (주)그린비출판사
주소 서울시 서대문구 이화여대2길 10, 1층
대표전화 02-702-2717 | **팩스** 02-703-0272
홈페이지 www.greenbee.co.kr
원고투고 및 문의 editor@greenbee.co.kr

편집 이진희, 민승환, 문혜림, 성채현 | **디자인** 이은솔
독자사업 류경희 | **경영관리** 장혜숙

저작권법에 의하여 한국 내에서 보호를 받는 저작물이므로 무단전재와 무단복제를 금합니다.
책값은 뒤표지에 있습니다. 잘못 만들어진 책은 구입처에서 바꿔 드립니다.
ISBN 978-89-7682-755-5 03800

독자의 학문사변행學問思辨行을 돕는 든든한 가이드 _(주)그린비출판사

TransLatin 트랜스라틴 총서 06

커피밭 사람들

라틴아메리카 커피노동자, 그들 삶의 기록

임수진 지음

그린비

책머리에

지구가 한바퀴 자전하는 24시간 동안이면, 세계 곳곳에서 17억 잔의 커피가 소비된다고 한다. 일찍이 아프리카와 아시아 그리고 라틴아메리카까지 세계 경제 속에 끌어들이며 유럽 귀족들의 사교를 주선하고 산업혁명시대 기계 리듬을 좇고자 하는 노동자들의 자명종 역할을 충실히 수행해 내더니, 이제는 그리스신화 속에 나오던 바다인어(Siren)까지 불러내 초록빛 로고 속에 가두어 두고 세계 처처에서 수많은 이들을 유혹하는 모양이다. 그러고 보면 커피는 여전히 낭만과 실용을 동시에 아우르는 세계음료이고 시대음료이면서, 소비자들에게는 그들끼리 소통할 수 있는 문화코드를 부여하는 상징음료임이 분명하다. 이러한 세태를 거스를 수 없는 듯, 한국에서도 커피가 어지간히 유행인가 보다. 한 세기 전에는 국가의 황제나 마실 수 있었던 커피를 인어아가씨 혹은 커피콩이 선명하게 그려진 종이컵에 담아 들고 바쁘게 거리를 걷는 일은, 이제 그야말로 수많은 대한민국인들의 일상이 되어 버리고 말았다.

    세계 어디서나 너무도 쉽게 접할 수 있는 커피이다 보니, 늘 일상 가까이 있는 것처럼 느껴지지만, 사실 그 생산은 소비와 한참 다른 차원에 동떨어져 있고 일상의 소비와 생산의 현장 사이에는 수많은 시간과 공간의 사슬들이 엮여 있다. 이 책은 오늘날 우리 삶에서 너무나 당연시되는 일상의 커피 소비로부터 시공간적으로 가장 먼 곳에 위치하는 커피 생산현장에 대한 이야기다. 하루 종일 커피를 따면서도 하루에 커피 한 잔 값도 벌지 못하며 삶을 꾸려 나가는 라틴아메리카 커피노동자들에 대한 기록이다. 이들이 전 세계 커피 따는 모든 이들의 삶을 대표할 수는 없지만, 너무도 풍요로운 '커피의 세기'에 그보다 더 가난할 수 없는 삶을 살아 내야 하는 데 있어서는 큰 차이가 없을 것이다. 이 책에 나오는 장소와 사람 이름은 모두가 실명이다. 그들은 오늘 이 순간에도 그곳에서 여전히 붉게 익은 커피열매를 골라 따고 있을 것이다. 커피 한 잔 값에도 미치지 못하는 일당을 받으면서 말이다.

* * *

한참을 잔 것 같은 기분으로 눈을 떴다. 분명 눈을 떴다고 생각했는데 눈앞에 보이는 것이 아무것도 없었다. 완전한 어둠이다. 비오는 밤, 집 안에도 집 밖에도 발광체가 하나도 없으니, 그야말로 한치 앞도 보이지 않는 칠흑 같은 어두움이다. 눈을 뜬 것인지, 감은 것인지 구분이 되지 않아 일부러 눈을 깜빡깜빡거려 본다. 눈을 뜨나 감으나 아무런 차이를 느낄 수 없는 그런 어둠 속에 내가 있었다.

  머리맡을 더듬어 랜턴을 켜고 시계를 들여다보았다. 밤 10시가 채 되지 않은 시간이다. 다시 잠을 청해 보지만, 다음날 새벽까지 남겨진 시간들이 무심히리 만치 길게만 느껴질 뿐, 쉬 잠이 오질 않는다. 나무 칸막이 하나를 사이에 둔 옆방 엘레나와 기예르모의 잠을 깨울까 봐 일어나지도 못하겠다. 삐거덕거리는 침대 소리가 조심스러워 몸을 뒤척이지도 못하겠다. 그렇게 아무것도 보이지 않아, 눈을 떴는지 감았는지조차 헷갈릴 만큼의 어둠 속에서 할 수 있는 일이란 오직, 생각과 공상이 전부. 슬금슬금 꼬리를 문다. '나는 지금 왜 여기에 있는가?' '무엇을 하고 있는가?' 하는 물음에서부터 시작하더니, '이런 식으로 해서 과연 논문이 되기는 될까?' 하는 걱정이 스멀스멀 올라왔다. 그쯤에서 그냥 잠이 들었으면 좋았을 것을, 정해진 시간들이라 생각하고 견뎌 내자 맘먹었으면서도 '이렇게 살아도 되는 것일까?' '하루에 1달러도 채 벌지 못하면서, 따가운 태양 아래 굳이 커피 따는 일을 해야 하는 것일까?' '언제까지 이렇게 살아야 하는 것일까?' '너무 바닥까지 내려온 것은 아닐까?'……. 그런 생각들을 하다 보니, 3

년을 꼬박 벌러 온 그간의 작정은 온데간데없고 한심하다는 생각과 함께 자괴감마저 들 지경이었다.

이상하기도 하지, 나 자신을 가장 낮은 곳으로 던져 놓고 보니 그제야 그 주변에 사람들이 보였다. 커피밭 사람들이 보였다. 하루 종일 땀과 커피 진액으로 범벅되어 커피를 따도 하루에 벌 수 있는 돈은 고작 4달러에서 5달러 정도. 한국에서라면 커피 한 잔 값으로도 모자랄 만한 돈. 걸음마 떼면서부터 커피를 땄다는 엘레나의 삶, 그렇게 스무 해 동안 커피를 땄지만, 그녀의 삶은 나아진 것이 없다. 오늘 하루 삶을 살아 내기 위해 그녀는 오늘도 커피를 따야 한다. 부모님이 무학인 데 비해, 그래도 초등학교 3학년을 마쳤으니 나아졌다면 나아진 것일까? 기예르모, 새벽 4시면 일어나서 캄캄한 새벽길을 더듬어 내려가 돈 마초의 집 소젖을 짜주고 얻어 오는 우유 한 병, 그 우유 한 병을 아침 삼아 먹고 나서면 해가 질 때까지 한시도 쉬지 않고 일을 하는데 아직 그 이름으로 땅 한 평 가져 본 적이 없다. 얀시, 엄마 몰래 블라우스 하나를 외상으로 사 입고, 그 외상 값을 갚느라 보름 동안 학교도 못 가고 커피를 따야 했던 그녀. 나 같으면 열 번을 생각해도 차라리 블라우스 하나 입지 않고 대신 보름 동안 일하지 않아도 될 상황을 선택하겠지만, 두 번 생각할 것도 없이 그 반대의 상황을 선택할 수밖에 없었던 얀시. 그리고, 아메리칸 드림을 좇아 사라진 남편을 대신해 세 아이들을 데리고 커피를 따는 둘리아. 세 아이들 중 한 명도 중학교에 진학하지 못해 그것이 속상한 그녀.

그래도 그들은 나고 자란 곳에 살고 있으니 그나마 낫다 할 수 있을까? 불법으로 코스타리카에 넘어와 축사만도 못한 집에서 전기도, 이불도 베개도 없이 잠을 자고, 석 달 열흘 이를 악물고 쇼트닝에 볶은 쌀만 먹고 사는 니카라과 사람들. 후안, 하이메, 아우구스팅, 에드윈……, 아메리칸 드림은 차마 꿈도 꾸지 못하고, 온갖 차별을 감내하며 코스타리칸 드림을 좇는 사람들. 평생을 그렇게 살아왔고, 목숨 걸고 미국으로 건너가지 않는 한, 앞으로 남은 삶도 지금과 별반 차이 없이 혹은 나이 들게 되면 더 어렵게 살아갈 그들. 도무지 희망이란 단어를 찾아볼 수 없는, 한치 앞도 보이지 않는 그들의 미래가 꼭 내 눈 앞의 암흑 같았다. 눈을 떴는지 감았는지조차 모를 이 암흑 같았다.

늘 엘레나에게 모든 게 잘될 것이라고 희망을 가지라 했고, 얀시에게 공부를 열심히 하라 했지만, 그리고 니카라과에서 넘어온 사람들한테 음식을 조금 더 잘 먹어야 한다고 했지만, 사실 그 말들을 하면서 얼마나 마음이 찔렸는지 모른다. 그만한 기만이 어디 있겠는가? 그만한 사기가 또 어디 있겠는가? 세상에 나온 숱한 이론들이 이들이 이러저러해서 가난하고, 어찌어찌하면 이 상황이 좋아질 것이라 전망했지만, 사실 그들의 삶은 세상의 거대이론들이 표현하는 것보다 훨씬 더 열악하고 통계에 잡히는 수치보다도 훨씬 더 절망적이었다.

새벽 4시면 일을 나서니 이들이 게으른 것도 아닌데, 휘황찬란한 물질세상에서 한켠에 비켜 있으니 이들의 삶이 허황된 것도 아닌데, 커피밭에서 평생을 살아왔고, 또 남은 생을 커피밭에서 살아가야 하는 이들의 앞날이 도무지 나아질 것 같지가 않았다. 해가 뜨기 전 커피밭에 올라가 하루 종일 커피를 따지만 그들의 삶 가운데 단 한 번도 고급 커피숍에서 커피 한 잔 사먹지 못할 이들의 삶이 마음에 슬프게 걸렸다. 이 세상 곳곳에서 수많은 종류의 커피들이 팔린다는데, 정작 그 커피를 따는 사람들은 이 세상 가장 구석진 곳에서 가난과 함께 평생을 살아간다는 사실이 마음에 걸렸다. 저 멀리 북쪽(El Norte; 그곳 사람들은 미국을 늘 북쪽이라 불렀다) 어딘가엔 한 시간만 일해도 이곳에서 하루 버는 것만큼 돈을 벌 수 있는 유토피아가 있다지만, 그 사실을 고스란히 알면서도 이곳을 벗어나지 못하고 커피를 따야 하는 이들의 삶에 마음이 아렸다. 이들이 나고 자란 곳을 벗어나지 않는 한, 대를 이을 가난으로부터도 벗어날 수 없을 것이란 사실에 마음이 아팠다. 조금이라도 더 낫게 살아 보겠다 발버둥을 치지만 거대이론 속에 혹은 통계 속에 한 부분으로, 추상적으로 묻혀 버리는 그들의 삶을 생각하니, 그 밤 어둠 가운데 떴는지 감았는지 모를 눈에서 눈물이 흘러내렸다.

* * *

커피가 어지간히 유행인 모양인지, 커피에 관해 쓴 온갖 글들이 많은데, 정작 커피를 따는 사람들에 대한 글은 없었다. 거대이론이나 통계 속 한 부분으로 이름도 없이 묻혀 버리는 그들의 삶이 아니라 엘레나, 얀시, 기예르모, 플로르, 아우구스팅, 하이메, 에드윈, 프레디, 안토니아, 둘리아……, 이 세상에 태어나 비록 가난하지만 진솔하게 삶을 꾸리며 살아갔던 그들의 이야기를 기록해 남기고 싶었다. 모든 것이 시시각각 변하는 이 포스트모던한 시대에 코스타리카 커피밭에서 100년 전, 200년 전과 전혀 다를 것 없이 일일이 손으로 붉은 커피열매를 따며 살아가는 그들의 이름을 이 세상에 남겨 주고 싶었다. 그들의 이름이라도 그들이 딴 커피와 함께 다른 세상으로 건너갈 수 있으면 하는 바람이었다.

'커피밭 사람들', 그들이 평생을 살아가는, 혹은 살아 내야 하는 삶의 터전에 잠시 잠깐 발을 담근 내가 얼마나 그들의 삶을 이해하고 표현해 낼 수 있을지 모르겠다. 사실, 그들을 만날 때는 한없이 반가운 마음이었지만, 그들과 헤어져 다시 내 삶의 터전으로 돌아올 때면 서운함 바로 뒤에 붙어 오는 묘한 해방감을 느끼곤 했다. 그들의 삶을 잠깐 '체험'하고 나는 늘 다시, 내 삶으로 돌아왔다. 돌아올 때면 내 삶이 그들의 삶과 같지 않음에 안도하고 감사했다. 그런 내가 참 비겁하다는 생각이 들기도 했다. 그러나 어느 순간 알게 되었다. 그들이 내가 될 수 없듯이, 나 또한 그들이 될 수도 없다는 사실을, 그리고 내가 그들과 같이 될 필요도 없다는 사실을. 그러고 나니 내가 할 수 있는 일과 해야 할 일이 무엇인지 좀더 명확해졌다. 언제까지 그들을 찾아다닐 수 있을지 모르겠다. 평생 하겠다 생각했는데, 점점 자신이 없어진다. 그래도 내가 살아 있고, 그들이 살아 있는 동안에 그들의 이야기가 계속되었으면 좋겠다. 그렇게 마음을 다져 먹는다. 그래서 그들의 이름 하나가, 그들의 사진 한 장이 10년, 20년, 그렇게, 이 세상, 그 누군가의 마음에 남겨질 수 있다면, 그보다 더한 바람이 없겠다. 그랬으면 정말 좋겠다.

* * *

오랜 시간 마음에 빚으로 담고 있던 글들을 풀어 책으로 낼 수 있었던 데는 소중한 분들의 도움이 있었기에 이 자리를 빌려 감사를 전한다. 먼저, 2008년 한국연구재단의 인문한국사업 해외지역연구 분야 연구소로 선정되어 이 사업의 일환(NRF-2008-362-B00015)으로 책 출판의 모든 과정을 전적으로 지원해 준 '서울대학교 라틴아메리카연구소'에 감사드린다. 특히 우석균 선생님께 깊이 감사드린다. 코스타리카에 있는 것도, 그렇다고 한국에 있는 것도 아닌 내게 여러 차례 편지를 보내시어 책 써보라 권하시던 선생님이 아니었더라면, 이 글들은 아직도 내 마음속 빚으로만 남아 있을 뻔했다. 또한 기꺼이 출판을 수락해 주고 거친 글들을 다듬어 아름다운 책으로 만들어 준 그린비출판사 모든 직원분들과 내 글에 진심으로 공감하고 의견을 나누어 준 김현경 주간님께 감사를 전한다. '커피밭 사람들', 내가 이들을 만나고 이들에 대한 고민을 오랜 시간 마음에 담아 글로 쓸 수 있었던 건 사람에 대한 애정과 열정 때문이었다고 감히 말할 수 있겠다. 배움의 길 가운데 얻은 가장 소중한 가치다. 나 자신을 포함한 인간에 대한 애정과 열정, 그 가르침을 주신 이정만 교수님께 이 자리를 빌려 깊이 감사드린다. 책을 쓰는 동안 개인적으론 힘든 시기였다. 순간순간 이 책 쓰는 일이 없었더라면 그 힘든 시간을 어떻게 견뎌 냈을까 싶다. 책을 쓰는 내내 커피밭에서 만난 내 친구들이 내 삶에 찾아와 나를 위로해 줬다. 그들 때문에 울 수 있었고, 그들 때문에 웃을 수 있었다. 이래저래 그들에게 입은 고마움이 참 크다.

    이 책을 쓰면서 가장 마음에 걸렸던 분들이 두 분 부모님이시다. 이 책을 보시게 된다면 부족한 자식에 대한 노심초사가 더 깊어지실 것이 뻔하다. 그래도 나는 이 책을 두 분 부모님께 바치고 싶다.

2011년 우기가 시작되려는 즈음에
멕시코 콜리마에서
임수진

차례

책머리에 · 4
프롤로그_현장에 가면 영감이 있다 · 14

1장 / 커피밭을 찾아서
2001년 가을, 뉴욕 · 20
코스타리카, 산호세 · 23
코스타리카에 살다 · 26
'타라수'를 알게 되다 · 28
페레스 셀레동으로 가다 · 36

2장 / 커피밭에서의 삶
생애 처음, 커피를 따다 · 50
나, 불량노동자 · 61
얀시의 바지를 사러 가다 · 75
커피꽃이 피었습니다 · 82
엘레나와 기예르모의 결혼 1주년 기념일 · 85
둘리아의 남편이 돌아왔다 · 96
산타페농장으로 가다 · 103
다시, 타라수로 돌아오다 · 113
해질녘, 늘 방죽가 집을 찾아가다 · 127
토요일 오후 그들의 일상, 타라수 센트로 풍경 · 138
니카라과 사람들과 과이미, 그리고 과이미 여자들 · 145
'독토르 델 카페탈'이 미쳤다 · 155
내 삶의 위안, 카페 로스산토스 · 161

3장 / 내 친구, 프레디를 찾아서
프레디가 떠나갔다 · 170
니카라과, 보아코, 산타루시아 · 174
프레디의 할아버지, 돈 레이놀드 · 178
프레디 집을 찾아가다 · 183

프레디를 기다리다 · 190
마타갈파에 들르다 · 198
마타갈파 여관 식모, 글로리아 · 203
프레디 부부를 다시 만나다 · 207
미국으로 간 프레디에게서 전화가 걸려오다 · 215

4장 / **2009년, 지난 삶의 흔적을 좇아 떠난 여행**
다시 찾은 코스타리카, 그리고 사람들 · 220
페레스 셀레동, 산페드로 마을사람들 · 227
타라수, 카페 로스산토스 · 239
타라수, 도냐 베르타 가족 · 244
산타마리아 도타 커피집, 그리고 옛친구 후안 엘리 · 249

5장 / **프레디를 찾지 않는 것이 좋을 뻔했다**
2009년, 다시 니카라과로 · 258
마나과, 호텔 티카버스 · 263
보아코 · 268
산타루시아, 도냐 루신다 민박집 · 271
돈 레이놀드 · 274
프레디의 집, 프레디의 우물 · 277
지오반과 함께 아랫마을로 내려오다 · 285
다시, 마나과로 · 292
안토니아에게 전화를 걸다 · 296

6장 / **2010년 다시, 커피밭에서 만난 사람들**
기예르모 · 300
엘레나 · 307
다시 사라져 버린 안토니아 · 311
방죽가 집에 홀로 남은 과이미 여인 · 313

에필로그_여전히 쓴 그들의 삶 · 324

커피밭 사람들과 만난 곳

• 중미 지도

• 니카라과 지도

• 코스타리카 지도

프롤로그 _
현장에 가면 영감이 있다

초등학교 들어가기 전부터 '서울' 한번 가보는 것이 꿈이었다. 일곱 살 먹어서 할머니를 따라 올라간 서울에서 본 것은 함박눈이 펑펑 내리는 서울역 광장에 단아하게 선 붉은 벽돌 건물의 서울역사였다. 그것은 새로운 세상에 대한 각인이었고 이후 늘 새로운 세상을 갈망하였다. 초등학교 졸업하던 해, 이 다음에 커서 관광버스 운전사가 되기로 맘먹었다. 이 세상에 그만한 직업이 없을 것 같았다. 하지만 결국 관광버스 운전사는 되지 못했고, 대신 지리학을 선택했다. 공부를 핑계 삼아 원없이 돌아다닐 수 있을 것 같았다.

지리학이라는 틀 안에서 열심히 발품을 팔며 돌아다녔다. 각양각색의 사람들이 사는 모습을 들여다볼 수 있었다. 그들의 삶을 보고, 느끼면서 이 세상에는 내가 감히 상상조차도 할 수 없었던 깊은 삶의 '내공'이 있다는 것을 알게 되었다. 한 사람 한 사람 삶에 대한 기록을 시작하였고 개인의 삶 속에서 사회적 맥락을 찾고자 고민하던 시기였다. 내가 살지 않은 다른 세상(지역)에 대한 과학적 이해의 시도였다. 어떻게 다른가 알고 싶었고, 왜 다른가 알고 싶었다. 마침 김영삼 정부의 세계화 정책과 함께 '지역연구'라는 말이 유행처럼 번지던 때였다. 인문·사회과학 분야에서 지역연구에 대한 수많은 정의와 이론들이 쏟아졌지만, 그대로 받아들이기에는 너무 광범위한 개념들이었다. 어쩔 수 없이 내 나름대로 정의를 내리고 구체화해야 했다. '일정한 지역, 땅 위에 발딛고 사는 사람들의 다양한 삶을 이해하기 위한 과학적 시도'라고. 무엇보다도 '시도'라는 용어를 사용해 정의내릴 수밖에 없었던 것은, 지금 와서 고백하건대, 사실 도망갈 장치의 마련인 셈이었다. 이렇게 하다가 아니 되면 저렇게 해보겠다는 심산이었다.

막상 지역연구라는 것을 하겠다 맘먹고 나니, 두 가지 질문에 직면했다. '어디로 갈 것인가?'와 '무엇을 볼 것인가?'였다. 라틴아메리카로 가기로 했다. 라틴아메리카에 대한 선택은 이미 오래 전에 내려진 결정이었다. 한국을 떠나기 전까지 수없이 많은 사람들이 '왜, 라틴아메리카로 가려 하는지' 물었고, 코스타리카로 간 다음에는 그곳 사람들이 '왜, 라틴아메리카로 왔는지' 내게 물었지만, 내가 답할 수 있는 말은 딱 한 마디, '운명이다'였다. 아마 지금 내게 누가 똑같은 질문을 한다 해도 '운명'이라는 말 외에는 설명할 도리가 없다. 그렇지 않고서야 '한국지역연구'도 있고 가까운 '아시아지역연구'도 있는데 굳이 그 먼 라틴아메리카까지 갈 이유가 없을 테니까. 운명을 받아들이고 나니, 문제는 '무엇을 볼 것인가?'였다. 그에 따라 다시 라틴아메리카 내에서 어디로 가야 할 것인가를 정해야 했다. 라틴아메리카를 정하는 것은 참 간단한 일이었는데, 바로 그 다음에서 막혀 버렸다. 3년 가까운 시간 동안 수많은 주제들을 놓고 고민하다 보니, 아직 가보지도 못한 라틴아메리카에서 길을 잃은 것 같은 기분이었다.

고민의 시간 속에 희미하게 윤곽이 잡히기 시작했다. 하루 종일 커피를 따도 내가 마시는 커피 한 잔 값도 벌지 못하는 사람들이 있다 했다. 그들을 만나 보고 싶었다. 그 지역에 살기 때문에 그렇게밖에 살 수 없는 그들의 삶을 이해하고 싶었다. 우여곡절 끝에 2001년 가을, 코스타리카로 갔다. 코스타리카에 가기만 하면 금방이라도 그들을 만나 그들의 삶을 들여다보고 느끼고 과학적으로 이해하고 해석까지 할 수 있을 줄 알았는데, 우리나라보다 한참 작은 코스타리카 안에서 그들을 찾아 헤매는 데에만 반년이 훌쩍 넘게 걸렸다. 어찌어찌 내 논문의 대상이 되어 줄 그들을 만나긴 했지만, 그들의 삶 앞에서 내가 가져간 과학적 틀은 망망대해의 일엽편주와 같이 표류하기 시작했다. '사람 일이란 게 다 그렇지……'라고 맘 다독이며 느긋하게 기다렸지만, 그들의 삶을 들여다보면 들여다볼수록 '과연 논문이 될 수 있을까?' 하는 회의가 더 깊어졌다. 역사를 끌어들이고 통계를 빌려 오고, 거대이론을 주문처럼 외워 봤지만, 고작 1~2년간 그들의 삶을 들여다보고 뭔가 쓸 용기가 없었다. 커피 한 잔 값이 문제가 아니었다. 구조적으로 이미 고착되어 어찌해 볼 수 없을 것 같은 삶의 곽곽함 가운데서도 슬프면 슬픈 대로, 기쁘면 기쁜 대로 온전히 자신의 삶을 보듬고 살아가는 그들 삶 앞에 내가 가진 '과학적 시도'는 내공이 부족해도 한참 부족한 것이었다. 결국 논문에는 그들에 대한 이야기가 하나도 들어갈 수 없었다.

살아 있는 사람들에 대한 이야기를 쓸 수 없어 커피에게 말을 걸었다. 한때 '황금낟알'이라 불리며 나라의 모든 것을 대신했다던 100년 전, 200년 전으로 거슬러 올라갔다. 유럽의 귀족들이 살롱에서 마시던 커피가, 산업혁명시기 노동자들이 각성제로 마시던 커피가, 그리고 같은 아메리카 대륙인 미국사람들이 차와 술을 대신해 마시던 커피가, 코스타리카라는 이 작은 나라를 세계경제 속으로 어떻게 끌어들이고, 굵직굵직한 세계사적 사건들과 맞물리면서 그 결과들이 코스타리카 내 각 지역에 어떠한 형태로 투영되는가에 대한 논문이었다. 사치였든, 필요였든, 지난 세기 그리고 현재 인간들의 커피에 대한 열망이 라틴아메리카의 한 나라인 코스타리카를 세계체제 속에 어떻게 규정하였고 변화시켰는가에 대한 내용이었다. 커피를 매개로 한 라틴아메리카 지역에 대한 이해였다.

그렇게 난 박사가 되었다. 커피밭에서 불량노동자로 살던 시절 만났던 친구들이 듣는다면 도무지 믿지 못할 소식일 것이다. 논문이 끝나면 모든 것이 끝날 줄 알았다. 그런데 사람들을 잊기가 쉽지가 않다. 여전히 내 마음에는 그때 커피밭에서 만났던 사람들에 대한 고마움과 동시에 미안함이 있다. 말도 어눌하고 손도 여물지 못하고, 거기다 게으르기까지 했던 내가 뜨내기 인생 막장이라는 커피밭에서 죽지 않고 살아서 커피를 주제로 박사가 될 수 있었던 건 커피밭에서 만난 친구들이 생면부지인 나를 걱정해 주고 살펴준 덕이다. 그들의 삶을 엿보면서 그들에게 끝까지 내 삶에 대해서는 고백하지 못한 미안함이 있다. 진즉 이실직고하고 가진 돈 털어 따뜻한 식사라도 한끼 대접하지 못한 것이 후회스럽다.

미안한 마음으로 그들에 대한 이야기를 쓴다. 혹시나 싶어 기회가 될 때마다 커피밭을 기웃거리지만 그때마다 새로운 사람들이다. 대부분 커피 수확철을 쫓아 철새처럼 떠돌던 사람들이었으니 아마도 다시 만나기는 힘들 것이다. 그래도 나는 커피밭으로 가야 할 것 같다. '현장에 가면 영감이 있다', 이 말 참 멋있다. 명탐정 셜록 홈즈와 형사 콜롬보가 수십 번씩 사건 현장을 찾아 나설 때 쓰던 말이다. 나에게 현장은 커피밭이다. 그곳에서 어떤 영감을 얻게 될지 알 수 없지만, 아마도 다시 새로운 사람들을 만나고 그들의 삶을 자꾸만 굽어다 보면 그 안에서 과거 커피밭에서 만났던 내 친구들의 삶을 다시 만나게 될지 모르겠다. 그리고 예전에 내가 보지 못했던 그들 삶의 또다른 단면을 보게 될지도 모르겠다. 희망이 있다면, 그렇게 다시 만나는 커피밭 사람들의 삶이 이제 좀 덜 아팠으면 좋겠다. 좀 덜 썼으면 좋겠다. 그곳에서 커피를 따는 그들의 삶과 이곳에서 커피를 마시는 내 삶의 간극이 조금이라도 가까워졌으면 좋겠다. 그래서 내가 그들의 삶을 좀더 쉽게, 그리고 좀더 깊게 이해할 수 있으면 좋겠다.

1장

커피밭을 찾아서

사진 한 장이 발단이었다.
박사과정에 들어온 후 라틴아메리카 지역연구를 시작하겠다고 맘먹었지만,
도대체 어디서부터 어떻게 시작을 해야 할지 감을 잡지 못하고 헤매던 즈음이었다.
라틴아메리카 관련 수업에서 우연히 사진 한 장을 보게 되었고
그 사진이, 그만, 내 마음 깊이 들어와 버렸다.
커피를 따는 사람들이라 했는데, 그들의 하루 임금이
우리가 즐겨 마시는 커피 한 잔 값에도 채 미치지 못한다, 했다.
운명이랄까……

2001년 가을,
뉴욕

2001년 늦은 가을 새벽 2시 미국 뉴욕 JFK공항, 9·11 테러가 있은 지 얼마 지나지 않은 시점인지라 경계는 삼엄하기 그지없다. 겨울비일까 싶을 만큼 차가운 비가 추적추적 내리는데도, 사람들은 그 비를 온전히 맞으며 공항 밖으로 길게 줄을 섰다. 짐이 젖는 것이야 그렇다 친다지만, 차가운 비를 하염없이 맞으며 줄을 선 사람 가운데 누구 하나 불평이라도 할 법한데, 중간 중간 경계태세로 서 있는 무장군인의 위세에 잔뜩 기가 눌린 모양이다. 그저 모두가 외투를 뒤집어쓴 채 잔뜩 웅숭그리고 있을 뿐이다. 어두움 속에 사람들의 면면을 볼 수 없으니, 이곳이 과연 21세기 미국이라는 나라가 맞는 것인지 의문이 들 정도다. 그 새벽, 한 시간 넘게 차가운 비를 맞으며 줄을 서고 다시 공항 청사 입구에서 무장군인에게 짐 수색과 몸 수색까지 당한 후에야 겨우 청사 안으로 들어갈 수 있었다. 안에서도 상황은 마찬가지, 비행기 출발시간이 얼마 남지 않았음에도 짐 검색, 몸 검색이 계속된다. 비행기 출발시간이 새벽 5시였지만, 항공사 데스크에 도착한 것은 이미 5시를 넘기고서였다. 바짝 타는 마음으로 항공사 직원에게 탑승 수속이 가능한지 물어 보니, 아직 공항 안으로 들어오지도 못한 승객들이 있다면서 오히려 위로를 해준다. 비행기가 이륙한 것은 출발시간을 두 시간 여나 넘겨서였다. 추운 새벽에 차가운 비를 맞아 가며 무장군인들의 경계 속에 줄을 서고, 서너 번에 걸친 까다로운 검색에 지쳐서였을까. 비행기가 이륙하자 많은 사람들이 박수를 치며 환호성을 질렀다. 더러 여행길에 비행기가 활주로에 닿는 순간 박수를 치며 좋아하는 경우는 봤어도 이륙할 때 그러한 경우는 또 처음이었다. '내가 코스타리카에 가기는 가는구나……' 얼마나 벼러 왔던 일이었던가. 하지만 비행기가 고도를 높이면서 사람들은 환호하는데, 내 삶은 마치 끝없는 벼랑 아래로 흘러내리는 기분이었다.

사진 한 장이 발단이었다. 박사과정에 들어온 후 라틴아메리카 지역연구를 시작하겠다고 맘먹었지만, 도대체 어디서부터 어떻게 시작을 해야 할지 감을 잡지 못하고 헤매던 즈음이었다. 라틴아메리카 관련 수업에서 우연히 사진 한 장을 보게 되었고 그 사진이 그만, 내 마음 깊이 들어와 버렸다. 커피를 따는 사람들이라 했는데, 그들의 하루 임금이 우리가 즐겨 마시는 커피 한 잔 값에도 채 미치지 못한다 했다. 운명이랄까……. 라틴아메리카 지역연구를 한다 했을 때, 주변의 모든 사람들이 어찌 그 먼 곳을 연구지역으로 택했느냐며, 호기 부리지 말고 차라리 가까운 동남아시아 쪽으로 대상지역을 바꾸라 종용하던 차였다. 그런데 사진 한 장, 그리고 '라틴아메리카'와 '커피'라는 이 두 단어가 섞이면서 내 마음속에 이유를 알 수 없는 회오리바람을 일으켰다.

'라틴아메리카 커피', 주제는 정해졌는데 그 다음이 문제였다. 그 넓디넓은 라틴아메리카 어디로 가서 커피의 무엇을 연구한단 말인가? 딱 반절, 라틴아메리카 40여 개 나라 중 20개 나라에서 커피를 생산하고 수출하는데, 어디로 간단 말인가? 가고 싶은 나라가 없었던 것이 아니라,

아는 것이 워낙 없다 보니, 도무지 어디로 가야 할지를 알지 못하는 형국이었다. 닥치는 대로 라틴아메리카 커피 관련 책들을 구해 읽어 보아도 딱히 답이 나오지 않았다. 스페인어로 인사말만 겨우 할 수 있는 정도였지만, 그래도 스페인어가 낫겠다 싶어 브라질을 가장 먼저 제외했다. 설령 포르투갈어로 인사를 할 수 있다 치더라도, 그 넓은 나라로 가면 그곳에 가서 또 헤맬 것 같은 생각이 들어 과감하게 제해 버렸다. 서인도제도의 섬나라들, 그리고 콜롬비아? 가야 할 운명이 아니었던지 이러저러한 핑계를 만들어 제하고 나니, 남은 나라가 중미 다섯 개 나라와 멕시코였다. 그 여섯 개 나라를 두고, 아직까지도 커피문화가 가장 강한 나라를 찾았다. 절대적인 양으로야 멕시코를 따라올 수 없겠지만, 국가의 건국부터 커피와 함께 시작되었고 여전히 나라 곳곳에 강한 커피문화가 남아 있다는 코스타리카에 마음이 끌렸다. 한 번도 가보지 못했지만, 어쩌면 '중미의 스위스'라 불린다는 다소 근거 없는 관광책자 선전문구에 속아 넘어간 것인지도 모르겠다, 사실.

코스타리카,
산호세

코스타리카 산호세San José,* 후
안 산타마리아Juan Santa Maria 국제공항에 도착하고 보니, 가장 먼저 나를
맞는 것은 습기다. 경비 삼엄하기 그지없었던 뉴욕에서부터 워낙 얼어
버린 것인지, 코스타리카에 내렸지만 아무런 감회도 생각도 없다. 배낭
하나가 전부인 짐을 찾아 공항 밖을 나섰다. 어찌저찌하여 이곳까지 오
긴 왔는데, 그 다음이 문제였다. 아는 사람도, 가야 할 곳도 없었다. 어디
든 가긴 가야겠는데, 막상 갈 곳이 없어 출국장인 공항 2층으로 올라갔
다. 그곳에서 바라본 코스타리카. 아직도 우기였던지 하늘은 무거운 잿
빛이었고, 그 아래 모습을 드러낸 산허리 자락은 온통 초록. 이 두 색의
조화가 코스타리카의 첫인상이었다.

---

* 산호세는 중남미의 스위스라 불리는 코스타리카의 수도이다. 식민시기와 19세기 초 독립 직후 코스타리카 수도는 오늘날 산호세에서 동쪽으로 24km 떨어진 카르타고(Cartago)였지만, 독립 직후 정치적 혼란기에 산호세와 카르타고에 번갈아 가며 수도가 옮겨지다 1838년 산호세로 확정되었다. 위도상으로는 북위 10도 이남에 위치하지만, 해발고도가 1,200미터 가까이 되기 때문에 극한 추위와 더위가 없이 연중 상춘기후를 갖는다. 다만 건기와 우기의 구분이 있다.
중앙아메리카 다섯 나라 중 코스타리카가 가장 먼저 커피재배를 시작하고 커피를 통해 독립 이후 국가정체성을 찾고자 노력하면서 커피수출과 함께 세계경제에 편입해 들어갔다면, 산호세야말로 그 모든 역사

마냥 공항에만 머물 수는 없어서 택시를 잡아탔다. 택시기사가 어디로 갈 거냐고 묻는데, 그제야 미국에서 산 여행책자를 뒤적여 다운타운에 위치한 비교적 저렴한 여관으로 가자고 했다. 공항을 벗어난 택시는 곧바로 고속도로로 접어들었다. 고속도로라 해봐야 왕복 4차선이 전부다. 표지판을 보니 상행선은 니카라과, 하행선은 파나마 방면이다. 설마 싶어 택시기사에게 물으니 정말 그렇단다. '판아메리칸 하이웨이'Pan American Highway, 북쪽으로 달리면 니카라과에 닿고, 남쪽으로 달리면 파나마에 닿는단다. 물론 거기서도 계속 달리면 캐나다와 남미 대륙 끝에 닿겠지……. 코스타리카 공항에 도착해서도 과연 내가 정말 코스타리카에 온 것인가 실감이 나질 않았는데, 판아메리칸 하이웨이란 그 한마디에 '아! 내가 정말 이곳, 코스타리카에 오긴 온 거구나', 실감이 났다.

적 과정과 사건들의 중심이자 메카였다 할 수 있다. 코스타리카에서 처음으로 커피가 재배된 곳이 산호세일 뿐 아니라, 1840년 이후 1890년까지 코스타리카의 유일한 수출품이 산호세에서 생산되던 커피였으니, 코스타리카 역사에서 산호세와 커피가 갖는 위상은 대단할 수밖에 없었다.

물론 오늘날 코스타리카에서 커피가 갖는 경제적 위상은 과거에 비해 보잘것없이 하락했지만, 커피를 통해 구가했던 화려함은 산호세 곳곳에 문화유산으로 남아 있다. 신세계를 찾아 유럽을 떠나왔지만, 늘 유럽문화에 목말라하던 코스타리카 사람들은 19세기 후반 '커피의 세기'에 황금낟알 커피가 가져다준 부를 통해 프랑스 파리의 것을 그대로 본떤 국립극장을 지을 수 있었다. 1890년 이후 초기 3년간 모든 건축비용은, 수출되는 커피 1아로바(arroba; 25파운드 혹은 약 11.5kg)당 5센트씩 온전히 국립극장 건축을 위해 부과되던 커피세금으로 충당되었다. 커피에 대한 헌정이었을까? 극장 내부 한쪽 벽면으로는 풍성한 유럽식 드레스를 입고 아름다운 모습으로 커피를 따는 여인들의 모습이 그려졌다. 이 그림은 이후 1964년 코스타리카 중앙은행에서 발행한 5콜론 지폐의 그림으로도 사용되었다. 물론 그 지폐는 더 이상 사용되지 않지만 한 세기가 지난 지금에도 코스타리카 수도 산호세에 있는 국립극장의 모퉁이돌에는 '이 극장은 코스타리카 커피생산자들이 기부한 커피세금으로 지어졌습니다'라는 문구가 당당히 새겨져 있다.

코스타리카를 화려하게 장식했던 '커피붐' 혹은 '커피의 세기'가 끝났다지만, 코스타리카 커피생산의 시원이었고 메카였던 산호세에는 여전히 곳곳에 '아름다운 시절' 커피의 흔적들이 남아 있다. 코스타리카 중앙은행 옆 마당의 분수는 전통적인 커피바구니인 카후엘라(Cajuela)에 커피가 가득 담긴 모양이다. 국립 커피관청인 ICAFE(Instituto de Café de Costa Rica)가 과거 커피를 실어 나르기 위해 태평양쪽 항구와 산호세를 잇던 기차역 앞에 여전히 건재하고 있고, 해마다 9월이면 '커피축제'가 열리기도 한다. 무엇보다도 산호세에 깊이 뿌리내린 '커피문화'(Caficultura)는 사람들의 삶, 그 자체에 있는 것 같다. 어지간한 관공서에서 물 대신 커피를 내는 것은 기본이고 시내버스 정류장이나 재래시장 어딜 가도 작은 보온병에 커피를 담아 파는 길거리 커피장수를 쉽게 볼 수 있으니, 역시 커피의 메카답다.

하루에 미화 15달러, 호텔 존슨Hotel Johnson, 산호세 다운타운에 위치한 이 여관은 딱 한국의 여인숙 수준이었다. 이른 새벽부터 차가운 비를 맞느라 몸은 피곤하고 지쳐 있었지만 도무지 잠을 청하고 싶은 마음이 들지 않는 곳이었다. 배낭만 던져두고 바로 길을 나섰다. 어딜 가도 그럭저럭 절대 방향감각을 잃지 않는다고 평상시 생각했거늘, 산호세 다운타운에서만큼은 그 절대 방향감각이 전혀 작동해 주지 않는 것 같았다. 길거리에는 사람과 차들이 엉켜 있었고, 그 사이사이 소리쳐 호객하는 노점상들까지 어우러져 도무지 정신을 차릴 수 없을 지경이었다.

어서 이곳을 벗어나자 맘먹고 재게 걷는데, 저 멀리 '맥도날드' 간판이 보인다. 마치 적진에 낙오되어 헤매던 병사가 아군을 만난 것과 같은 느낌이랄까, 카오스 속에서 한 점 코스모스를 만난 기분이랄까……. 맥도날드에 들어가 눈에 익은 빅맥 세트를 시켜 놓고서야 코스타리카에 발 디딘 오늘 이 하루, 내 인생에 어떤 일들이 일어났는지 곰곰이 생각해 볼 수 있었다. 아무래도 실수였다. 모든 사람이 이구동성으로 가지 말라고 뜯어말릴 때, 그냥 적당한 선에서 크게 양보하는 셈 치고 주저앉았어야 했다. 맛조차 느껴지지 않는 빅맥 햄버거를 코카콜라 기운으로 넘기면서 결심했다. '그래, 실수했다 치자. 그래도 여기까지 와서 코스타리카 땅을 밟아 봤으니 답사한 셈 치고 돌아가자', '일단 내일 미국으로 돌아가자.'

코스타리카에
살다

역시나 운명이었을까, 난 코스타리카를 떠나지 않았다. 방을 구했고 한 달 동안 미친 듯이 스페인어를 공부했다. 딱 한 달이었다. 시간도 없었고 돈도 없었으니까……. 코스타리카는 역시 커피의 나라다웠다. 방을 구해 들어간 집 할아버지는 새벽 4시 반이 되면 커피를 내렸고 5시가 되면 어김없이 내 방문을 두드리며 나와서 커피 마시라고 성화셨다. 사람들이 물 대신 커피를 마시는 것이 아닌가 의심이 들 만큼, 어딜 가도 커피가 있었다. 코스타리카 사람들에겐 커피가 음료가 아니라 음식인 것 같기도 했다. 하루는 길에서 만난 거지가 동전을 구하기에 몇 닢 주면서 동전을 구해 뭘 할 거냐고 물으니, 커피 마실 거란다. 시장에서는 점심시간에 길거리 커피장사가 노점상들을 상대로 커피를 팔았다. 커피에 설탕이 섞인 건지, 설탕에 커피가 섞인 건지 모를 진한 커피 한 잔이 그들의 점심이었다. 커피 한 잔 가격은 100콜론Colon, 당시 우리나라 돈으로 400원 정도였다.

거지조차도 구걸의 목적이 커피 한 잔 마시기 위함이라는 그 코스타리카에 커피를 찾아 왔지만, 정작 커피밭은 볼 수가 없었다. 하루의 시작과 끝이 커피였지만, 내가 살던 산호세에는 커피밭이 없었다. 코스타리카에만 오면 천지사방으로 커피밭이 있을 줄 알았는데, 코스타리카에서 다시 커피밭을 찾아 나서야 했다. 한 달간의 스페인어 공부를 마친 후, 본격적으로 커피밭을 찾아 나섰다. 행선지를 정하지 않고 아무 버스나 타고 가다 어디서든 커피밭이 보이면 그곳에 내렸다. 하지만 그뿐이었다. 수확기가 언제인지도 몰랐고, 누군가 말을 걸 사람도 만날 수가 없었다. 할 수 있는 일이라곤, 길가에 면한 광활한 커피밭 앞에 서보는 것뿐이었다. 어디에서부터 무엇을 어떻게 시작해야 할지 몰랐지만, 난 그 일을 멈추지 않았다. 사실, 할 수 있는 유일한 일이기도 했다. 석 달을 그렇게 살았다. 코스타리카 어디든, 커피밭이 있는 곳이면 무조건 갔다. 그 사이 커피나무가 꽃을 피운다는 사실을 알았고, 꽃이 지고 난 후 나뭇가지에 다닥다닥 작은 열매가 맺힌다는 것도 알게 되었다. 커피밭 사람들은 만나지 못하고 커피밭만 참으로 열심히 사랑했지만, 느긋한 마음으로 시간을 달랬다.

'타라수'를
알게 되다

'타라수'Tarrazú라는 이름을 알게 된 것은 산호세 다운타운의 한 카페에서였다. 석 달 넘게 커피밭을 짝사랑하다 지친 시점이었고, 뭔가 새로운 전환이 필요함을 느끼던 때였다. 카페 구석진 자리에 앉아 우연히 벽을 보았는데, 천장 가까이 높은 벽면에 왕년에 코스타리카 커피를 뉴욕으로 혹은 암스테르담으로 실어 내던 커피자루가 걸려 있었다. 굵은 마조직으로 투박하게 짜인 자루에 원산지를 증명하는 커다란 도장이 찍혀 있는데, 그 도장 안에 타라수라는 이름과 함께 한밤중 산과 달이 어우러진 풍경이 그려져 있었다. '타라수'……. 그동안 커피밭을 헤집고 다녔어도 한 번도 들어본 적이 없던 이름이었다. 어딜까 싶은 궁금증이 들기도 했고, 무엇보다도 도장 안에 새겨진 산과 달이 어우러진 풍경이 마음을 끌었다. 커피를 날라다 준 종업원에게 타라수에 대해 물었지만, 자기도 어딘지 모르겠다 했다. 집에 돌아와 지도를 펴놓고 타라수를 찾아 보아도, 지도 위 그 어디에도 타라수라는 이름은 없었다. 도대체 어디일까, 이미 여러 사람에게 타라수에 대해 물었지만 알고 있는 사람이 없었다. 코스타리카가 아닌 다른 나라인가? 미국이나 유럽 지명인가 하는 생각이 들기도 했다. 그도 그러할 것

타라수행 버스터미널. 타라수와 산타마리아 데 도타(Santa Maria de Dota), 그리고 레온 코르테스(León Cortes)가 엮어지는 로스산토스(Los Santos) 방면으로 하루에 네 번 버스가 출발하던 터미널이다. 2008년에 사라졌다.

이, 나중에 알고 보니 타라수는 행정지명이 아니었다. 타라수는 지역에서 불려오던 이름이었고, 행정지명은 '산마르코스'San Marcos였다.

종합버스터미널을 갖추지 않고 각 노선버스마다 시내 곳곳에 서로 다른 승차지점을 갖고 있는 산호세에서 타라수로 가는 버스터미널을 찾는 일도 결코 쉬운 일이 아니었다. 맘먹고 길을 나선 날에 택시기사가 '타라수' 가는 버스터미널이라며 내려준 곳은 작은 철조망 울타리에 딱 버스 두 대가 들어 있는, 꼭 닭장같이 생긴 곳이었다. 그나마 터미널 문이 아직 열리지 않아 버스를 타려는 사람들은 지글거리는 태양을 그대로 받으며 길가에 길게 줄을 선 채였다. 매표시간이 되어 작은 유리창에 대고 '타라수'라고 외치니 표를 한 장 주는데, 역시나 표 어디에도 '타라수'라는 말은 없었다. 그냥 '산마르코스'라는 말만 있을 뿐……

산호세를 출발한 버스는 카르타고를 거쳐 판아메리칸 하이웨이의 파나마 쪽으로 방향을 잡고 달리면서 고도를 높인다. 그동안 찾아 헤매던 타라수가 도대체 어디쯤에 있는 곳인지 보겠다고 눈을 부릅뜨고 있었던 것 같은데 까무룩 잠이 들었던 모양이다. 눈을 뜨니 어딘가를 향해 내려가고 있는데, 주변이 온통 커피밭이다. 내가 왜 진즉 이곳을 와보지 않았던가 싶은 생각이 들 정도로 저 아래 보이는 작은 마을들과 그 주변이 온통 커피뿐이었다. 그간에 커피밭을 열심히 쫓아다닌다고 다녔던 것 같은데, 이렇게 큰 규모의 커피밭은 본 적이 없다. 버스가 큰 커피밭으로 그대로 빨려 들어가는 느낌이 들 정도로……. 제대로 잘 왔다 싶은 마음에 정신이 번쩍 들고 가슴이 두근거리기 시작한다.

버스표에도 타라수라는 말이 없어 내심 불안했는데, 그 불안한 마음을 읽었는지 옆에 앉은 아저씨가 저 아래 보이는 마을이 타라수라고 친절히 알려 준다. 고맙다. 버스는 타라수 마을 한가운데 사람들을 내려놓았다. 아주 작은 규모의 다운타운, 그 한가운데 아담한 교회가 서 있고 그 옆으로 가로 세로 두 블럭 정도 작은 상권이 형성되어 있는 소읍이었다. 누군가 타라수라 부러 알려 주지 않아도 작은 소읍을 빙글빙글 둘러싼 커피밭에서 이곳이 타라수임을 자동적으로 알 수 있을 것 같았다.

늘 그러하듯이, 타라수까지 오기는 왔으되, 할 일도 없었고 갈 곳도 없었다. 작은 소읍을 둘러보는 데는 딱 10분이면 족했다. 시간이라도 때울 양으로 허름한 식당에 들어가 식사를 주문했다. 식당에 누군가 또 다른 손님이 있었다면 몇 가지 물어보기라도 했겠지만, 식당엔 나 말고 손님이 없었다. 당시 타라수의 첫인상은 뭔가 텅 빈 듯한 그런 느낌이었다. 주변은 커피밭이 빼꼭하게 들어차 있었지만, 막상 이 작은 소읍은 적막하고 외로워 보이기까지 했다. 나중에 안 사실이지만, 내가 처음 타라수

타라수 전경

를 찾아갔던 때는 이 작은 소읍에 흥청망청 돈이 돈다는 커피 수확기가 끝난 직후였다. 커피 수확을 위해 이곳에 머물던 니카라과 사람들도, 파나마 과이미Guaimy 인디오들도 모두 자기 고향으로 돌아간 뒤였다. 마을 전체가 다시 커피가 익기를 조용히 기다리던 시점이었다.

    식사를 마치고 나와 무작정 소읍 주변 커피밭을 향해 걸었다. 사방 어딜 둘러봐도 온통 커피밭이니, 그야말로 발길 닿는 대로다. 가까이 가볼 양으로 걷는데, 금방이라도 닿을 것 같던 커피밭이 한참 멀다. 하염없이 걷다 소읍과 커피밭 사이를 흐르는 거친 물살의 개울을 만나게 되었다. 저 멀리 출렁다리가 보이긴 했지만, 굳이 그 다리를 건너고 싶지는 않았다. 다리를 건너지 않고도, 이곳이 내가 살아야 할 곳이구나 하는 느낌이 왔다. 이 작은 소읍에 이 정도 규모의 커피밭을 가지고 있는 것을 보면 이곳이야말로 그동안 내가 찾아 헤매던 곳이 아닐까 하는 느낌이 강하게 왔다.

기왕 여기까지 왔으니, 살아야 할 집을 구해야 했고 일해야 할 커피밭을 알아보아야 했다. 그때까지만 해도 가진 짐이야 배낭 하나면 족했으니, 이사야말로 달팽이 이사보다도 쉬운 일이었다. 그러나 커피밭에서 일을? 내가? 막상 한다 생각하니 결코 만만치 않을 것 같다는 생각에 살짝 움츠러든다. 그래도 어찌하겠는가? 둘러 둘러 오긴 했지만, 이미 코스타리카에 온 목적이, 그리고 이곳 타라수에 온 목적이 커피밭에서 일하는 사람들을 만나기 위함이 아니었던가? 하루에 커피 한 잔 값도 벌지 못한다는 그들 때문이 아니었던가? 더 이상 생각할 것이 없었다. 이럴 때는 생각 없이 행하는 것이 더 낫지 싶다.

한참 떨어진 곳, 저 위쪽으로 교복을 입은 학생 무리가 보였다. 그곳을 향해 걸었다. 얼마나 씩씩하게 걸었던지 그 많은 학생들이 내가 그들을 향해 씩씩거리며 다가서는 모습을 그저 멍하니 바라보고 있었다. 숨을 돌릴 사이도 없이, "안녕 애들아!" 이 짧은 스페인어 한마디를 던지고 다시 그들의 대답을 들을 사이도 없이 출렁다리 건너편으로 펼쳐진 커피밭을 가리키며 주인을 아느냐 물었다. 씩씩거리고 다가선 내 기세에 눌린 것인지, 처음엔 어리둥절하더니, 자기들끼리 이러고저러고 상의한 끝에 저 아래로 보이는 출렁다리에서 그리 멀지 않은 집 한 채를 가리킨다. 커피밭 주인 '도냐 베르타'Doña Berta가 살고 있는 집이란다.

학생들이 알려 준 커피밭 주인 도냐 베르타의 집을 향해 내려가는데, 아무리 생각해도 미친 짓이다. 가서 무어라 이야기를 할 것인가? 씩씩거리고 학생들을 향해 올라왔던 그 기개는 어디 가고 내리막인데도 갑자기 걸음에 힘이 빠진다. 다시 되돌아갈까 싶다가 맘을 고쳐 먹는다. 내가 여기까지 온 것 자체가 이미 미친 일이다. 커피에 미쳐 세상에 좋은 커피를 찾아 헤매고 다닌다면 그나마 좀 덜 미친 일이겠지……. 그도 아니고 사진 한 장 보고 커피밭, 아니 커피밭에서 커피 따는 사람들에 마음이 동해 지구상에 있을까나 싶었던 나라 코스타리카에 와서 시골 구석구석 헤집고 다니는 내가, 아무리 생각해도 미친 사람이지, 이미 미친 사람이지……. 살짝 더 미친다 해도 오십보에 백보요, 더 잃을 것이 없는 상황인 듯했다. 용기를 냈다.

도냐 베르타 집 앞에 서서 당당하게 도냐 베르타를 불렀다. 문이 열리고 할머니 한 분이 나오시는데, 인상이 좋다. 동양인을 처음 보셨다면서 어디서 왔냐고 묻는다. 한국에서 왔노라고, 이러저러한 이유로 왔노라고 말씀드리려 잔뜩 긴장하고 있는데, 대뜸 밥은 먹었냐 물으신다. 세상의 할머니들은 다 똑같은 것일까? 밥 먹고 왔다고 답하기도 전에 들어오라신다. 그리고 내가 들어오건 말건 돌아서서 타일로 만들어진 식탁에 이것저것 음식을 차리신다. 뭔가에 홀린 듯 이끌려 들어가 마치 이웃에 마실 온 사람처럼 편안하게 밥을 먹었다. 도냐 베르타와의 첫 만남이었다. 내가 왜 그 집에 왔는지, 아니 이 생소하게 생긴 동양인이 왜 코스타리카 그 시골 구석을 헤집고 다니는지 궁금하지도 않으신 모양이다.

밥을 다 먹고 나서야 정신을 차리고 내가 그 집에 온 이유를 설명했다. 여차저차 해서 이러저러 하다고 설명하려니 복잡하다. 그냥 커피밭에서 일을 하고 싶다고 했다. 짧은 스페인어로 어설프게 설명하는 내 속마음을 보시기라도 한 것일까? 아직은 수확철이 아니지만, 수확철이 되면 당신의 농장에서 일을 해보라 하셨다. 그것만으로도 만세를 부를 판인데, 숙소는 구했느냐면서 구하지 못했으면 당신의 집 다락방을 써도 된다 했다. 지붕 위로 솟은 자그마한 다락방이었다. 금방이라도 알프스 소녀 하이디가 안녕 하고 인사할 것 같은 그런 방이었다.

내가 미쳤지, 내가 미쳤지, 중얼거리고 온 길에 도냐 베르타를 만나

다락방까지 보고 나니 구름 위를 붕붕 날아다니는 기분이었는데, 문제는 이제 막 수확기가 끝난 때인지라, 다시 수확기가 되려면 8개월을 더 기다려야 한다는 것이었다. 갑자기 땅으로 뚝 떨어지는 기분이 되고 만다. 다시 8개월이라······. 이미 코스타리카에서 반년의 시간이 흘러가는 시점인데, 다시 그 시간을 기다릴 일이 막막해진다. 이제 막 꽃을 피우고 군데군데 맺히기 시작하는 열매들이 붉게 익을 때까지 기다려야 한다고 했다. 그때만 해도 코스타리카 그 작은 나라에서도 각 커피생산 지역마다 다양한 수확기가 있는지 전혀 모르는 상태였다.*

도냐 베르타의 커피가 익기만을 마냥 기다릴 수 없어 그 사이 나는 잠깐 한국을 다녀왔다. 어찌해도 마음은 콩밭에 가 있다더니, 때마침 한

---

* 코스타리카 면적은 약 5만 1천 제곱킬로미터로, 대한민국 면적의 절반 정도 되는 작은 나라이다. 19세기 초 독립과 함께 커피재배를 본격화하기 시작했으며 19세기 말에는 커피가 코스타리카 총수출의 90% 이상을 차지하기도 하였다. 오늘날 코스타리카 수도인 산호세에서 시작된 커피재배는 이후 증기선의 발달, 미국 동부지역 산업화와 서부개발, 1차·2차 세계대전, 대공황, 그리고 냉전시대 등과 같은 굵직굵직한 세계사적 사건들과 맞물리면서 코스타리카 전역 7~8개 지역으로 확산되었다. 그 중에는 타라수와 같이 해발고도가 1,800미터 이상인 곳이 있는가 하면 페레스 셀레동과 같이 해발고도가 500미터에 머무는 곳도 있다.
해발고도는 커피생산과 수확에 아주 중요한 인자 중 하나이다. 해발고도에 따라 연중 강수량과 기온이 달라지기 때문이다. 보통 해발고도가 낮은 곳은 평균기온이 높을 뿐 아니라 강수량이 많기 때문에 고산지대에 비해 커피의 생장속도가 훨씬 빠른 편이다. 꽃이 피고 열매가 익는 데 다섯 달이면 족한 곳도 있다. 그러니 일부 지역에서는 한 해에 두 번 수확을 하기도 한다. 반면, 해발고도가 높은 곳에서는 기온이 낮기 때문에 자연적으로 커피 생장속도가 느려질 수밖에 없다. 이럴 경우 보통 1년을 주기로 커피수확이 이루어진다. 일반적으로 해발고도가 높은 지역에서 질 좋은 커피가 생산되는 것은 커피열매가 영그는 시간이 길어지면서 더욱 단단한 원두가 만들어지고 이로 인해 풍부한 맛을 내기 때문이다. 다만, 이러한 현상은 코스타리카가 위치한 위도대에서의 상황이고 위도가 달라지면 질 좋은 원두를 생산해 내는 해발고도의 조건 또한 달라진다. 물론 토양과 일조, 그리고 커피재배지의 경사도도 중요한 인자 중 하나이다.
코스타리카에서는 전반적으로 해발고도에 따라 수확기가 다양하게 나타난다. 고도가 낮은 곳에서는 7월부터 11월까지 수확을 하고 이듬해 3~4월에 다시 한 번 수확을 하게 된다. 그러나 해발고도가 높은 곳, 타라수와 같은 곳은 보통 12월부터 다음해 3월까지 서너 달에 걸쳐 1년에 한 번 수확을 하게 된다. 때문에 커피수확을 위해 니카라과에서 내려온 노동자들은 한 지역에서 커피 수확이 끝나면 바로 고향으로 돌아가지 않고 잠시 숨을 고르는 시기를 달리하여 커피 수확이 시작되는 지역으로 이주하기도 한다. 니카라과 사람들이나 과이미 인디오들이 코스타리카로 들어오기 전에는 코스타리카 사람들끼리 이주하며 다른 지역의 커피 수확에 참여하였다.

창 붉게 타오르던 한국의 월드컵 열기가 커피밭에 익어 가는 붉은 커피 열매였으면 싶었다. 한국에서 붉은 2002년 여름을 나고 다시 코스타리카로 돌아와서도 그해 커피가 익으려면 한참의 시간이 더 필요했지만, 나는 짐이랄 것도 없는 짐을 싸들고 타라수로 들어가 도냐 베르타의 다락방에 둥지를 틀었다. 지붕 위로 솟은 다락방 문을 열면 온통 사방 천지가 커피밭이었고, 밤이면 커피밭과 도냐 베르타 집 사이를 가르는 개울물 소리, 풀벌레 소리 그리고 해발고도 2,000미터의 타라수 밤하늘에 쏟아지는 달과 별들이 서늘한 공기 속에 어우러졌다.

이제나저제나 타라수의 커피가 익기를 기다리며 산호세를 들락날락 하던 중에, 파나마 가까이 남쪽 어딘가에서 올해 커피 수확이 시작되었다는 소식이 들려왔다. 도냐 베르타네 동네사람 중 몇 명도 간단한 짐을 꾸려 남쪽으로 내려갔다 했다. 오매불망 타라수 도냐 베르타의 커피가 익기만을 기다리고 있었는데, 다른 지역에서 이미 커피 수확이 시작되었다니 마음이 급해졌다. '페레스 셀레돈'Perez Zeledon이라는 곳이었다. 가지 않을 이유가 없었다. 그 사이 도냐 베르타와 정이 들어 버렸는지, 돌아올 기약이 있는 헤어짐이었음에도 서운한 마음이 들었다. 지붕 위로 얼기설기 지은 다락방, 폼으로야 엄청 낭만적이었지만 발 디딜 때마다 바닥이 지붕을 뚫고 아래로 쏟아져 버리는 것은 아닐까 싶을 만큼 낡고 때로는 불편했던 이 다락방마저 떠나기 전날이 되니 어찌 그리 아늑해 보이는지 모를 일이었다. 떠남의 순간을 앞두고서야 그간에 내가 가졌던 것들, 내가 처했던 상황들이 얼마나 소중했던 것인지 다시 느끼는 순간이었다. '당장 내일은 어디서 잠을 청하게 될까?', '누구와 함께 살게 될까?', '밥은 제때 먹을 수 있을까?' 하는 걱정들로 잠을 이루지 못했다.

페레스 셀레동으로
가다

　　　　　　　　　　　타라수에서 페레스 셀레동으로 가는 버스는 하루에 딱 한 번, 오전 6시에 있었다. 새벽 5시에 도냐 베르타가 챙겨 준 아침을 먹고 길을 나섰다. 추적추적 비가 내리는데 성당 앞 모퉁이에 제법 많은 사람들이 줄을 서서 페레스 셀레동으로 가는 버스를 기다리고 있었다. 커피 따러 가는 사람들이 대부분인지 길게 늘어선 짐 사이에 커피를 딸 때 허리에 차는 바구니들이 여기저기 보인다. 무작정 페레스 셀레동으로 내려가겠다는 내 결심이 너무 무모해 보였던지, 타라수를 떠나는 내게 도냐 베르타는 그곳에서 커피농사를 짓는 친척집 약도를 그려 건네주었다. 약도상에 그려진 그림은 가느다란 길과 교회, 그리고 멀리 떨어진 집 한 채가 전부였다. 지난 밤 기억을 더듬어 고심해 가면서 그렸을 약도를 건네며 도냐 베르타는 페레스 셀레동에 내리거든 그곳에 머물지 말고 거기에서 다시 버스를 타고 남쪽 산페드로San Pedro라는 곳으로 가, 그곳에서 돈 마초Don Macho를 찾으라고 신신당부했다.

　　　　타라수를 출발한 버스는 파나마 쪽으로 방향을 잡고 해발 3,000미터 이상 고도를 높이더니 이내 내려가기 시작한다. 두 시간여를 달려 페레스 셀레동에 닿았다. 해발고도 500미터인 페레스 셀레동에 내리자 더운 공기가 폐부 깊숙이 들어온다. 그곳에서 다시 산페드로로 가는 버스는 다른 곳에서 출발한다 했다. 서둘러 산페드로행 버스를 탈 수 있는 곳으로 가보니 오후 1시발 막차가 남아 있었다. 가는 길이 얼마나 멀지, 가는 곳에서 식사를 할 수 있을지, 정해진 것이 하나도 없으니 일단, 식사를 해야 했다. 언제 다시 밥을 먹게 될지 알 수 없는 상황인지라 먹을 수 있는 만큼 먹어 두었다. 버스 출발시간이 가까워 오면서 사람들이 한 명 두 명 모이기 시작한다. 도냐 베르타가 그려 준 약도를 꺼내 사람들에게 '돈 마초'를 아느냐 물어보았다. 산페드로로 들어가는 버스가 맞음에도 불구하고 돈 마초를 아는 사람은 아무도 없었다. 그도 그럴 것이, 나중에 알고 보니 '마초'라는 이름은 그냥 어려서 집에서 불리던 별명이었지 정식 이름이 아니었다. 그러니 사람들이 모를 수밖에…….

믿을 것은 이제 도냐 베르타가 괴발개발 그려 준 약도 한 장뿐이다. 페레스 셀레동을 떠난 버스는 판아메리칸 하이웨이를 따라 남하하더니 비포장 길로 접어든다. 일단, 산페드로라는 곳이 실제로 존재하고 그곳으로 가는 버스를 탔으니 거기 가면 어떻게라도 만날 수 있겠지 하는 배짱에 마구 불을 지펴 본다. 페레스 셀레동에서 한 시간 반을 달려, 산페드로 마을 성당이 있는 곳에 일단 내렸다. 버스 종점이었기에 더 이상 갈 수도 없었다. 이 성당이 아마도 도냐 베르타가 그려 준 약도에 나온 교회겠지……, 어찌되었든 이곳까지 오긴 왔구나……. 성당 앞 마을에 하나뿐인 가게에 들어가 물어보아도 돈 마초를 아는 사람이 없었다. 도냐 베르타가 그려준 약도에는 성당에서 하나밖에 없는 길을 따라 쭈욱 올라가다 보면 돈 마초의 집이 나온다 했는데, 성당은 정확히 사거리 한복판에 있었다. 어느 길로 가야 할지 알 수가 없었다.

우기의 한 중간이었던지라, 오후가 되니 사방이 어두워지더니 이내 비를 퍼붓기 시작한다. 더운 지역의 '스콜'squall이다. 그러지 않아도 갈 곳을 모르고 헤매던 차에 비까지 내리니 어찌 할 수가 없어 성당 앞 가게 처마 아래로 들어갔다. 다행인 것은 나 혼자가 아니다. 마을에 가게가 하나뿐인지라, 상당히 멀리 떨어진 곳에서도 이곳에 와야 물건을 살 수 있는 모양인지, 시간을 잘못 맞춰 내려온 사람들이 열대지역의 스콜, 이 곳에서 하는 말로 '아구아쎄로'Aguacero*에 갇혀 버린 것이다. 우산을 가졌다 해도 이 정도 비라면 아무 소용이 없을 터, 일단 피하고 보는 것이 상책이리라. 여남은 명이 비를 피하기도 좁을 판인데, 주인 따라 내려온 말부터 동네를 헤집고 다니던 개들까지, 그 좁은 처마 밑에 북적거린다.

양철지붕으로 된 처마를 때리는 아구아쎄로, 열대지역 스콜은 장엄하다 못해 무섭기까지 하다. 세상의 모든 소리가 빗소리에 묻혀 버린다. 바로 옆사람의 말소리도 듣기 힘들 정도다. 한참 양철지붕을 때리는 빗소리를 듣다 보니, 댕그랑거리는 종 속에 머리를 넣고 있는 기분이 들 정도로 정신이 하나도 없다. 이곳 사람들은 이곳에서 태어나고 자라면서 늘 겪었던 상황이라 그런지 그 와중에도 아주 익숙하게 대화를 한다. 그 때 처음 알았다. 우기철 오후면 하루도 거르지 않고 어김없이 쏟아지는 스콜에도 강약 중강약 리듬이 있다는 것을……. 처마 밑에 같이 선 사람들은 그 리듬을 타고 여유롭게 대화를 이어 나갔다.

금방 멎을 비는 아닌 것 같아, 돈 마초를 찾기는 더욱 요원해 보이는데, 오히려 마음은 될 대로 되라는 심정으로 편안해진다. 오후 1시에 페

---

* 아구아(agua)는 물이고, 쎄로(cero)는 숫자 0을 뜻한다. 보통 중미지역에서 순간적으로 앞을 분간할 수 없을 만큼 많이 쏟아지는 비를 가리켜 아구아쎄로라 하는데, 도무지 양을 가늠할 수 없을 정도의 양 또는 세기라 하여 셀 수 없는 숫자인 영(0)을 붙이지 않았나 싶다.

레스 셀레동에서 출발하여 이곳에 들어온 차가 내일 새벽이 되어야 다시 나간다 했지만, 설마 노숙이야 하겠나 하는 배짱이 두둑히 생겨난다. 마을사람들이 이야기를 하거나 말거나, 천둥소리에 놀란 말들이 침 튀기며 히히힝거리거나 말거나, 처마 한구석에 그저 조용히 서서 맘을 편히 먹고 있는데, 이 시골 구석까지 들어와 처마 밑에 비를 피하고 있는 동양인이 영 수상하고 궁금한 모양이다. 그 중 젊고 호기 있어 보이는 한 사람이 더듬더듬 영어로 어찌 이곳에 왔는지 묻는다. 고맙기도 하여라……. 기회다 싶어, 여차저차 하여 돈 마초를 찾아 이곳에 왔다 하니, 자기들끼리 돈 마초를 아느냐 묻는다. 물론 아는 사람은 한 사람도 없었다. 그냥 거기서 끝나도 별로 서운하지 않았을 텐데, 비는 계속 내리고 좁은 처마 밑에 비를 피하고 있자니 어지간히 무료했던지, 돈 마초가 누구일까 토론이 시작되고 곧 의견이 하나로 모아지는 것 같다. 이곳에서도 한참 더 산쪽으로 올라가는 곳에 살고 있는 아무개 같다고……. 거기다 이 짧은 순간 한 지붕 밑에 비를 피했다는 동료의식까지 발동한 것인지, 비가 멎으면 그 중 한 명이 그곳까지 데려다 준다는 선심까지.

　한 시간 정도 내리던 빗방울이 얇아지더니, 이내 멎었다. 처마 밑에 모였던 사람들이 제각기 갈 길을 간다. 그들에게 작별을 고하고 나도 한 사람을 따라 돈 마초의 집을 향해 나섰다. 그의 이름은 '볼리바르'Bolivar 였고 돈 마초의 집에서 그리 멀지 않은 곳에서 산다 했다. 돈 마초의 집은 산페드로 교회에서도 2km 정도 산길로 떨어진 곳에 있었다. 돈 볼리바르가 데려다 준 그 집에 정말 돈 마초가 있었다. 도냐 베르타의 소식을 전하니 깜짝 놀라며 반가워한다. 집은 커다란 커피밭 한가운데 있었다. 막 하루의 커피 수확 작업이 끝난 모양으로 비를 피해 온몸에 비닐을 뒤집어쓴 사람들이 각자 그날 딴 커피자루를 앞세우고 돈 마초 집 처마 밑

돈 마초의 낡은 트럭

에 일렬로 서서 커피 계측을 기다리고 있었다.

    비가 오는 바람에 커피 계측이 늦어졌다며 돈 마초는 정신이 없었다. 계측이 끝나는 대로 마을 어귀에 있는 커피집하장으로 커피를 옮겨야 한다 했다. 처음 만나는 돈 마초였지만, 그가 정신 없어 하는 바람에 나도 정신이 없었고, 엉겁결에 커피 계측을 마치고 마을에 있는 커피집하장으로 내려가는 그와 동행하게 되었다. 그가 커피를 실어 나르는 트럭은 2차 세계대전이 끝나고 불하받은 전리품이 아닐까 싶을 만큼 낡은 모양새였다.

    커피집하장은 조금 전 처마 밑에 비를 피했던 마을 어귀의 가게 근처에 있었다. 잠시 비가 멎은 사이 각 농장마다 하루에 딴 커피를 실어 내온 것인지, 트랙터부터 승용차에 트럭까지 동네의 바퀴 달린 것들은 모두 모인 양, 이미 여러 대의 차량들이 집하장에 커피를 내리기 위해 줄을 지어 기다리고 있었다. 처음 만난 돈 마초에게 적어도 내가 누구이고

산페드로 커피집하장 입구

산페드로 커피집하장 입구에 선 돈 마초의 낡은 지프차

왜 이곳에 왔는지라도 설명을 하고 싶었지만, 워낙에 바쁜 돈 마초는 전혀 관심이 없는 것 같았다. 아님 원래 말수가 적은 것인지, 그저 자기 일만을 묵묵히 할 뿐이었다.

집하장에 커피를 내리고 돌아오는 길에서야 겨우 이야기를 나눌 수 있었다. 꼭 바빠서 그랬던 것만은 아닌 듯, 돈 마초는 그간에 내가 만나본 코스타리카 사람치고 지극히 말수가 적은 사람이었다. 돈 마초는 타라수 출신이었다. 커피 역사가 오래된 타라수에서는 커피밭을 구입하기가 힘들어 커피 개간지나 마찬가지인 이곳 페레스 셀레동으로 7년 전에 들어왔단다. 산페드로 마을에서 제법 큰 커피밭을 가지고 있고, 니카라과 사람들과 마을사람들을 합쳐 스무 명 정도가 매일 돈 마초의 커피밭에서 커피를 딴다고 했다.

새벽에 비를 맞고 페레스 셀레동행 버스에 오르면서도 일이 이렇게 잘 풀릴 것이라고는 생각지도 못했다. 이보다 더 좋은 조건은 없겠다 싶어, 조심스럽게 내 사정을 설명하고 나도 마초의 커피밭에서 그들과 같이 커피를 따게 해달라 부탁했다. 주인 입장에서는 하루 커피를 따는 양만큼 돈을 지불하면 되는 일이니, 딱히 거절할 이유는 없었지만, 그래도 커피를 한 번도 따본 적이 없는 내게, 그것도 외국인 신분인 내게 기꺼이 기회를 준 마초가 한없이 고마웠다.

당장 내일부터 마초의 커피밭에서 커피는 따기로 했으되, 숙소가 문제였다. 마초와 마초의 아내는 자기 집이 너무 좁아 숙소를 빌려 줄 수 없는 상황에 미안해하며 불쑥 나타난 생면부지인 내 숙소를 알아보기 위해 동분서주했다. 이미 해는 져 사방이 어두운데, 마초의 집 문간에 놓아둔 내 배낭과 나는 갈 곳이 없었다. 그렇다고 생전 처음 와보는 동네에서, 그것도 아는 사람 한 명 없는 곳에서 내가 나서서 할 수 있는 일은 더

더욱 없을 터, 그저 마초와 마초의 아내에게 모든 것을 의지한 채, 시간의 흐름에 몸을 맡기는 수밖에 없었다. 내 일임에도 내가 할 수 있는 일이 하나도 없이 그저 제3자처럼 바라봐야 하는 입장이 꼭 무중력 상태에 있는 느낌처럼 다가온다.

밤이 되자 마초의 집으로 동네사람 서너 명이 모였고, 그곳에서 내 숙소를 두고 회의가 벌어졌다. 역시나 내가 할 수 있는 일은 아무것도 없다. 모든 것을 내려놓고 그들의 결정을 기다릴 뿐……. 코스타리카에서도 오지에 속할 법한 이곳까지 찾아온 것 그 자체로 나는 이미 엄청난 용기를 소진하였고, 사실 그 이상 내가 할 수 있는 것은 아무것도 없었다. 걱정한다고 될 일도 아님을 알기에, 째깍째깍 흐르는 초침 소리를 일일이 세어 가며 그들의 결정을 기다렸다. 그 순간 내 삶은 이미 내 것이 아니라 제3자의 것이 되어 버린다. 오히려 맘이 편안해진다.

'엘레나'Elena의 집으로 내 숙소가 정해졌다. 마초의 커피밭에서 남편과 함께 커피를 따는 이라 했다. 마초가 엘레나 집으로 아이를 보냈고, 한참 후 아이는 엘레나와 함께 집으로 들어섰다. 엘레나는 젊었다. 이제 스무 살이란다. 아직 신혼으로 아이는 없다 했다. 신혼부부가 사는 공간에 객으로 들어가기가 여간 미안한 것이 아닌데, 고맙게도 엘레나는 전혀 싫어하는 기색이 없다. 들뜬 목소리로 마초의 아내와 한참을 이야기하더니 어서 자기 집으로 가자 하며 굳이, 내 배낭까지 짊어 멘다. 돈 마초 아내 엘리사Elisa가 엘레나에게 내 저녁거리라면서 치즈 한덩어리를 떼어 준다. 얼떨결에 마초 부부와 작별을 고하고 엘레나를 따라나선 길에 이미 별이 총총히 떴다. 어둠을 쫓아가는 길에 엘레나는 신이 난 모양이다. 이것저것 연신 내게 묻는다. 엘레나에게 답하면서도 내 마음은 온통 엘레나 집이 어디쯤인가 싶어 가는 길에 보이는 집 이곳저곳을 맘속으로 짚어 보지만, 자꾸만 빗나간다.

　엘레나의 집은 마초의 집과 마찬가지로 동네와는 조금 떨어진 곳, 커피밭 언저리에 자리 잡고 있었다. 엘레나 집까지 오는 동안 길에서 만난 동네 처자 두 명이 더 따라붙었다. 낯선 이방인이 엘레나를 따라가고 있으니 궁금하기도 할 터, 밤마실 가던 걸음을 돌려 엘레나 집으로 따라온다. 새벽 5시에 도냐 베르타가 차려 주는 아침밥 먹고 나선 하루, 워낙 긴 하루였던지라, 이미 사방이 캄캄하고 별이 총총 떠 있어 아마도 자정쯤 향해 가고 있겠거니 생각했다. 그런데 엘레나 집에 들어서면서 마루에 걸린 시계를 보니 이제 겨우 8시를 조금 넘기고 있을 뿐이다. 엘레나의 남편 기예르모Guillermo는 카르타고Cartago에 출타 중이라 했다. 엘레나는 방이 두 칸 딸린 작은 집에 살고 있었다. 자기 집이 아니라 엘레나 집에 붙은 커피밭 주인 돈 프로일란Don Froylan의 집이라 했다. 커피밭 주인은 타라수에 살고 있어 보름에 한 번 오기 때문에 커피밭과 관련된 모든 일은 엘레나의 남편 기예르모가 대신한다 했다. 한마디로 엘레나의 남편은 집이 딸린 커피밭의 관리인이었고 그 대가로 이 집에 살고 있는 듯했다. 자기 집이 아님에도 안주인 엘레나가 얼마나 쓸고 닦았는지 낡은 집 바닥이었지만 모든 것이 정갈하였다. 바닥은 반짝 윤이 날 정도다.

　집에 들어서자마자 엘레나가 저녁을 차린다. 기름에 볶은 스파게티 면과 설탕물, 그리고 도냐 엘리사가 준 치즈 한조각이 전부였지만, 숙소가 정해졌다는 안도감으로 늦은 저녁식사가 참 달다. 밤마실 길에 엘레나를 따라온 두 처자도 같이 식사를 받는다. 처음 만남인데, 네 명의 여자가 둘러앉은 작은 식탁이 나름 유쾌하다. 엘레나를 따라온 두 처녀는 이것저것 내게 물을 것이 많은 눈친데, 엘레나가 적당히 교통정리를 해 준다. 먼길 오느라 수고스러웠겠다며 몸을 씻고 나오라 한다. 엘레나가

엘레나와 함께 살게 된 집

안내해 준 샤워실은 집 밖으로 있었고 천장이 없어 하늘에 별이 총총 보이는 곳이었다.

　엘레나가 정성스럽게 차려 준 저녁을 먹고 하루 종일 비와 땀에 젖은 몸을 씻고 나오니 엘레나는 그새 내가 쓸 방을 정리하고 있었다. 갑자기 찾아온 손님을 위해 나무궤짝 여러 개를 붙이고 그 위에 낡은 담요를 얹어 침대를 만들어 주었다. 내일 출타 중인 남편이 오면 더 잘 만들어 줄 텐데 하며 미안해했지만, 밤이슬 맞고 자야 할 판인가 싶던 차에 엘레나 집으로 와 저녁까지 얻어먹고 씻은 후 바라보는 침대는 이 세상 그 어떤 침대보다도 훌륭해 보였다. 커다란 비닐봉지에 담아 고이 모셔 두었던 선풍기를 꺼내 침대 쪽으로 틀어 주는데, 어느 시대 물건인지 그 소리가 베트남전쟁 영화에서 뜨고 내리던 군용 수송헬기 소리보다도 더 장엄하여 감히 잠을 잘 수 있을까 하는 의심이 들 정도였다.

엘레나의 나이, 이제 겨우 스물이라는데, 불쑥 찾아온 손님에 그 배려가 얼마나 깊은지 오히려 내게 언니처럼 느껴진다. 엘레나는 여전히 이것저것 물어볼 것이 많은 눈치인데, 내가 나무궤짝에 담요를 덮어 만든 침대 위에 누우니 15촉이나 될까 싶은 희미한 백열등을 꺼주며 자기 집에서의 첫날밤을 잘 보내라 한다. 엘레나가 나가고 난 후 침대에 누운 채 방 안을 둘러보았다. 불은 꺼졌지만, 달이 밝은지 방 안 깊숙이 빛이 들어왔다. 시멘트 바닥에 나무로 지어진 집이었다. 나무판자로 엮어진 벽 사이로 달빛이 깊숙이 흘러들었다. 천장은 중천장이 없이 골조 위에 얹어진 함석지붕 한 장이 전부였다. 방 안에는 침대 외 아무런 가구도 없다. 바로 옆이 엘레나와 기예르모가 쓰는 방인 듯한데, 두 방을 가르는 나무벽이 천장까지 닿지 못하고 공간을 두고 있어 독립된 공간이라 할 수도 없는 상황이었다. 엘레나와 기예르모의 숨소리까지 들릴 것 같은 공간이었다. 나의 등장에 신이 난 엘레나 때문에 고마운 마음과 함께 미안한 마음이 조금 감해지기는 했지만, 그래도 그들 작은 삶의 공간에 객이 들어왔으니 어찌 불편하지 않겠는가 싶어 여전히 미안한 마음을 떨칠 수 없었다.

그날 밤, 방 안 깊숙이 들어오는 달빛 때문인지, 아니면 낯선 공간이 주는 어색함 때문인지, 쉽게 잠을 청하지 못했다. 비가 내리던 새벽 타라수에서 도냐 베르타의 배웅을 받으며 시작된 하루, 오늘 하루의 긴 여정 끝에 나는 이곳, 산페드로, 지도에도 나오지 않는 이 외진 시골마을에 와 있다. 지구 저 반대편으로부터의 여정으로 치자면, 참 오랜 시간이었고 먼 길이었다. 어쩌다 보니 이곳까지 오게 되었다. 끊어질 듯, 끊어질 듯한 길을 걷다 보니 이곳까지 오게 되어 이 작은 시골마을, 커피밭 들머리에 붙은 집의 허름한 방 한 칸에 몸을 뉘게 되었다. 그리고 내일이면 이제 나는, 커피밭으로 들어가게 될 것이다. 그곳에서 커피를 따게 될 것이다. 지구 저 반대편에서 사진 한 장에 마음을 빼앗겨 시작된 여정, 그 삶의 여정 속에 만난 수많은 이들에 대한 감사, 그리고 내일이면 또 다른 세계에서 만나게 될 사람들에 대한 기대와 흥분……. 굳이 갈라진 나무 벽 틈으로 방 깊숙이 스며드는 달빛이 아니고서라도 그날 밤 쉽게 잠이 들 수 없었다. 앞으로 얼마나 더 많은, 더 험한, 혹은 더 아름다운 여정이 남아 있는지 모를 일이었지만, 그날 밤 그간 걸어온 여정의 작은 막 하나를 닫고 새로운 장을 여는 심정이었다.

2장
커피밭에서의 삶

엘레나가 내 허리에 커피를 따 담을 바구니를 정성껏 묶어 준다.
바로 실전 돌입이란다. 그래도 그렇지……
엘레나에게 어떻게 따야 하는지 물었더니,
자기는 두 살 때부터 커피를 땄다면서,
이제 막 걸음마 떼기 시작하는 아이들도 할 수 있는 쉬운 일이라며
붉은 열매만 조심스레 골라 따 담으라 한다.

생애 처음,
커피를 따다

 간밤 홍분과 기대 속에 잠들지 못하고 아침을 맞을 줄 알았는데, 그 사이 까무룩 잠이 들었던가 보다. 닭들이 홰를 치고 울어 대는 바람에 눈을 떴다. 나무를 덧대 만든 벽 하나를 사이에 두고 닭장이 있는 것인지, 온 동네 닭들이 모두 내 머리 위에 올라서서 울어 대는 것 같은 느낌이었다. 사위가 깜깜한 것을 보니, 아직 옆방의 엘레나 부부도 일어나지 않은 모양이다. 야광 스위치를 눌러 시계를 봤다. 이제 겨우 새벽 3시를 넘어서고 있다. 앞으로 서너 시간은 더 자도 되겠다 싶은 마음에 안도감이 든다. 다시 잠을 청한다.
 얼마나 시간이 지났을까? 밖은 여전히 깜깜한데, 엘레나가 일어난 모양이다. 부엌 쪽에서 달그락거리는 소리가 들린다. 다시 시계를 본다. 새벽 5시가 채 되지 않은 시간이다. 엘레나 집에서 처음 맞는 아침이기에, 지금 내가 일어나야 할 시간인지, 아니면 조금 더 자도 될 상황인지 도무지 감을 잡을 수 없다. 남자 목소리가 들린다. 어제 카르타고에 나갔다던 엘레나의 남편이 밤늦게 돌아왔는가 보다. 남편이 어딜 나가는지, 엘레나가 가볍게 배웅하는 소리가 들린다.
 다시 잠을 청하라면 한 두어 시간 달콤하게 더 잘 수 있을 것 같지

푸푸사는 일반적으로 중남미 전역에서 먹는 음식이지만, 지역에 따라 이름을 달리한다. 멕시코에서는 배불뚝이란 뜻으로 '고르디타'(gordita)라 불린다. 옥수수가루나 밀가루로 토르티야를 두껍게 만든 후 칼로 한쪽 입구를 터 안쪽에 공간을 만들거나 토르티야 두 장을 겹쳐 만들기도 한다. 안에 넣는 재료는 치즈부터 감자와 고기까지 다양하다. 보통 날이 추운 지역에서는 화덕에 굽기도 하지만, 날이 더운 곳에서는 기름에 튀기는 경우가 많다. 코스타리카에서는 고도가 낮은 더운 지역에서 주로 소비되고 엘살바도르와 니카라과에서도 값싸게 먹을 수 있는 음식 중 하나다. 우리나라 호떡 크기 정도이다.

만, 자리를 털고 일어났다. 어젯밤 잠깐 봤을 뿐인데도 내가 나가니 엘레나가 반갑게 맞아 준다. 씻을 새도 없이, 아직 새벽 5시도 채 되지 않은 시간인데 아침식사를 내준다. 메뉴는 토르티야 두 장을 맞대어 붙인 후 그 사이에 치즈를 넣고 기름에 튀긴 '푸푸사'Pupusa와 맥주잔 크기 컵에 하나 가득 담긴 커피가 전부. 동이 트기도 전에 먹는 아침치고는 부담스러운 메뉴다. 조금 전 집을 나섰던 엘레나의 남편이 곧 돌아올 모양인지 엘레나는 식탁에 접시와 커피컵을 세 개씩 놓는다. 아니나 다를까, 막 식사를 시작하려는데 남편이 집으로 들어선다. 어둠이 채 가시지 않은 새벽에 마초의 집으로 내려가 소젖을 짜주고 이른 아침 커피에 넣어 먹을 우유 한 병을 얻어왔단다.

엘레나 남편의 이름은 기예르모, 나이는 스물여섯 살이었다. 엘레나만큼이나 눈빛이 선한 사람이었다. 두 부부가 알콩달콩 사는 곳에 내가 들어오게 되어 미안하다 했더니, 누추한 자기 집에 손님이 와주어 오히려 기쁘다 했다. 인사치레로 할 수 있는 말이었지만, 그날 아침 기예르모가 하는 말에 가식이 전혀 느껴지지 않았다. 그의 선한 눈빛이 모든 것을 대신했다.

아침을 먹자마자 기예르모는 목이 긴 장화를 신고 허리춤에 마체테Machete*라는 긴 칼을 차고 집을 나섰다. 돈 마초의 커피밭에 잡목들을 베어 내고 시간이 나는 대로 돈 프로일란의 커피밭으로 합류할 거라 했다. 뒷설거지를 마친 엘레나는 창고를 뒤져 내가 쓸, 커피 따는 데 필요한 바구니를 찾아낸다. 그러곤 내 허리춤에 묶는 방법을 자세하게 알려 준다. 어지간한 사람들은 플라스틱으로 만들어진 바구니를 쓰는 것 같던데, 엘레나는 친정아버지가 직접 만들어 주셨다는 나무바구니 카후엘라Cajuela를 그대로 쓰고 있었다. 아직 동이 트지 않아 사방이 어두운데 엘레나와 나도 도시락을 챙겨 집을 나섰다. 엘레나의 개 발렌틴도 아무도 없는 집에 하루 종일 혼자 있는 것이 심심했던지 기지개를 켜며 캄캄한 새벽길에 앞장서 나선다. 비는 멎어 있었지만 우기철에 하루가 멀다 하고 내리는 비로 길이 여간 미끄럽지 않아 조심스럽다.

오늘 우리가 커피를 딸 곳은 마초의 형인 돈 프로일란Don Froylan의 커피밭이라 했다. 캄캄한 어둠을 좇아 커피밭을 향해 내려가는 길 곳곳에서 사람들이 합류한다. 모두 돈 프로일란의 커피밭으로 커피를 따러 가는 사람들이었다. 어제 늦은 오후에 도착했으니, 아직 소식을 듣지 못한 사람들은 엘레나와 동행하는 내가 누구인지 궁금할 터, 허나 그들이 내게 묻기도 전에 엘레나가 먼저 나서 자기 집에서 같이 살게 된 사람이

---

* 중미의 농촌지역이라면 어디서든 흔히 볼 수 있는 칼로, 우리나라에서 흔히 '람보칼'로 알려진 칼 정도의 크기다. 대부분 남자들은 허리춤에 마체테를 차고 다닌다. 보통 사탕수수나 잡목 혹은 목초를 베는 데 쓰이지만, 커피를 따는 중 갑자기 나타난 뱀을 잡기도 하고 야자를 따기도 하는 등 다용도다.

이른 아침, 친정아버지가 만들어 주신 카후엘라를 들고 커피밭으로 내려 가려는 엘레나. 등엔 도시락을 졌다

라고, 외국에서 온 사람이라고 나를 어지간히도 자랑스럽게 소개했다. 이 작은 시골마을에서 늘 그날이 그날 같았을 엘레나의 삶에 나의 등장은 분명 커다란 사건인 듯하였다.

    한참을 걸어 커피밭에 도착했다. 커피밭 입구 커다란 나무에 비닐에 담아 온 도시락을 걸어 놓고, 엘레나를 따라 밤새 이슬을 먹은 커피나무들을 스치고 커피밭으로 들어섰다. 금세 옷이 흠뻑 젖어 버린다. 엘레나가 내 허리에 커피를 따 담을 바구니를 정성껏 묶어 준다. 바로 실전 돌입이란다. 그래도 그렇지…… 엘레나에게 어떻게 따야 하는지 물었더니, 자기는 두 살 때부터 커피를 땄다면서, 이제 막 걸음마 떼기 시작하는 아이들도 할 수 있는 쉬운 일이라며 붉은 열매만 조심스레 골라 따 담으라 한다. 아닌 게 아니라, 한 나뭇가지에도 이제 막 맺히기 시작하는 녹색의 작은 커피열매부터 아주 잘 익은 붉은색 커피열매가 골고루 달렸다.* 엘레나와 2인 1조가 되어 커피를 따기 시작했다. 생애 처음으로 따보는 커피였다.

　엘레나 말대로, 커피를 따는 일 자체는 그리 어려운 일이 아니었다. 설령 힘이 들었다 해도 그날은 아마, 생애 처음 커피를 따본다는 흥분으로 힘든 줄도 몰랐을 것이다. 해가 떠오르기 시작하면서 같이 커피를 따는 사람들의 기분도 업되는 듯했다. 서로가 나무 사이에 묻혀 보이진 않았지만, 열대여섯 명 정도가 같은 커피밭에서 커피를 따고 있는 것 같았다. 손과 눈은 붉은색 커피열매를 골라 따느라 바빴지만 여기저기서 노래 선창이 있었고, 노래가 잠깐 멈출라치면 어제 방영되었던 드라마가 사람들 입을 통해 다시 재방송되기도 했다.

　두 살박이 아이도 할 수 있을 만큼 쉽다고 해도 처음 해보는 일이 바로 손에 익을 순 없을 터, 어지간히 긴장했던가 보다. 옷은 젖어 있고 안경에 뿌연 김이 서리고 순간순간 살을 뜯어 먹는다는 개미가 내 몸으로 기어올라도, 오직 집중해서 붉은 커피열매 따기에 여념이 없었다. 두세 살 때부터 단련된 사람들에게는 쉬운 일일지 몰라도, 나이 서른이 넘어 커피밭으로 들어간 내겐 결코 쉬운 일이 아니었다. 한나절은 일한 것 같아 시계를 봤는데, 야속하게도 이제 겨우 오전 8시를 넘기고 있었다.

---

* 커피는 여전히 기계화가 불가능한 작물이다. 작물의 특성상 같은 나무 한가지에서도 꽃이 피는 동시에 열매가 익기도 하기 때문에 한가지에서도 각 열매들이 익는 시기가 다를 수밖에 없다. 그 때문에 때마다 일일이 사람의 손으로 붉게 익은 열매를 골라 따줘야 한다. 붉게 익은 열매만 얼마나 잘 선별해 따주는가에 따라 커피 질이 달라지기도 한다. 브라질과 같이 대규모 커피재배를 하는 곳에서는 나무 아래 진동기를 넣어 열매를 털어 따기도 하는데, 이 경우 붉은 열매와 덜 익은 열매가 한꺼번에 떨어지기 때문에 커피 질이 낮아질 수밖에 없다. 농작물 수확과정에서 크기나 질량을 구분하는 센서는 개발이 되었다 하나, 색깔을 감지하는 센서는 아직 개발이 되지 않았다 하니, 커피는 여전히 수확기에 한알 한알 사람의 손을 필요로 하는 작물일 수밖에 없다.

붉게 익은 커피열매를 골라 따는 엘레나

커피밭의 점심시간. 기름에 볶은 밥과 색소를 섞어 만든 물이 식사의 전부다

　일각이 여삼추와도 같아 언제 오늘 하루가 가나 싶은 마음이 간절한데, 엘레나가 도시락을 먹자 한다. 이렇게 반가울 수가! 시계를 보니 이제 오전 9시다. 하긴, 새벽 5시에 아침을 먹었으니 점심 먹을 시간이 되기도 했을 터, 허리에 묶은 커피바구니를 풀어 놓고 엘레나를 따라 커피밭 언저리로 갔다. 이 시간이 늘 도시락을 먹는 시간인지, 한 사람 두 사람 커피밭 언저리로 나와 자리를 잡는다. 엘레나가 건네준 도시락 뚜껑을 열었다. 기대는 하지 않았지만, 만테카Manteca라 불리는 고체기름에 볶은 밥이 전부다. 맛을 음미하면서는 도저히 먹을 수 없을 것 같아, 아무 생각 없이 입에 넣고 우적우적 씹어 삼켰다. 그나마 도시락 윗부분은 생각 없이 먹으니 먹을 만했는데, 아랫부분으로 갈수록 기름이 많아지더니 숫제 기름 속에서 쌀을 건져 먹는다는 표현이 맞을 만하다. 이를 어찌 먹어야 하나 고민하다, 인심 쓰는 셈 치고 도시락 먹는 내내 주변을

어슬렁거리던 개들한테 한 순가락씩 던져 줬다.

　　점심을 먹고 다시 시작된 커피밭 일은, 첫날을 맞는 나만 힘든 것이 아닌 것 같았다. 아침 일찍 들리던 노래 소리며, 드라마에 관한 이야기도 더 이상 이어지지 않았다. 뜨거운 태양이 내리쬐면서 간밤 내린 비가 그대로 수증기가 되어 올라왔고 사람 키보다 조금 큰 커피나무로 사방이 막힌 커피밭은 그야말로 한증막이 따로 없었다. 노랫소리가 사라진 커피밭에서 들리는 소리라곤, 여기저기서 '촤르륵~ 촤르륵~' 나무에서 떨어진 커피열매가 각자 허리에 묶은 바구니로 쏟아지는 소리뿐이었다. 이슬에 젖었던 옷은 이제, 땀으로 젖고 있었다. 연거푸 시계를 보지만, 첫날 정오를 넘기기까지의 시간이 얼마나 힘들고 길었는지 모른다.

커피열매가 가득 담긴 카후엘라(바구니)

　　오후 1시를 조금 넘긴 시간, 마초의 낡은 지프차가 커피밭으로 들어오면서 작업이 마무리되었다. 여기저기서 커피를 따던 사람들이 하루 종일 딴 커피를 자루에 담아 들고 마초의 지프차 근처로 모여들었다. 프로일란의 동생 마초가 타라수에 사는 형을 대신해 커피 계측을 했다. 두 살부터 커피를 땄다는 엘레나는 여덟 바구니를 땄다. 나는 한 바구니도 채우지 못했다. 계측을 하고 말 것도 없이 엘레나의 커피자루에 내 커피를 부어 주었다. 그날 하루 엘레나가 새벽 5시부터 오후 1시까지 일하고 번 돈은 우리나라 돈으로 약 8,000원 정도였다. 돈은 토요일에 한꺼번에 받는다고 했다. 여덟 시간 가까이 땡볕에 서서 허리에 20킬로그램이 넘

커피 계측 중인 모습들

커피 따는 일을 마치고 집으로 가는 길

는 바구니를 차고 일한 대가가 1만 원도 채 되지 않았다. 그나마 1년이면 석 달 정도 되는 커피 수확철에 오늘같이 예닐곱 바구니를 딸 수 있는 날은 한 달 남짓이라니……. 나머지 기간에는 잘 따야 서너 바구니란다. 그러니 엘레나는 그저 싱글벙글이다.

첫날, 커피 따는 일을 마치고 집으로 돌아오는 길, 겨우 하루의 반나절이 지나고 있을 뿐인데도 한 3일은 살아낸 것 같은 느낌이 든다. 생애 처음 커피를 따는 날, 하루 여덟 시간 커피를 따고 번 돈은 차마 돈으로 환산하기도 민망한 정도, 500원이나 될까? 아침에 커피밭으로 나가면서 내가 커피를 따서 번 돈으로 고기를 사먹자고 엘레나에게 큰소리를 빵쳤는데, 돌아오는 길에 엘레나가 오히려 나를 위로한다. 곧 잘 따게 될 것이라고, 고기도 사먹을 수 있을 것이라고. 머리꼭지에 내리쬐는 태양을 그대로 받으며 먼지 풀풀 날리는 신작로를 따라 집으로 돌아왔다. 땀

커피 따고 돌아와 빨아 넌 옷

에 젖은 옷을 빨아 널고 서너 시쯤 이른 저녁을 먹고 나니 이렇게 하루가 간다. 생애 처음 커피를 딴 날, 어스름이 내리는 초저녁에 온 동네가 깊은 잠에 빠진다.

나,
불량노동자

 간밤 초저녁부터 쥐들이 오도 방정을 떨면서 날다람쥐라도 되는 양 함석천장 골조 사이를 붕붕거리고 날아다니더만 급기야 한 마리가 뚝, 떨어지고 말았다. 순식간에 벌어진 일에 나도 깜짝 놀랐지만, 떨어진 쥐도 어지간히 놀랐나 보다. 찰라 정신을 차리지 못하더니 그제야 허겁지겁 벽을 타고 기어 올라간다. 겨우 한숨을 쉬려 하는데, 벽을 타고 올라가던 쥐가 다시 한 번 또 떨어진다. 옆방에 곤히 잠든 엘레나 부부가 깰까 봐 '익' 소리도 내지 못하고 그저 놀라 벌렁거리는 가슴을 진정시킨다.

 쥐들의 방정이 유난하다 싶더니 이렇게 비가 오려고 그랬던 모양이다. 자다가 빗소리를 듣는다. 함석으로 된 지붕에 떨어지는 빗소리가 제법 굵다. 반갑다. 비까지 오는 밤이니 별이고 달이고 뜰 리 없어 칠흑같이 어두운 방에서 혼자 신이 난다. 이곳에 온 후 한 달여 동안 하루도 빠짐없이 이어지던 새벽기상을 면할 수 있을까 싶어, 제발 이 비가 내일 아침까지 쭉 내려 주기를 간절히 바라면서, 그렇게 고대하며 다시 잠을 청했건만, 야속한 비는 밤사이 멈춰 버렸나 보다. 달그락 달그락, 엘레나의 이른 아침 준비하는 소리에 잠을 깼다. 기대가 크면 실망도 크다 했던가……. 밤사이 내리던 비가 제법 굵기에 제발 아침까지 이어져 오늘 하루 커피밭에 나가지 않게 해달라 간절히 빌고 잤건만, 엘레나가 아침과 도시락을 준비하고 있으니 오늘도 일을 나가야 하는가 보다. 기예르모가 소젖을 얻어 돌아오는지, 삐거덕 문 열고 들어오는 소리와 엘레나와 두런두런 이야기 나누는 소리가 들린다.

기름에 튀긴 토르티야, 그리고 설탕과 소젖이 듬뿍 들어간 커피와 함께 아침은 차려졌을 터, 나가야지 나가야지 하면서도 담요를 뒤집어쓴 채 침대 안에서 꼼지락거린다. 멎어 버린 비가 야속해서 눈물이 날 지경이다. 마음이 깊어도 한참 깊은 엘레나가 이런 내 철없는 속을 읽은 것일까? 계란 프라이 냄새가 난다. 서너 마리 있는 닭이 알을 낳을 때마다 며칠 후 있을 결혼 1주년 기념일 파티에 쓸 거라고 한 알도 먹지 않고 모으더니, 사나흘 전부터 계란 프라이가 먹고 싶다고 노래를 불렀던 내 말이 그 깊은 마음에 걸렸던 모양이다. 오늘 도시락에는 기름에 볶은 밥 위로 계란 프라이가 얹어질 것이다. 자리에서 벌떡 일어났다.

밤새 비가 내린 새벽길을 걸어 마초 집에 가 소젖을 짜주고 온 기예르모는, 흠뻑 젖은 옷을 입고 장화를 신은 채 커피와 함께 아침을 먹고 있었다. 기예르모라고 왜 잠이 없겠는가? 내가 멎어 버린 비를 탓하며 철없이 이불 속에 꼼지락거리고 있을 때, 기예르모는 비에 젖은 새벽길을 헤치고 가 소젖을 짜주고 세 식구가 하루 먹을 우유를 벌어온 셈이다. 캄캄한 새벽 세 명이 둘러앉은 작은 식탁엔 이번 주말에 있을 엘레나와 기예르모의 결혼 1주년 기념 파티에 대한 이야기들이 훈훈하게 오고 갔다. 오늘 엘레나와 기예르모가 번 돈으로 파티를 위한 쌀을 사고, 내일부터 주말까지 번 돈으로 고기를 살 것이라 했다. 하루 쉬고픈 요량으로 비가 내리기를 간절히 바라 마지않았던, 나이 많은 나의 철없음이 그들 앞에 부끄러워진다.

아침을 먹고 나설 채비를 하는데, 그제야 다시 비가 쏟아붓는다. 조금 전 침대에 누워 멎어 버린 비를 원망하던 맘은 온데간데없고 오늘 기예르모와 엘레나가 쌀을 살 수 있기를 바라는 마음으로 비가 멎기를 기다린다. 비가 몇 차례 오락가락하는 사이에 날이 밝는다. 처마 밑에서 비가 멎기를 기다리던 엘레나가 오늘은 자기 혼자 커피밭으로 내려갈 터이니 나는 집에서 쉬라 한다. 의리가 있지, 동급은 아니어도 그래도 한 달여 숙련 끝에 환상의 복식조를 향해 가고 있는 마당에 어찌 비가 온다 하여 엘레나 혼자 보낼 것인가, 게다가 오늘 번 돈으로 파티에 쓸 쌀을 산다는데……. 엘레나가 비닐을 뒤집어쓰기에 나도 같이 비닐을 뒤집어쓰고 커피바구니를 둘러맨 채 유쾌하게 빗속에 집을 나섰다.

비가 오거나 말거나, 커피밭에는 사람들이 모여 커피를 따고 있었다. 평생을 살아온 삶의 무대라서일까? 도냐 둘리아Doña Dulia는 몇 시쯤 비가 멎을 것인가도 알고 있었다. 도시락 먹을 때 되면 비가 멎을 것이라 했다. 비에 젖으나 땀에 젖으나 기왕에 젖는 것, 거추장스런 비닐을 벗어버렸다. 오히려 시원하고 좋다. 오늘 커피 따고 받는 돈으로 쌀을 산다니, 여물지 못한 내 손끝도 덩달아 속력을 내본다. 비가 오락가락하는 속에서도 노래가 나왔고, 드라마가 구전으로 재방송되었다.

도시락 먹을 때쯤 비가 멎을 것이라던 도냐 둘리아의 일기예보가 맞았는지는 모르겠으나, 오락가락하던 빗속에 해가 나오기 시작할 때쯤 질퍽거리는 땅에 비닐을 깔고 앉아 도시락을 열었다. 히야~ 예상했던 대로 밥 위에 계란 프라이가 얹어져 있다. 계란 프라이 하나로 마음이 한없이 기뻐진다. 한국에서라면 너무도 흔한 음식일 텐데, 그 음식이 귀한 것이던지, 엘레나는 자기 밥 위에 얹어진 계란 프라이를 뚝 잘라 같이 도시락을 먹던 시어머니 도냐 플로르Doña Flor의 밥 위에 얹어 준다. 개 코라 했던가……. 오늘의 특식 메뉴를 단박에 알아차린 모양이다. 주인을 따라와 늘 주변을 어슬렁거리던 개들이 자꾸만 내 앞으로 모여들어 혼자 먹기 참 난처하게 만든다.

도시락을 먹고 얼마나 일을 했을까? 젖은 옷은 몸에 척척 감기고, 태양은 뜨겁고, 개미들은 자꾸만 달라붙고, 참 견디기 힘든 날이다. 촤르륵~ 촤르륵~ 사방에서 커피열매를 바구니에 쏟아붓는 소리만 들리는데, 내 머릿속에 또 다시 회의가 인다. '도대체 여기서 뭘 하고 있는 것인가?', '굳이 이렇게까지 해야 하는 것인가?', '언제까지 이러고 살 것인가?' 생각들이 꼬리를 물고 일어나면서 나를 힘들게 한다. 커피 한 알이라도 더 따서 이번 주말에 있을 엘레나와 기예르모의 결혼 1주년 기념 파티에 쌀을 보태기로 한 나의 각오는 어디로 간 것인지……. 계란이 얹어진 도시락까지 먹고도, 내 머릿속에는 온통 어떻게 이곳을 빠져나갈까 하는 생각밖에 없다. 커피를 따는 일이 각 개인이 하루에 딴 만큼 돈을 받는 철저한 성과급이기에 늦게 온다 한들 혹은 일찍 마친다 한들 그 누구에게도 피해 갈 일은 없다. 그래도 이 사람들은 그야말로 살아 내기 위해, 생존을 위해 이 뜨거운 땡볕을 참아 가며 커피를 따는데, 나 혼자 빠져나가기는 엘레나와 주변 사람들에게 참 미안한 일이었다. 게다가 오늘은 엘레나가 커피를 따 번 돈으로 쌀을 산다 하지 않았는가? 여물지 못한 손이지만 그래도 오늘만큼은 최선을 다해 커피를 따자 맘을 다잡는다. 하지만 그도 잠시, 작업을 마치려면 아직도 한 시간 정도 더 남았는데, 결국 핑계를 찾는다. 고기를 사러 가자. 하루에 한 번 마을 어귀에 들어오는 고기 차가 올 시간이다. 커피 수확 작업을 다 마치고 가면 분명 오늘도 고기 차는 없을 터, 지금 고기를 사러 가야겠다.

처음 엘레나 부부와 살기 시작했을 때, 집에서 기르는 닭을 잡지 않는 이상 고기를 먹을 수 있는 기회가 거의 없었다. 엘레나 부부가 가끔 고기를 대신해 먹는 것은 1kg에 1달러도 하지 않는, 재료가 무엇인지도 불명확한 저급 소시지였다. 늘 기름에 볶은 밥과 삶은 프리홀

모르타델라(Mortadela)라는 이름의 저급 소시지. 밀가루 외에 들어간 재료에 대해서는 아무도 알지 못했다.(2010년 촬영)

레스Frijoles* 그리고 집 주변 어디서나 구할 수 있는 약간의 푸성귀가 식사의 전부였지만, 간간히 밥과 프리홀레스 위에 얇게 썬 소시지 튀김이 올라오는 날도 있었다. 그래 봤자 한 사람당 두 쪽이 전부였지만, 엘레나와 기예르모 그리고 내게도 특별식이나 마찬가지였다. 그러다가 내가 가끔 마을 어귀에서 고기 차를 기다려 고기라도 사들고 가는 날에는 양배추와 토마토를 잘게 썰어 라임즙을 뿌린 샐러드가 등장했고, 엘레나는 감자를 썰어 고체기름에 튀긴 '맥도날드식 프렌치 프라이드 포테이토'를 만들어 내기도 했다. 산호세에 있다는 맥도날드에 단 한 번도 가보지 못한 그녀였지만, 그녀가 명하는 감자튀김은 항상 '맥도날드식'이었다. 코카콜라 대신 단물Agua Dulce(사탕수수에서 내린 물)과 함께 먹는, 그

---

* 프리홀(frijol)이라는 팥 색깔이 나는 콩을 삶아 만든 음식. 코스타리카를 비롯한 중미지역에서 쌀과 더불어, 그리고 멕시코에서는 옥수수와 더불어 가장 기본 음식에 속한다. 한꺼번에 커다란 솥에 삶아 놓고 2~3일 보관하며 먹기도 한다. 코스타리카 시골지역에서는 익지 않은 바나나를 넣어 같이 삶기도 하며, 모든 음식에 항상 프리홀레스가 곁들여진다. 고기가 곁들여지면 더없이 좋지만, 대부분 시골에선 기름에 볶은 쌀과 프리홀레스가 식사의 전부인 경우가 많았다.

녀가 이름 지은 '맥도날드식 프렌치 프라이드 포테이토'는 가히 맛이 일품이었다.

엘레나 부부와 같이 살기 시작하면서 처음에는 철저히 그들과 같은 수준의 삶을 살고자 했다. 나는 언젠가 떠나갈 터, 나와 함께 살았던 시간들로 인해 내가 떠나간 다음 그들의 삶이 잠깐이라도 흔들리지 않기를 바랐다. 내가 그들을 위해 할 수 있는 것과 해서는 안 될 일에 대한 선을 명확히 긋고 그들과의 삶을 시작했다. 그러다 어느 순간 그것이 얼마나 경직된 사고였는지 깨달았다. 언젠가 헤어질 사이였지만, 내가 그들을 위해 할 수 있는 일이라면, 내가 그들을 위해 하고 싶은 일이라면, 하는 것이 좋겠다는 생각이 들었다. 그때부터 한 일 중 하나가 일주일에 한 번 혹은 두 번 고기를 사는 일이었다. 적어도 나와 함께 사는 동안에는 그들이 정체불명의 싸구려 소시지 대신 고기를 먹었으면 했다. 아니 그들을 위하는 그 이전에, 내가 고기가 먹고 싶어 참을 수 없었다. 하루하루 땀을 한 바가지씩 쏟아 가며 일하는 처지에 기름이 둥둥 뜬 밥과 프리홀레스만 먹고는 도무지 이 생활을 견딜 수 없을 것 같았다.

오늘따라 더욱 속도를 내는 엘레나에게 고기를 사러 내려가겠다고 고했다. 엘레나의 표정이 환해진다. 덕분에 나도 가벼운 마음으로 허리에 둘렀던 바구니를 풀어 엘레나의 커피자루에 그간 딴 커피를 덜어 주고 커피밭을 빠져나온다. 사람들은 마초의 트럭이 커피밭으로 들어오는 시간까지 커피 한 알이라도 더 따려고 속도를 내는데, 나는 오늘도 조퇴다. 행여 고기 차를 놓칠세라 동네 어귀를 향해 서둘러 걷는다. 아침에 오락가락하던 비는 어디로 다 간 것인지 땡볕에 그늘 한점이 없는 신작로를 걷는다. 마을사람 모두 다 커피밭에 있는 시각인지라, 길에는 사람이 한 명도 없다. 유령마을처럼 조용하다. 커피밭에서 빠져나올 핑계를

마을 공판장 앞 풍경

대느라 너무 서둘렀는지, 고기 차가 도착하질 않아 마을 어귀, 이 마을에 들어오던 첫날 비를 피하던 가게 처마 밑에 앉아 한참을 기다렸다.

　고기를 사기는 샀으나 다시 사람 한 명 없는 길을 거슬러 2km 가까이 떨어진 엘레나 집까지 갈 일이 깜깜하다. 오후 1시 30분에 페레스 셀레동에서 들어오는 버스를 기다려 타고 올라가기로 한다. 기왕에 버스 타고 올라갈 것, 콜라도 큰 걸로 한 병 샀다. 코카콜라를 사고 싶었으나, 하나뿐인 마을가게에는 국적불명의 빅콜라뿐이었다. 고기와 콜라를 사 들고 집으로 돌아오면서 일을 마친 엘레나가 와 있으려니 기대했는데, 아직 돌아오지 않았다. 다른 날 같으면 분명 이 시간쯤 돌아왔을 텐데, 오늘은 작정하고 커피를 따는 모양이다. 고기와 콜라를 사 가지고 올 때 기뻐하는 엘레나의 모습을 상상하며 왔는데, 피시식 바람이 샌다.

　아침부터 비와 땀에 젖은 몸을 씻고 좀 쉬려 하는데, 집 안이 어지간

엘레나 앞집의 꼬맹이들(왼쪽), 늘 맨발의 청춘들이었다. 2009년에 다시 방문했을 때의 모습이 오른쪽 사진이다. 7년 전 제일 컸던 아이는 이미 결혼을 하여 다른 곳에 산다 했다.

히 덥다. 천장이라곤 양철지붕 한 장뿐이니 열대지역의 한낮 더위가 그대로 집 안에 우려진다. 찬물에 몸을 씻고 방에 들어가 누워 봐도, 다시 땀이 주르륵 흐른다. 아니다 싶어 이번엔 마루로 나가 양회가 발라진 바닥에 누워 본다. 침대보다는 조금 시원하다 싶지만 여전히 덥다. 어지간하면 참고 누워 쉬려 했지만, 누운 채로 땀이 주르륵 흐르는 더위를 도무지 참을 수가 없다. 집 전체가 찜솥이다. 결국 타일이 발라진 토방에 나가 벌렁 누웠다. 그나마 좀 나은가 싶은데, 저 건너 맞은편 집에서 지붕에 스피커를 올려놓고 틀어 대는 음악소리 때문에 귀뿐 아니라 심장이 쿵쾅쿵쾅 울리는 것 같다. 주변 커피밭에서 커피를 따는 사람들에 대한 시혜라고 생각을 하는 것인지, 비가 오지 않을 때는 늘 지붕 위에 대형 스피커를 올려놓고 음악을 틀어 대는 집이었다. 토방에 누워 있으니 그 집 꼬맹이들 세 명이 쪼르르 달려온다.

뒷마당에서 코코넛을 따 손질해 주는 기예르모

　엘레나가 오기 전에 기예르모가 먼저 도착했다. 새벽부터 이웃농장에 가서 나무 끊어 주는 일을 하고 돌아오는 길이라 했다. 토방에 누워 있는 나를 보더니 깜짝 놀라 어디가 아프냐 묻는다. 집 안이 더워서 도무지 누울 곳을 찾지 못하다가 이곳에 누웠다 했더니 껄껄껄 웃으며 뒷마당으로 간다. 땀에 젖은 몸을 씻는가 보다 했는데, 잠시 후 뒷마당에서 기예르모가 나를 부른다. 가보니 뒷마당에 있는, 5미터는 족히 될 것 같은 야자나무에 올라가서 야자를 따 아래로 던지고 있다. 어떻게 그 높은 곳까지 올라갔는지 도무지 믿기지가 않는데, 야자 대여섯 개를 따 아래로 던지더니 원숭이처럼 잽싸게 나무를 내려온다. 그러고는 더위에는 야자물이 좋다면서 허리에 찬 마체테를 꺼내 야자열매 윗부분을 따준다. 밍밍한 야자 물을 다 먹을 때까지도 엘레나는 돌아오지 않았다.

　엘레나는 오후 3시가 다 되어서야 돌아왔다. 아침 9시에 점심 도시락을 먹고 다시 꼬박 여섯 시간을 더 일한 셈이다. 계측이 끝나고도 커피밭에 혼자 남아 두 시간 더 커피를 따다 왔다고 했다. 그렇게 오늘 열네 바구니를 했단다. 올해 들어 가장 많이 딴 날이라고 했다. 내가 겨우 한 바구니 보태 주었으니, 엘레나 혼자 열세 바구니를 딴 셈이다. 계측이 끝나고 아무도 없는 커피밭에 혼자 남아 두 시간여 더 커피를 땄을 그녀를 생각하니 내 마음이 측은해진다. 엘레나에게 사온 고기를 보여 주고, 얼른 시원한 콜라 한 잔을 따라 주었다. 엘레나는 혼자 열세 바구니를 땄다는 사실에 잔뜩 고무되어 있었다. 콜라와 고기가 있어서 더욱 그러했는지도 모르겠다.

엘레나의 귀가가 늦어지면서 덩달아 저녁식사도 늦어졌다. 대충 먹어도 되련만, 엘레나는 고기를 굽고 고기가 있을 때마다 늘 그러하듯이 양배추 샐러드를 만들고 '맥도날드식 프렌치 프라이드 포테이토'를 만들어 냈다. 풍성한 식탁이었다. 평상시라면 3시쯤 저녁을 먹고 느긋하게 집에서 쉬거나 기예르모와 엘레나를 따라 아랫마을로 마실을 갈 것인데, 오늘은 저녁이 늦어지는 바람에 셋 다 집에 눌러앉았다. 집에 있기로 한 것이 발단이었을까? 갑자기 엘레나가 비누를 찾아 들고 마룻바닥에 엎드려 양회가 발라진 마루를 닦아 내기 시작한다. 어디에서 그런 힘이 나오는 것일까?

오늘 하루 엘레나가 10시간 가까이 일하고 번 돈은 한국 돈으로 약 14,000원 정도. 커피를 따는 것은 분명 그녀에게 생존의 문제였다. 그러나 그 이상도 그 이하도 아니었다. 엘레나가 하루 스물네 시간 이를 악물고 커피를 딴다 해도 그녀의 삶은 크게 바뀌지 않을 것 같다. 커피값이 곱빼기가 되어 오른다 해도 커피를 따는 삯이 크게 오르지 않는 한, 그녀와 기예르모는 늘 지금과 같은 수준일 것이다. 둘 중 하나 몸이 아프거나 다쳐 상황이 더 나빠지지 않으면 다행일 뿐. 상황이 이러하니, 두 살 때부터 커피를 땄다는 엘레나의 삶, 커피 따는 일에 묶여 초등학교 3학년을 다니다 말았다는 그녀의 삶은 도무지 나아질 기미를 보이지 않는다. 그녀가 태어나던 순간도 가난했을 것이고, 지금도 가난하고, 아마 앞으로도 가난할 것이다. 그래도 나중에 아이가 생기면 아이들은 고등학교까지 꼭 보내고 싶다고 했다. 대학은 도저히 보낼 수 없을 것 같다면서.*

엘레나뿐인가? 커피밭에 모이는 모든 사람들이 그날 하루 자기의

---

* 가난한 나라에서 생산되는 커피, 부자 나라에서 소비되는 커피: 전 세계 인구의 14% 정도가 살고 있는 유럽은 전 세계에서 생산되는 커피의 36%를 빨아들이는 커피소비의 블랙홀이다. 우리나라 커피소비 인구의 연간 커피소비량이 원두 1.8kg이라는데, 북유럽의 여러 나라들이 연간 10kg을 상회한다. 흔히 커피소비가 일상화되어 있다고 생각하는 미국이 4.1kg이라는 것을 감안한다면 어마어마한 양이다. 하지만 미국의 경우 3억이 넘는 인구를 가진 나라이다 보니 커피소비 절대량은 유럽 어느 나라에도 뒤지지 않는다. 유럽과 미국에서 소비하는 커피양이 전 세계 커피소비의 50%를 훌쩍 넘어선다. 그런데 세계에서 커피생산이 이루어지는 곳은 아프리카와 아시아, 그리고 라틴아메리카 국가들이다. 생산지와 소비지가 확실히 분리된다. 상황이 그러하니 커피는 이 세상에서 교역량이 가장 많은 상품이라는 석유에 이어 두번째로 많은 거리를 이동하는 상품이기도 하다.

문제는 수많은 거리를 이동하는 간극만큼이나 큰 생산지와 소비지에서의 가격차이다. 미국에 본부를 두고 있는 세계커피기구 ICO(International Coffee Organization)의 통계자료에 따르면, 2009년 세계 최상품 커피로 분류되는 콜롬비안 마일드 1파운드당 생산자 지급 가격은 1.4달러였다. 물론 브라질이나 베트남에서 생산된 로브스타 커피의 경우 같은 무게당 1달러에도 채 미치지 못하는 0.7달러였다. 그런데 이 커피가 유럽으로 건너가 로스팅된 후 소매상에 건네지는 원두가격은 오스트리아가 7.0달러, 룩셈부르크 7.9달러, 그리고 이탈리아가 7.7달러였다. 보통 1파운드의 원두로 최소 70~80잔 정도의 커피를 만들어 낼 수 있음을 감안한다면 최종 소비형태인 커피 한 잔 가격과 그에 해당하는 커피양의 생산지 가격은 300~400배까지 벌어지게 된다. 커피 수확 후 최종소비자의 커피잔에 이르기까지 각 단계에서 파생된 부가가치의 합을 100으로 보면, 그 대부분이 생산의 현장을 떠나 소비지로 들어간 이후에 파생된다. 로스팅과 분쇄, 그리고 유통과정에서 총부가가치의 90% 이상이 파생되는 것이다. 그러니 커피가 소비되는 곳에서는 어떤 형태로든 부가 쌓여 가지만, 커피가 생산되는 곳에서는 그야말로 빈곤이 쌓여 갈 뿐이다. 오늘날 세계빈곤지도와 커피생산지도를 맞춰 보면 얼추 맞아떨어진다는 말이 전혀 근거없는 건 아닌 듯하다. 소비되는 커피는 갈수록 고급화되는데 커피생산현장에 사는 이들의 삶은 자꾸만 더 저급화되는 것 같다. 물론 세상의 모든 것을 다 빨아들일 수도 있다는 새로운 블랙홀 중국에서 본격적으로 커피를 마시기 시작한다면 분명 세계 커피가격은 오를 것이고 그 훈풍이 저급한 삶으로 추락하던 전 세계 커피생산자에게 불어줄지도 모를 일이다. 하지만 그 훈풍의 마지막 연결고리는 크든 작든 커피밭을 소유하고 있는 농장주인일 터, 땅 한 평 없이 남의 농장에서 커피를 따는 사람들의 삶은 여전히 지금과 다를 바 없이 생존의 한계 언저리 즈음일 것이다.

삶을 살아 내기 위해, 땡볕 아래서 커피를 딴다. 가난과 부는 차후의 문제다. 그날 하루 먹고살아야 하기 때문에 커피를 딴다. 고체기름에 볶은 밥만 먹다 돈을 받는 토요일이면 싸구려 소시지라도 밥 위에 얹을 수 있다는 사실에 대만족. 자기 자식 세대가 자기들보다는 조금이라도 더 배우고, 더 나은 삶을 살아주기를 기대하기는 그들에게 너무 요원한 일이기만 한 것 같다. 그런 그들에게 희망을 가져 보라고, 자식을 가르쳐 보라고, 삶에 더 충실해 보라고 요구할 수 있을까? 어쩌면 삶에 대한 충실로 치자면, 해가 뜨기도 전에 일을 나서고 모든 것을 살라 먹을 것 같은 땡볕 아래서 일하는 그들 이상 충실할 수가 없을 것 같다. 새벽같이 나가 하루 종일 땡볕에 커피 열네 바구니를 땄다는 엘레나는 지금도 쉬지 않고 온 집 안을 쓸고 닦는다. 이들에게 보다 더 나은 미래를 위해 더 많이 일하라 할 수 있을까? 아니다. 지금도 충분히 과하다.

그들 속에 섞인 나를 본다. 커피를 따지 않아도 먹고살 수 있는 나, 그래서 오늘도 비가 내려 주길 간절히 바랐고, 비겁하게 조퇴를 했다. 내일 당장 커피밭에 나가지 않아도 굶지 않을 것이다. 무엇이 이들과 나 사이에 그렇게 큰 차이를 만들어 낸 것일까? 코스타리카 혹은 니카라과 시골마을에서 태어난 이들과 대한민국에서 태어난 나, 태어난 장소 때문일까? 아니면 각자 개인이 가진 삶의 운명 때문일까? 생각이 복잡해진다. 어쩌면 이 세상이 구조적으로 아주 불량스러워서 그런 건지도 모르겠다. 불량스러운 세상 덕에 나는 적당히 누리며 살아가고, 이들은 하루 종일 땡볕 아래에서 커피를 따며 그날 하루 생계를 잇는 것인지도 모르겠다.

모든 것이 혼돈스러운데, 집 안 구석구석 바닥을 닦는 엘레나의 노랫소리가 들린다. 커피를 열네 바구니나 땄고, 코카콜라를 마셨고, 고기

해가 뜨기 전 아침을 먹고 집을 나서는 기예르모는 오전 9시경이면 잠시 집에 들러 새참을 먹는다.

도 먹었고……. 땡볕 아래 10시간 가까이 커피를 따고 돌아온 엘레나는 콜라 한 잔에 아주 행복해했다. 나는 콜라 한 잔에 그녀만큼 행복해할 수 있을까? 세상사람들이 콜라 한 잔으로 지금의 그녀만큼 행복해질 수 있을까? 지금까지 삶을 살아오면서 나는 단 한 번도 콜라 한 잔으로 인해 그녀만큼 행복해했던 적은 없는 것 같다. 설령 나중에 한국으로 돌아가 이들이 상상할 수 없을 만큼의 돈을 번다 해도 지금 이 엘레나 부부만큼 행복하게 살 자신이 없다. 어쩌면 이 세상 더없이 많은 것을 누리고 산다 해도 지금의 엘레나처럼 행복하게 살 수는 없을 것 같다. 초등교육 3년이 전부인 배움과 새벽 동이 트기 전에 일어나 하루 종일 땡볕 아래 커피를 따야 하는 상황에서도 온전히 자기 삶에 감사하는 엘레나에 비춰

나를 본다. 커피 따는 손이 여물지도 못하고, 굳은 결심과는 상관없이 지각과 조퇴를 밥 먹듯 하고, 게다가 그녀만큼 사소한 것에 행복해할 줄 모르니, 나이 어린 엘레나 앞에 부족해도 한참 부족하다. 하루 10시간을 일하고 돌아와 힘든 줄도 모르고 흥얼흥얼 노래까지 불러 가며 집에 반짝반짝 광을 내는 엘레나를 보고 있으니, 아무래도 내가 참 불량하다. 커피밭 노동자로서뿐 아니라, 삶을 살아가는 태도도 그녀에 비한다면 한참 불량하다. 그녀는 알까? 내 마음속에 이미 그녀가 커피밭에서뿐 아니라 삶에서도 선배였다는 것을.

얀시의 바지를
사러 가다

커피밭에 불량노동자인 나와 거의 동급인 소녀가 있다. 이름은 얀시Yancy. 열세 살, 중학교 2학년. 학생이라면 응당 학교에 있어야 할 것이거늘, 지난 보름 내내 돈 프로일란의 커피밭에서 커피를 땄다. 말을 타고 집집마다 돌아다니며 옷을 파는 이에게서 엄마 몰래 블라우스 한 장을 외상으로 사 입고, 그 돈을 갚아 주기 위해 꼬박 보름에 걸쳐 학교도 가지 않고 커피를 땄다. 손이라도 여물었다면 사나흘에 외상값을 갚아 줄 수 있었으련만, 나만큼이나 손이 여물지 못했던지 아니면 핑계 김에 학교 가기가 싫었던지, 꼬박 보름간 커피밭으로 출근하였다. 세상에 근심 걱정이라곤 하나도 없어 보이는 얼굴에, 노래까지 잘해 커피밭에서 인기가 하늘을 찔렀다. 같이 커피 따던 아주머니들이 자꾸만 얀시에게 바지도 사라 했고 구두도 사라 했다.

그 말에 녹아 든 것일까? 어느 날 오후 이른 저녁을 먹고 쉬고 있는데, 엘레나 집에 얀시가 불쑥 나타났다. 금방이라도 비가 쏟아질 것같이 검은 구름이 몰려오는데, 산 너머로 바지를 사러 가자 한다. 이번엔 돈도 있단다. 정말 학교 다니는 것을 작파하기로 한 것인가?

바지는 얀시가 살 것이라는데, 엘레나가 신이 났다. 손거울을 들고

커피밭에서 천진난만한 얀시(가운데 활짝 웃는 소녀)

눈썹을 그리기에 여념이 없다. 엘레나는 늘 그랬다. 아랫마을 가게에만 가더라도 늘 화장을 진하게 했다. 화장품이라 봐야 아랫마을 가게에서 산 조잡한 것들이었지만 그녀는 늘 화장을 하는 데 많은 공을 들였다. 처음에는 이해할 수 없었다. 날이 이렇게 더운데, 게다가 온전히 화장을 지울 수 있는 크림도 없으면서 왜 이렇게 진하게 화장을 하는가 했다. 그녀와 같이 살고 한참 후에야 가게가 있는 아랫마을이 젊은 그녀가 '외출'이라는 것을 할 수 있는 거의 유일한 장소임을 알게 되었고, 그렇게 그녀의 진한 화장도 이해할 수 있었다.

금방이라도 후두둑 비가 쏟아질 것 같은데, 얀시와 엘레나 그리고 한 동네 사는 마르타까지 합세하여 네 명의 여인네들이 우산을 챙겨 들고 길을 나섰다. 그리 멀지 않다는 말에 슬리퍼를 신고 따라 나섰는데, 아뿔싸, 멀리 보이는 산 하나를 완전히 넘어가는 길이었다. 괜히 따라나

얀시의 바지를 사러 나서던 길, 하늘이 이러했다

섰다는 후회를 하는 이는 나 하나뿐, 이들 세 여인네들은 신이 났다. 소풍이라도 가는 모양새다. 한참을 가더니 엘레나가 내게 보여 줄 것이 있다면서 길을 벗어나 있는 큰 바위 앞으로 데려간다. 암각화였다. 언제 새겨진 것들일까? 그곳에 널린 바위마다 사람과 새를 비롯한 암각화들이 새겨져 있었다. 언젠가는 엘레나가 커피를 따다 나를 부르더니 돌 하나를 주워 건네주는데, 손도끼 모양으로 잘 다듬어진 돌이었다. 땅을 파보면 종종 그런 모양의 다듬어진 돌들이 나온다고 했다. 암각화가 그려진 바위들은 전혀 보호를 받지 못하고 방치되어 있었다. 얀시는 그 바위에 올라가 미끄럼을 타고 내려온다. 내가 새겨진 그림에 관심을 보이자 엘레나가 다음번에 이곳에 올 때는 칫솔을 가져와 그림이 잘 보일 수 있게 깨끗이 닦아 주겠다고 한다. 그 순수한 마음이 고맙다.

얀시가 바지를 산다는 집은 산 하나를 완전히 넘어간 곳에 있었다.

바위에 새겨진 암각화들

암각화가 새겨진 바위에 선 얀시와 엘레나

무슨 옷가게가 있을까 싶었는데, 아니나 다를까 평범한 가정집이다. 토요일 커피밭에서 돈 마초에게 돈을 받는 날이면, 어김없이 말 등짐에 옷보따리를 싣고 나타나는 중년의 아줌마가 사는 집이란다. 해가 지려고 어둑어둑한데, 주인이 없는 모양이다. 텅 빈 마당에 구부정히 서 있던 할아버지가 30분 정도 더 있어야 주인이 올 거라고 했다. 내 마음 같아서야 바지 사는 것을 다음으로 미루고 날이 더 어두워지기 전에 집으로 돌아가고 싶었지만, 바지를 사고픈 얀시의 마음과 얀시 덕분에 새로운 옷가지 구경이라도 할 수 있는 엘레나와 마르타의 마음은 그렇지 않은가 보다.

30분이면 온다던 주인은 한 시간이 넘어서야 나타났다. 이미 소비자 중심 마켓이 되어 버린 한국 같으면 상상을 할 수 없는 일이겠지만, 아직도 코스타리카를 비롯한 중남미 국가들에서는 판매자가 소비자보다 더 많은 파워를 갖는 것을 종종 본다. 마당에 들어선 주인을 따라 집 안으로 들어가는데, 구석에 서 있던 할아버지가 작은 목소리로 주인을 불렀다. 그제서야 주인은 뭔가를 기억한 듯 할아버지에게 다가가 동전 몇 닢을 쥐어 준다. 노인은 주인이 잠시 자리를 비운 사이 집을 봐주고 있었던 모양이다. 사실, 주인을 기다리는 동안 할아버지는 니카라과 사람들이 마을로 커피를 따러 온 이후 좀도둑이 많아졌다며 니카라과 사람들을 쥐에 비유하고 폄하했다. 니카라과 사람들이 들어오기 시작하면서부터 길가 나무에 달린 열매들도 남아나는 것이 없다 했다. 노인의 말대로라면, 니카라과 사람들은 인간 축에도 들지 못하는 사람인 듯했다. 그런 노인의 말끝에서 비교적 피부색이 하얀 코스타리카 사람들은 그 자체로 니카라과 사람들과는 비교할 수 없이 높은 위치에 있다는 자만감과 교만함이 묻어난다. 허나, 니카라과 사람들을 말할 때 그렇게 도도

해 보이던 노인의 모습은 어디로 갔는지, 자기보다 한참 젊은, 같은 코스타리카 사람으로부터 굽실거려 가며 동전 몇 닢 받아 돌아가는 뒷모습을 보니 그렇게 한평생을 살아왔을 늙은 노인의 삶이 측은해 보이기도 했다.

한 시간이 넘게 비포장 길을 걷고, 옷장사 집에서 다시 한 시간을 기다렸지만, 애석하게도 얀시는 그날 바지를 사지 못했다. 옷장사가 겨우 몇 장 가지고 있던 바지 중 얀시의 몸에 맞는 것이 없었다. 디자인은 상관없이 그저 치수만 맞으면 바지를 살 태세였지만, 너무 크거나 작은 것들뿐이었다. 어렵게 바지 한 장 살 수 있는 돈을 만들어 간 얀시는 실망하는 기색이 역력했다. 얀시뿐이랴, 얀시 덕분에 이 옷 저 옷 구경이라도 해보고자 했던 엘레나와 마르타도 달랑 몇 장뿐인 바지 앞에서 실망의 색이 짙다. 옷장사의 집을 나왔을 때는 이미 사방이 어두워진 후였다. 옷을 사러 가던 때의 그 씩씩함과 패기가 반절은 감해진 느낌이다. 가야 할 길은 먼데 그냥 이렇게 가기가 뭐해, 내가 한 가지 제안을 했다. 어떻게 보면 나만이 할 수 있는 제안, 아니, 그 순간 내가 꼭 해야 했던 제안, 코카콜라를 사 먹자 했다. 옷장사에게 가는 길 산중턱쯤 중간 마을에 있던 작은 가게 하나를 봤던 터, 그곳에 가서 코카콜라를 먹자 했다. 역시 코카콜라는 신비의 묘약인지, 모두 실망의 기색이 역력하더니 그 한마디에 눈들이 반짝반짝 빛난다.

캄캄해진 밤길을 따라 가게에 도착했을 때, 가게 문은 닫혀 있었지만, 그것이 대수랴, 문을 두드렸다. 두드리라 그리하면 열릴 것이라 하지 않던가……. 이내 안에서 불이 켜지고 가게 문이 열렸다. 다행히 가게에 코카콜라가 있다. 호기 좋게 네 병을 시켰다. 네 명의 처자가 다시 낄낄낄 깔깔깔, 바지를 사지 못한 서운함을 털고 기분 좋게 코카콜라를 마시고 있는데, 엘레나가 주인에게 비닐봉지 하나를 청하더니 반쯤 남은 콜라를 부어 담는다. 자기는 반절이면 충분하다면서……. 콜라를 사주면 한꺼번에 서너 병이라도 마실 엘레나가 어찌 콜라 반 병에 충분하겠는가 마는, 안 봐도 척이다. 집에서 기다리고 있을 남편 기예르모 때문이리라. 그 마음이 고맙고 예뻐 콜라 한 병을 더 주문했다. 파라예바르 Para llevar(포장 주문), 주인은 코카콜라 한 병을 따 바로 비닐봉지에 부은 후 봉지 입구를 실로 총총 동여매 준다(2002년, 그때만 하더라도 코스타리카에 플라스틱병 콜라가 드물었다. 병이 귀해서인지, 콜라를 살 때 그 자리에서 마시지 않는다면, 무조건 비닐봉지에 콜라를 쏟아부은 후 봉지 입구를 실로 동여매어 주었다).

　콜라 한 병씩을 마시고, 다시 한 병을 봉지에 담아 집으로 돌아오는 길에 금방이라도 비를 쏟을 것 같은 구름들은 어디로 가고 별이 총총 떴다. 코카콜라에 취한 건지, 휘영청 밝은 달빛에 취한 건지 네 명의 여인네들이 이유도 없이 밤길을 낄낄거리며 걷는다. 얀시의 바지는 사지 못했지만, 엘레나는 덕분에 화장을 예쁘게 하고 외출할 수 있었고, 나는 길가에 방치된 암각화를 볼 수 있었고, 얀시와 마르타는 코카콜라를 마실 수 있었다. 그 누구 하나 손해 본 것이 없는 오후 반나절이었다.

커피꽃이
피었습니다

한참을 잤다고 생각했다. 새벽이겠거니 하고 시계를 봤는데, 이제 막 밤 10시를 넘어서는 시각, 잠은 이미 다 잔 것 같은데, 시간이 이리 더디 가니, 내일 새벽까지 지샐 일이 까마득하다. 보름 즈음인지, 달이 밝다. 옆방의 엘레나 부부가 잠에서 깰까 봐 몸을 뒤척이며 부스럭거리기도 여간 부담스러운 것이 아니다. 꼼짝없이 나무벽으로 된 방 안 침대에 누워 있으려니 꼭 나무관 속에 담겨 있는 기분이다. 나무를 덧대 만든 벽 틈으로 밖을 내다본다. 조명탄을 쏘아올린 것처럼 밝다. 아무래도 다시 잠들기는 힘들 모양, 살금살금 소리를 죽여 밖으로 나온다. 지대가 높은 엘레나 집 앞마당에 서니 동네가 한눈에 내려다보인다. 밤 10시, 한국이라면 한참 불야성을 이룰 시간이겠지만, 하루의 시작이 빠른 이곳엔 불 켜진 집이 하나도 없다. 마을 전체가 깊은 밤 속에 잠들어 있었다. 해가 뜨기 전에 일어나고 해가 지면 잠드는 이곳, 잘 적응해 나가다가도 이렇게 한 번씩 지구 저 반대편에서 그곳의 리듬에 맞춰 30년 넘게 내 몸 속에 지니고 살아온 시간표가 되살아나나 보다. 내일 새벽이면 침대에서 일어나기가 힘들어 꼼지락거릴 줄 뻔히 알면서 도무지 다시 잠을 청하고픈 생각이 없다. 달빛 때문인지, 이런 생각 저런 생각들이 꼬리를 문다. 이곳에 집중하자 마음먹고 완전히 잊고 살았다고 생각했는데, 어찌 그럴 수 있을까? 사람들이 그리웠고, 크리스마스가 가까운 12월 겨울의 문턱에서 머리가 시릴 만큼 추울 한국 날씨가 그리웠다. 달이 뜬 그날 밤만큼은 지난 1년간의 긴장을 무장해제 시키고 한국의 모든 것들을 마음껏 그리워해도 될 것 같았다.

그러지 않아도, 며칠 전 커피를 따다 엘레나가 심호흡을 하더니 크리스마스 냄새가 난다고 했다. 12월이긴 했지만, 한낮으론 섭씨 30도를 훌쩍 넘어서는 이곳 산페드로, 모든 것이 푸르기만 한 이곳에서 크리스마스 냄새라……. 마침 그 즈음 수년 전 미국으로 건너간 엘레나의 오빠가 작은 상자 하나를 보내왔다. 그 안엔 성탄절을 장식하는 작은 꼬마전구들이 가득 들어 있었다. 그날 하루 일과를 마치고 돌아와 기예르모와 엘레나 그리고 나까지 합세하여 처마 밑에 빙 둘러 꼬마전구들을 달긴 달았어도, 겨울 크리스마스에 익숙해 있던 나는 좀처럼 성탄절 기분이 나지 않았다.

그날 밤, 그렇게 기대하지도 않았던 뜨거운 더위 속에 맞는 그린 크리스마스Green Cristmas가 준 선물이었을까? 엘레나 집 앞마당에 서서 오래도록 잠들지 못하고 지붕 너머로 기우는 달을 쫓아 돈 프로일란의 커피밭과 연결되는 뒷마당으로 갔을 때, 나를 맞은 것은 달빛 속에 흐드러지게 핀 커피꽃이었다. 며칠 전부터 커피나무들이 하얀 꽃을 피워 내긴 했어도 한낮 더위 속에 보는 커피꽃은 그렇게까지 낭만적이지 않았었다. 새벽이면 겨우 눈떠 엘레나가 챙겨 주는 아침 먹고 돈 마초의 커피밭으로 나갔고, 커피를 따고 돌아온 오후에는 더위에 취해 몽롱하게 있다가 해가 완전히 지기도 전에 잠자리에 들었으니, 그간에 한 번도 달빛에 비친 커피꽃을 볼 수 없었던 것이다. 무어라 표현할 수 있을까? 이렇게 흐드러지게 꽃을 피워 내기까지 한 번도 관심을 갖지 않았다는 사실이 조금 미안했다. 그리고 순간적으로 이효석의 소설 「메밀꽃 필 무렵」이 생각났다. "소금을 뿌려 놓은 것처럼"이란 표현이 어쩌면 그리도 절절할 수 있을까……. 달빛을 받은 커피꽃은 하얀색이기보다 차라리 형광에 가까웠고, 수만 마리 반딧불이들은 모두가 잠든 밤을 타 달빛 아래 은밀하게 유영하고 있는 듯했다.

눈 대신 커피꽃으로, 화이트 크리스마스라 해도 될 듯했다. 그리고 보니 엘레나가 며칠 전 커피 따다 했던 그 말이 다시 생각났다. '크리스마스 냄새.' 이제 그 말의 의미를 조금 알 것 같기도 하다. 그 밤, 달이 저 너머로 기울어 달빛 아래 유영하던 반딧불이들이 하나 둘 사라질 때까지 자리를 뜰 수 없었다. 아무리 봐도, 크리스마스 냄새와 함께 밝은 달에 내가 취한 건지, 흐드러지게 핀 커피꽃이 취한 건지 모를 일이었다.

엘레나와 기예르모의
결혼 1주년 기념일

며칠 전부터 엘레나와 기예르모 그리고 나까지 덩달아 고대하던 날이다. 이들 부부의 결혼 1주년 기념일. 토요일, 평일처럼은 아니더라도 그래도 정오까지 반나절 커피를 따는 날이지만, 엘레나와 기예르모는 오늘 일을 나가지 않았다. 동이 트기도 전부터 엘레나는 그 작고 낡은 집 바닥에 엎드려 구석구석 쓸고 닦았고, 나도 옆에서 그녀를 도왔다. 산 너머 마을 탐보르Tambor에 사는 친정식구들이 올 것이라 했다. 기예르모 역시 새벽에 잠깐 돈 마초의 집에 가서 소젖을 짜주고 와서는 밖으로 일을 나가지 않고 마당 구석구석을 정돈하고 뒷마당에 두 그루 서 있는 파파야나무에서 며칠 전부터 따지 않고 놔뒀던 파파야를 땄다. 오늘의 주메뉴는 닭볶음밥과 익지 않은 그린 파파야 요리라 했다. 이곳 코스타리카에서 언제나 빠지지 않는 요리, 프리홀레스는 벌써 뒷마당에 걸어둔 솥에서 삶아지고 있었다.

한바탕 청소를 마친 엘레나가 진하게 화장을 시작한다. 아랫마을로 닭고기를 사러 간다 했다. 진정 그들의 결혼기념일을 축하하는 마음으로 뭐라도 선물을 사주고 싶었지만, 이곳 산페드로에선 아랫마을 작은 가게 하나가 전부인 상황인지라, 사줄 수 있는 것이 마땅치 않았다. 그간

엘레나 집 뒷마당에 있던 부엌(왼쪽). 오른쪽은 2009년 다시 찾아갔을 때 허물어져 버린 부엌의 모습

꼬깃꼬깃 접어 배낭 안에 넣어 두었던 돈을 꺼내 주머니에 챙겼다. 엘레나를 따라 아랫마을로 내려가면서 그녀에게 그 돈을 건넸다. 처음에 엘레나는 돈을 받지 않으려 했다. 자기 돈이 아닌 내 돈이고, 커피를 따도 자기가 훨씬 더 많이 따기 때문에 그 돈을 받을 수 없다 했다. 마음 깊은 엘레나 눈에도 불량노동자인 내가 어지간히 불쌍하게 보였는가 보다. '걱정하지 말아라', '나 돈 있다' 안심을 시켜도 이곳을 벗어난 곳에서의 내 삶을 제대로 알 리 없는 엘레나는 영 믿기가 어려운가 보다. 길에서 옥신각신한 끝에, 진정 엘레나와 기예르모의 결혼기념일을 축하하고자 하는 내 마음이라 생각하고 받아 달라 하니 그제야 겨우 받는다.

대략 50명 정도의 사람이 올 것이라 했다. 친정식구만 스무 명이 넘고, 같이 커피 따는 사람들도 올 거란다. 가게에서 이것저것 사서 담으니 큰 자루로 하나 가득이다. 기예르모가 짊어졌다. 어디서 그런 힘이 나오는지, 2킬로미터가 넘는 비포장 오르막길을 쉬지 않고 올라간다. 가게에서 돌아와 보니 산 너머에 산다는 엘레나의 친정엄마와 언니가 와 있었다. 잔치는 저녁이지만, 음식 만드는 것을 도와주기 위해 두 분이 먼저

일찌감치 내려와 잔치음식 준비를 돕는 엘레나의 친정엄마와 언니

내려온 거란다. 곧바로 음식 준비가 시작되었다. 토요일 오후, 일도 없겠다, 동네사람들이 하나 둘 모여든다. 동네 개들도 약속이나 한 듯 다같이 모여든다. 아침나절에는 청소라도 도와줬지만, 막상 사람들이 모이고 보니 딱히 내가 할 일이 없다. 앞마당에 있는 커다란 마몽치노 나무(코스타리카에선 람부탄이란 말 대신 마몽치노 mamón chino라 불렸다) 아래 일찌감치 올라온 얀시와 함께 자리 잡고 앉아 나무를 흔들어 가며 떨어지는 열매를 주워 먹었다.

잔치는 해가 지고 난 후 엘레나 친정동네에서 커다란 트럭에 실려 온 악단의 도착과 함께 시작되었다. 악단은 아코디언 한 대와 여러 대의 기타로 구성되어 있었는데, 아코디언을 맨 이가 엘레나의 아버지라 했고, 기타를 치는 이 중 한 명이 작은아버지라 했다. 트럭에는 악단뿐 아니라 엘레나의 친정동네 가까운 이웃사람들까지 빼곡히 실려 내려왔다. 방 두 칸짜리 작은 집 안에 사람들이 가득하다. 악단이 도착하기를 기다

아코디언을 켜는 엘레나의 친정아버지

기타를 치는 엘레나의 작은아버지(맨 오른쪽 중절모를 쓴 이)

잔치의 주인공 엘레나와 기예르모

렸다는 듯이, 이곳 마을사람들도 속속 도착했다. 늘 커피밭에서 같이 커피를 따던 사람들인데, 아마도 가지고 있는 옷 중 가장 좋은 옷들을 입고 온 모양인지, 그간에 커피밭에서 만났던 사람들과는 전혀 다른 사람으로 보일 정도다.

음악이 한창 무르익어 갈 즈음, 음식이 나왔다. 닭고기를 넣어 만든 닭볶음밥과 아직 덜 익은 파파야를 잘게 썰어 기름에 볶아 만든 피카디요Picadillo가 반반 담긴 접시가 한 사람당 하나씩 돌려졌다. 명색이 결혼 1주년 기념인데, 하다못해 싸구려 포도주 한 병이라도 있었으면 좋으련만, 사탕수수를 짜낸 즙으로 만든 단물이 음료의 전부였다. 내게는 초라해 보이는 잔치음식이었지만, 그 음식만으로도 그들은 너무도 행복해했다.

식사가 끝나고 다시 음악이 시작되었다. 온 동네 개들이 다 모인 것 같아, 인심 쓰자 맘먹고 닭살 발라낸 뼈를 몇 개 추려 뒷마당으로 나서는

데, 커피밭으로 연결되는 그곳에 늘 같이 커피 따던 하이메Jaime, 아우구스팅Augustin 그리고 호세Jose가 서성거리고 있었다. 커피밭 안 깊숙이 자리한, 다 쓰러져 가는 집에 살고 있는 이들이었다. 코스타리카 커피 수확철을 맞춰 니카라과에서 내려온 사람들이었다. 이들은, 살림살이는 고사하고 침대와 이불도 없어 구멍이 숭숭 난 마룻바닥에 커피자루를 깔고 덮고 잤다. 크지도 않은 커피밭에서 매일같이 커피를 땄지만, 이들이 마을사람들과 섞이는 일은 거의 없었다. 마을사람들과 그들 모두가 서로를 껄끄러워했다. 그러하니 당연히 초대를 받지 못했을 터. 전기도 들어오지 않는 버려진 집에서 무료한 토요일 저녁을 보내다가, 음악 소리와 음식냄새를 쫓아온 듯했다.

　순간 마음이 복잡해진다. 이들을 안으로 들일 수 있을까? 기왕에 마을사람들, 같이 커피 따는 사람들이 다 모인 잔치니, 그래도 될 것 같기도 했다. 또 한편으로는 이들을 안으로 들이면 잔치 분위기가 망가지진 않을까 하는 생각이 들기도 했다. 한국 같으면야 잔칫날에는 길 가던 객이라도 함께 어우러져 음식을 나눈다지만, 아무리 시골이라 해도 여기는 그래도 코스타리카이고 이들은 니카라과 사람들이지 않은가? 딱 그 부분에서 내 판단의 기준이 마비되어 버린다. 어떻게 해야 될지를 모르겠다.

　그래도 좋은 게 좋은 거라 하지 않던가? 그것도 이 좋은 날에……. 그들에게 같이 안으로 들어가길 청했다. 인간적으로, 정말 인간적으로 그들에게 잔치에 같이 들 것을 청해 보기라도 해야 될 것 같았다. 짧은 내 고민의 순간에 훨씬 앞서 그들은 이미 코스타리카 커피밭에서 니카라과인으로 살아가야 하는 그들의 처지를 숙명처럼 받아들이고 있었던 것일까? 손사래를 친다. 그러더니 그 중 늘 누구에게나 수줍어하던 하이

커피밭 안쪽 깊숙이 자리한, 하이메 일행이 살던 집

변변한 침구도 없이 하이메 일행이 자던 방. 커피열매를 따 담던 비닐자루가 그들 침구의 전부였다

메는 벌써 발걸음을 돌려 커피밭 안, 그들의 낡은 집으로 돌아간다.

같은 커피밭에서 커피를 따면서도 이들은 늘 이방인이었고 아웃사이더였다. 마을사람들끼리 노래를 선창하는데도 어울리지 못하였고, 늘 그들끼리 모여 커피를 땄다. 코스타리카 사람들과 같은 스페인어를 사용하면서도, 오히려 스페인어를 더듬거리는 나보다도 더 말이 없었다. 어느 날 커피밭 안 다 쓰러져 가는 집으로 찾아갔을 때, 그들은 마침 식사를 준비 중이었다. 하다못해 그 흔한 프리홀레스도 없이, 고체기름에 볶은 쌀이 전부인 식사였다. 얼마나 배가 고팠던지 커다란 냄비에 담긴 밥을 한꺼번에 다 먹어치웠다. 하긴, 한 달이 넘게 같이 커피를 땄지만, 단 한 번도 그들이 도시락을 싸오는 것을 보지 못했다. 여덟 시간이 넘는 작업 시간 동안 그들이 마시는 것은 물이 전부였다. 이곳에 와 있는 동안 단 한 번도 고체기름에 볶은 쌀 외에 다른 음식을 먹어 본 적이 없다 했다. 식사를 마치고 커피밭 군데군데 심어진 나무에서 오렌지 몇 개를 따 나누어 먹고는 조심스레 바닥에 떨어진 껍질을 주워 모아 땅에 묻었다. 누가 뭐라 하는 것도 아닌데, 습관적으로 그들이 먹은 흔적을 없애기 위함이리라. 이런 모습들 때문에 코스타리카 사람들은 니카라과 사람들을 늘 '쥐'라 불렀다. 니카라과 사람들이 마을에 들어온 이후 야자건, 오렌지건 야생열매들이 남아나는 것이 없노라며 코스타리카 사람들의 불평이 대단했다.

이곳 코스타리카 시골마을에서조차도 니카라과 사람들을 향한 무시가 어떠한지 익히 알기에, 그들이 같이 잔치에 들자는 내 청에 손사래를 칠 때 비겁하게도 내 마음 한편에 안도의 한숨이 쉬어졌다. 하이메가 커피밭 안으로 발걸음을 돌리자, 아우구스팅과 호세도 마지 못해 하이메 뒤를 따른다. 내 마음속에 누구를 향한 것인지 알 수 없는 화가 인다.

하루 종일 커피를 따고 집에 돌아와 요리 중인 아우구스팅. 요리라 해봐야 고체기름에 볶은 쌀이 전부다

내가 보기엔 피차간의 처지가 종이 한 장 차이도 않은데, 상대방을 쥐라 부르며 무시하는 코스타리카 사람들에게 향한 것인지, 늘 주눅들어 자기 의사표현도 하지 못하고 그저 숙명이려니 하고 살아가는 니카라과 사람들을 향한 것인지 알 수가 없었다. 아니, 어쩌면 집 안에서 잔치를 벌이는 코스타리카 사람들과 집 밖에서 잔치에 들지 못하는 니카라과 사람들 사이에 끼어 이러지도 저러지도 못하는 나 자신을 향한 것이었는지도 모르겠다.

그러는 사이 엘레나 집 뒷마당에 서성이던 세 사람이 깊숙이 커피밭 안으로 사라져 버렸다. 그렇게 보내서는 안 될 것 같았다. 이미 어둠 속으로 사라져 버린 그들을 불렀다. 이곳에 온 지 한 달 넘게 고체기름에 볶은 쌀만 먹고 살아온 사람들 아닌가? 내 잔치가 아니기에 이들을 불러 잔치에 들이진 못했어도, 아침에 아랫마을 가게로 내려가는 길에 엘

니카라과에서 넘어 온 네 명의 일행 중 나이가 가장 어렸던 호세

레나에게 꼬깃꼬깃 접은 돈을 건넸으니, 오늘 이 음식에는 나도 일조를 했다는 배짱이 이유를 알 수 없는 오기처럼 꼿꼿이 밀고 올라왔다. 두 번 생각할 것도 없이 부엌으로 들어가 비닐봉지 한 장을 찾아 들고 그 안에 닭볶음밥을 퍼담았다. 덜 익은 파파야 요리도 같이 퍼담고 싶었지만, 보니 남겨진 양이 적어 다 퍼주었다가는 혹 나중에 엘레나한테 지청구라도 얻어먹을까 싶어 그것은 관두었다.

하이메, 아우구스팅, 그리고 호세가 비닐봉지에 담긴 닭볶음밥을 받아들고 커피밭 안 깊숙이 자리 잡은 낡은 집으로 돌아갔다. 집 안에서는 여전히 잔치가 이어지는 모양이다. 나는 그대로 뒷마당에 남았다. 초등학교 1년을 다녔다지만 글을 읽지 못하는 기예르모, 초등학교 3학년까지 다니고 커피 따느라 학교를 관뒀다는 엘레나, 그들이 스물다섯, 열아홉 나이로 만나 서로 부부로 맺어진 지 1년이 되는 날이란다. '세 명의 아이를 두고 싶다고, 그리고 그 아이들을 고등학교까지 보내고 싶다고', 엘레나를 만난 지 얼마 되지 않았을 때 그녀가 내게 했던 말이 다시 생각났다. 왜 대학에 보낼 생각을 하지 않느냐고 철없이 묻던 내게, 아무래도 기예르모와 자기의 삶 가운데서 그것은 아직까지는 불가능한 일일 것 같다고, 매일 새벽 5시에 일어나 남편과 함께 열두 시간씩 일을 해도 아무래도 자기 부부에겐 불가능한 일일 것이라며 담담히 이야기하던 엘레나와 기예르모의 결혼기념일이다. 아직 이들 부부에게 아이가 없지만, 아이가 태어나거든, 부디 이들 부부의 바람대로 고등학교 공부까지 잘 마쳤으면 좋겠다. 늘 커피밭에서 보는 얀시와 그 또래, 혹은 그보다 더 어린 아이들처럼 커피밭에 묶여 중간에 학교를 그만두는 일이 없었으면 좋겠다. 세월은 빨리 흘러가는 것이라니, 언젠가 내가 이 집에 다시 왔을 땐 중학교 고등학교 교복을 입고 아침 일찍 등교하는 엘레나와 기예르모 부부의 아이들을 볼 수 있기를 간절히 희망해 본다. 날이 밝으려는지 주변이 점점 물빛으로 변하는데, 잔치는 아직까지도 이어지는가 보다. 시집간 딸의 행복을 기원하는 엘레나 아버지의 아코디언 소리가 애잔하게 들려온다.

둘리아의 남편이
돌아왔다

도냐 둘리아Doña Dulia, 커피밭에서 그녀를 볼 때마다 나는 어미닭이 떠올랐다. 늘 세 명의 고만고만한 아이들을 데리고 커피밭을 향해 걸어오는 모습을 보면 꼭 어미닭이 병아리들을 데리고 다니는 것같이 느껴졌다. 세 명의 아이들은 커피를 따는 동안에도 늘 엄마 곁을 떠나지 않았다. 큰아이와 둘째아이는 커피 계측이 있을 때마다 엄마 대신 자루를 져 날랐다. 아이 셋을 데리고 다니는 둘리아의 모습은 엄마의 모습이기도 했지만, 세 명의 부하를 거느린 장군의 모습이기도 했다. 같은 커피밭에서 커피를 따는 사람에 비해 집이 상대적으로 멀어, 더 이른 새벽에 집을 나서야 한다고 했다. 아이들은 초등학교와 중학교에 다닐 나이였지만, 단 하루도 학교에 가는 것을 보지 못했다. 대신 단 하루도 커피밭에 나오는 것을 거르지도 않았다. 엄마닭인 둘리아를 중심으로 늘 똘똘 뭉쳐 열심히 커피를 땄다.

어느 날인가부터 그녀의 남편이 궁금해졌다. 엘레나에게 묻자, 몇 년 전에 '저쪽'Alla으로 건너갔다고 했다. '저쪽' 혹은 '북쪽'El norte, 이곳 사람들이 말하는 미국이었다. 그러고는 너무도 당연하게도, 소식이 끊겼다고 했다. 저쪽으로 넘어간 사람들에 대해서는 으레 그러려니 하는

커피밭에서 커피열매를 따고 열매가 담긴 자루를 나르며 도냐 둘리아를 돕는 그녀의 막내아들

것 같았다. 대부분이 그러하듯이, 처음 몇 년간은 소식과 함께 돈이 오다가 시나브로 소식이 끊기는 경우가 허다하다니, 둘리아의 남편도 예외가 아니었는가 보다. 그러니 도냐 둘리아가 세 명의 아이들을 데리고 삶을 꾸려 나가야 했고, 한창 학교에 다녀야 할 아이들은 엄마를 따라 커피밭으로 올 수밖에 없는 상황이었다.

아이 셋을 데리고 동이 채 트기도 전에 먼 길을 걸어 커피밭으로 오면서도 언제나 그녀는 웃음을 잃지 않았고 이른 점심을 먹고 한낮, 모두가 지쳐 간다 싶으면 노래를 선창했다. 장군의 모습에 걸맞게 배포 또한 두둑하여 커피밭 주인인 돈 마초나 돈 프로일란과 마을사람들 사이 창구 역할을 해내기도 했다. 커피밭에서 없어서는 아니 될 존재였다.

그런데 어느 날 도냐 둘리아와 세 명의 아이들이 해가 중천에 뜨도록 커피밭에 나타나지 않았다. 모두가 지칠 만하면 커피밭 흥을 돋우던 그녀였기에, 빈자리는 금방 표가 났다. 모두가 궁금해했고, 그녀를 기다렸지만, 아무도 그녀와 그녀의 세 아이들이 왜 나오지 않았는지 알지 못했다. 곽팍한 하루를 마치고 커피밭을 나와 집으로 향해 걸어오면서 모두가 내일은 그녀가 다시 커피밭에 나오기를 바랬지만, 그 다음 날도 둘리아와 그녀의 세 아이들 모습은 보이지 않았다. 대신 카를로스가 전하기를 엊그제 그녀의 남편이 미국에서 돌아왔노라 했다.

몇 해 전 미국으로 간 후, 너무도 자연스럽게 연락이 끊어졌노라 했던 둘리아 남편이 돌아왔다니, 무슨 일일까? 추방된 것일까? 아니면 가족이 그리워서 돌아온 것일까? 궁금했다. 커피밭 일을 마친 후 씻고, 둘리아의 집을 찾아 나섰다. 엘레나 말로는 산 아래 동네에 산다 했다. 저녁을 먹었다 치지만, 오후 4시를 겨우 넘긴 시간이니 아직도 해가 동동한데, 아랫마을로 내려가는 길은 쥐 죽은 듯이 고요하다. 터벅터벅 먼지를 날려 가며 걷고 있는데, 다리가 불편해 늘 집에 있는 도냐 카르멘Doña Carmen이 자기 집 앞마당에 의자를 내놓고 앉아 있다가 지나가는 나를 부른다. 어지간히 심심했던 모양인지, 나를 붙잡고 이야기가 한참이다. 이러다가 오늘 해지기 전에 도냐 둘리아를 못 보지 싶어 서둘러 나서려 하는데, 도냐 카르멘이 조금 더 있다 가라 한다. 아구아쎄로Aguacero가 오는 소리가 들린다면서. '이렇게 날이 맑은데 아구아쎄로는 무슨……' 그러나 그것은 순전히 나의 생각이었고, 이곳에서 나고 평생을 살아온 사람의 감각을 내가 어찌 따라갈 수 있으리. 순식간에 검은 구름이 몰려오더니 이어 아구아쎄로가 쏟아진다. 가야 할 길은 먼데, 꼼짝없이 도냐 카르멘의 처마 아래 갇혀 버렸다. 어둑어둑 해질 무렵이 되어서야 다시 길을 나설 수 있었다.

엘레나가 알려 준 대로 도냐 둘리아의 집은 쉽게 찾을 수 있었다. 집 문이 열려 있어 들어서니, 도냐 둘리아가 생각지도 못한 내 방문에 다소 놀라면서도 반가워한다. 딸과 함께 거실에 나와 있었다. 내가 커피밭 주인도 아닌데, 어제 오늘 일을 나가지 못했다며 괜히 나한테 미안해한다. 돌아왔다던 남편의 모습은 보이지 않았다. 오랫동안 집을 비웠던 남편과 아버지가 돌아왔으면 집 분위기가 다소 활기차야 할 텐데, 도냐 둘리아의 집안 분위기는 가라앉다 못해 약간 무거워 보였고, 그녀의 표정도 썩 밝아 보이질 않았다.

도냐 둘리아에게 남편이 돌아오지 않았냐고 물으니 대답은 하지 않고 고갯짓으로 저쪽 안을 가리키며 자고 있다고 퉁명스럽게 답한다. 남편의 귀향이 그리 썩 반가운 눈치가 아니었다. 오히려 뭔가에 화가 나 있는 것 같아 보이기도 했다. 괜히 나도 멋쩍어서 이러지도 저러지도 못하고 있는데, 사람 소리에 잠이 깬 것일까? 상의를 벗은 채 바지만 입은 그녀의 남편이 거실로 걸어 나온다. 쉰 살 정도 되어 보이는 그에게 그의 부인 둘리아와 같이 커피 따는 친구라 소개를 하자, 대뜸 나에게 미국에 가본 적이 있느냐 묻는다. 한 번도 가본 적이 없다고 거짓으로 답했다.

미국에서 돌아온 둘리아 남편에게는 이 세상 사람을 가르는 기준이 미국에 가본 사람과 가보지 못한 사람인 모양이다. 미국이라는 나라에 대한 찬양과 함께 그의 거들먹거림이 시작되었다. 곧바로 아들을 시켜 방에 가서 사진첩을 가져오게 했고, 옆에 있던 둘리아는 미국에서 가지고 온 것이 달랑 사진첩 하나뿐이라며 비아냥거렸다. 남편의 귀향에도 뭔가 화난 듯했던 그녀의 기분이 이해되었다. 사진 현상소에서 사은품으로 준 듯한 싸구려 사진첩에는 몇 장의 사진이 들어 있었는데, 대부분이 어느 눈이 많이 온 날 하루 동안 한꺼번에 찍은 사진인 듯했다. 평생의 소원이 비행기를 타보는 것과 눈을 만져 보는 것이라는 엘레나의 남편 기예르모처럼, 둘리아의 남편도 아마 눈을 만져 보는 것이 평생의 소원이었던 모양이다. 눈이 쌓인 허름한 주차장에서 찍은 사진을 내게 보여 주더니, 나와 아이들 앞에서 다시 한 번 눈에 대한 일장연설을 시작했다. 만져 보지 않고서는 절대 이해할 수 없는 것이 눈이라 했다. 그리고 또 한 장의 사진, 여럿이서 한 방을 쓰는지 여러 명의 동료들이 실내복 차림으로 방에서 찍은 사진이었다. 가구라곤 전혀 없이 침대만 서너 개 놓여 있는 방이었다. 한눈에 봐도 겨우 잠만 자기 위한 가난한 노동자의 방임을 알 수 있었다. 그러나 사진을 보여 준 둘리아 남편의 의도는 다른 데 있었으니, 바로 바닥에 깔린 카펫이었다. 사진상으로 봐도 색이 바래고 낡아 보이는 것이 역력한데, 둘리아 남편은 미국에선 자기도 카펫이 깔린 방에 살았노라며 자랑을 시작했다. 카펫 깔린 방에 대한 자부심이 엄청난 듯했다. 몇 번이나 들었을 아이들에게 또 한 번 자기가 미국에선 카펫 깔린 방에서 살았음을 강조했다.

그렇게 미국에 갔다 온, 미국에서 살아 본 둘리아의 남편이 작은 사진첩을 한 장 한 장 넘겨 가며 다른 세상 이야기를 하고 있는데, 누군가가 둘리아 남편을 찾아왔다. '코요테'Coyote 혹은 '닭장수'Pollero[*]라 불리

---

[*] 일반적으로 중미 국가들에서 미국이나 멕시코로 불법이주를 알선하는 브로커를 가리켜 코요테나 닭장수라는 말을 사용한다. 보통 한 명의 브로커가 여러 명의 불법이주자를 데리고 가면서 그들 위에 절대적 권력을 갖게 되는 현상을 두고 나온 말인 듯하다. 미국 국경 근처에서 상황이 심각해지면 브로커가 데리고 간 불법이주자들을 사막에 버리거나 총으로 쏴 죽이는 일도 빈번히 발생한다고 하니, 불법이주자들은 꼼짝없이 닭장수에게 잡힌 닭 신세인 셈이다. 2002/2003년 당시 코스타리카에서 미국까지 안전하게 입국하기 위해서 브로커에게 지불하는 돈이 미화 3,000~5,000달러 정도였다. 일반적으로 코스타리카를 떠나기 전에 브로커에게 일부 돈을 주고, 미국에 안전하게 도착한 후에 나머지 돈을 주는 시스템이다. 이들은 육로로 니카라과와 온두라스, 과테말라, 그리고 멕시코를 거쳐 미국으로 들어간다. 일부는 멕시코나 캐나다까지 항공편을 이용한 후 미국으로 들어가지만 이 경우 비용이 훨씬 더 비싸진다. 브로커가 코요테나 닭장수로 불린다면, 브로커를 따라 미국으로 불법입국하는 사람들은 '불법'(일레갈illegal)이라는 말 대신 '젖은 자'(모하도mojado)라 불리는데, 미국으로 들어가기 위해 멕시코와 미국 국경 사이에 흐르는 강을 건너는 과정에서 몸이 젖기 때문이다. 코스타리카 농촌지역에서 미국으로 이주한 사람들 대부분이 모하도였다.

는, 미국으로 불법입국을 알선하는 브로커였다. 집 안에서 이야기하기가 거북했던지 둘리아의 남편은 그를 찾아온 코요테와 함께 밖으로 나가 버렸다. 둘리아의 남편이 다시 코요테를 만나는 것으로 보아, 조만간 미국으로 돌아갈 것이 분명했다. 어떤 사연이 있었는지 모르겠지만, 그는 집에 돌아온 것이 아니라, 그의 의지와 상관없이 잠시 집이라는 곳에 들른 것처럼 보였다. 그렇다 해도 도냐 둘리아가 남편이 미국에서부터 가져온 것이 작은 사진첩 하나라 비아냥거렸으니, 하다못해 그 흔한 미니전축 하나도 들고 올 수 없었던 것일까?

늘 엄마를 따라 커피밭으로 나오던 둘리아의 아이들 중 큰아이 둘은 대충 상황을 짐작하고 있는 듯했다. 아버지의 귀향에 적잖이 실망한 기색이 역력해 보였다. 어쩌면 잠시 들른 아버지도 그 아이들의 시선이 어려워 집을 찾아온 코요테와 함께 거리로 나갔는지도 모르겠다. 다만 아직도 철이 없는 막내만이 아버지가 들고 온 사진첩을 보면서 모처럼 기가 살아 나에게 아버지에 대한 자랑을 늘어놓았다. 내가 보기엔 너무 허술하기만 한 방인데, 아버지가 저 멀리 미국이란 나라에서 여러 명과 함께 쓰는 그 카펫 깔린 방이 둘리아의 막내에겐 또 다른 세상으로 보였는가 보다. 나중에 크면 꼭 '북쪽'으로 가서 아버지가 쓰는 방 같은 곳에서 살아 볼 거라고, 눈도 꼭 직접 밟아 볼 거라고 내게 다짐했다.

며칠 후, 둘리아의 남편은 3천 달러에 가까운 돈을 지급하고 코요테를 따라 다시 북쪽으로 갔다 했다. 무슨 사연이었을까? 수년 만에 집에 와서 고작 보름 가까이 머물다 다시 미국으로 간 것이다. 식구들 선물하나 없이 사진첩 하나 들고 돌아온 것으로 보아 계획된 귀향은 아닌 듯했다. '저쪽'의 무엇이 그리도 그리웠던 것일까? 그쪽에 새로운 가족이라도 생긴 것일까? 아니면, 카펫이 깔린 방과 평생 먼저 보기를 소원했던 눈이 그리웠던 것일까? 1년 열두 달이 여름인 이곳에서 나고 자란 그가 불법이주자가 되어 미국 뉴저지의 한 대도시에서 맞는 눈이 어찌 늘 아름답고 낭만적일 수만 있을까? 때로는 시리고 스산하기만 할 눈이겠지만, 그래도 가족 앞에서는 시리고 스산한 이민자의 삶에 대해 말하기 싫었는가 보다. 남편이 떠나간 뒤 한참 후에 도냐 둘리아의 집을 다시 찾았을 때, 마루 한가운데 놓인 탁자 위에 눈 덮인 주차장에서 찍은 남편 사진이 틀에 담겨 놓여 있었다.

산타페농장으로
가다

페레스 셀레동에서 파나마 방면을 따라 산페드로로 가는 판아메리칸 하이웨이 길 위에 '산타페'Santa Fe라는 이름의 엄청 큰 커피농장이 있다. 동네사람 열대여섯 명이 모여 커피를 따는 돈 마초나 돈 프로일란의 농장과는 비교가 되지 않을 정도다. 하루에 커피를 따기 위해 들어가는 사람이 천 명을 넘어선다 했다. 그들을 위한 집단숙소까지 갖춘 대형농장이다. 마을사람들은 이 농장을 '작은 공화국'Republica Pequeña이라 불렀다. 천 명이 넘는 노동자들, 특히 대부분이 니카라과에서 불법이주한 사람들이 모이다 보니, 마약·절도·매춘에 강간 심지어 살인까지, 그 안에서 벌어질 수 있는 모든 일들은 다 벌어진다 했다. 그럼에도 그 어떤 경찰력도 미치지 못하는 곳이라, '다른 공화국' 혹은 '작은 공화국'이라 불렸다. 마을사람들 표현대로라면 산타페농장은 인간살이의 막장인 듯했고, 이 때문에 마을사람들 중 그 누구도 산타페농장으로 일을 가는 이가 없었다. 어느 날 엘레나와 기예르모 부부에게 산타페농장으로 일을 나가고 싶다고 말했을 때, 부부는 펄쩍 뛰며 만류했다. 나 또한 그곳에 가기로 맘을 먹기 전, 많이 망설일 수밖에 없었다. 하지만 천 명이 모이는 커피농장이라니, 꼭 가보고 싶었고,

가볼 수밖에 없는 상황이었다.

동이 트기 전 새벽, 엘레나가 싸준 도시락을 챙겨들고 엘레나 부부의 염려를 뒤로 한 채 페레스 셀레동으로 나가는 첫차를 탔다. 마을사람 모두가 페레스 셀레동까지 가는 모양인지, 중간 산타페농장 앞에서 내린 이는 나 혼자였다. 농장 입구에 다다랐을 때, 짙은 안개 속에 수십 명의 노동자들이 트럭에 실려 어디론가 이동하는 모습이 보였다. 다시 마음속에 갈등이 인다. 들어가야 하나, 말아야 하나. 만류에도 불구하고 내 고집으로 이곳까지 왔으니, 차라리 이럴 땐 생각 없이 행하는 게 나은지도 모르겠다. 수위실에서 한차례 검문을 받고 사무실을 향해 걸어갔다.

안에서 보는 농장 규모는 그야말로 어마어마한 수준이었다. 사무실도 그 격에 맞추어진 것일까? 여러 명의 직원이 유니폼을 입고 일하고 있었고, 나에게 의자를 권한 후 얼음이 채워진 코카콜라를 가져다주었다. 참으로 오랜만에 보는 얼음 채워진 코카콜라였고, 엄청 귀한 것으로 느껴져 그날 일기에 기록까지 했다. 사무실까지 걸어가면서 본 농장 규모보다 이곳에서 나온 얼음 채워진 코카콜라에 그만, 기가 팍 죽어 버렸다. 차마 인생살이 막장이란 곳에서 천여 명이 넘는 익명의 불법이주자들과 같이 먹고 자고 할 용기가 없어, 사무실 직원에게 사실대로 고했다. 어찌어찌하여 이곳까지 오게 되었노라고, 부디 내치지 말고 단 며칠만이라도 이곳에 머무는 걸 허락해 달라고. 혹시 일어날 사고 때문인지, 사무실에서도 내가 직접 커피 따는 것을 허락하는 대신 농장 관리인과 늘 동행하면서 생활할 것을 권했다. 물론 오후에 일이 끝나면 집으로 돌아가는 조건으로. 안도의 한숨이 절로 나왔다.

나와 같이 동행하게 된 농장 관리인은 카밀로Camilo라는 이름으로 나이 지긋해 보이는 중년의 아저씨였다. 카밀로가 하는 일은 오토바이

산타페농장 사무실 전경(왼쪽)과 이른 아침 산테페농장의 커피밭(오른쪽)

산타페농장 노동자 숙소 외관(왼쪽)과 산타페농장 노동자 숙소 안쪽(오른쪽)

산타페농장 노동자 숙소 옆에 딸린 공동 빨래터(왼쪽)
산타페농장을 돌며 순찰하는 관리인들(오른쪽)

산타페농장 노동자 숙소의 공중화장실(왼쪽)
산타페농장 노동자 숙소 식당에서 끓여 내던 커피(오른쪽)

산타페농장 노동자 숙소의 아이들.
니카라과에서 넘어오는 부모들을 따라온 아이들이다

트럭에 실려 이동하는 산타페농장 노동자들

산타페농장에서 커피 따던 니카라과 소년

를 타고 수시로 농장을 순시하는 것과 하루 일과가 끝나면 계측 기록이 된 전표를 들고 온 노동자들에게 돈을 내주는 것이었다. 카밀로의 오토바이 뒤에 매달려 하루에 몇 번씩 농장을 순시하고 오후가 되면 노동자 숙소 입구에 놓여진 책상 옆에 붙어 앉아 돈 세어 주는 일을 거들었다. 그마저도 끝나면 노동자 숙소에 딸린 식당에 가서 쌀을 씻거나 마늘 까는 것을 도왔다. 그러면서 인생살이 막장이라는 그곳에서 한 사람 두 사람 알게 되고, 그들이 살아온 삶에 대한 사연을 주워들을 수 있었다.

서로가 서로를 믿지 못해 도시락과 자기가 딴 커피를 늘 등에 지고 다녀야 하는 곳이었지만, 그곳도 어쩔 수 없이 사람 사는 곳이었기에 시간이 흐르면서 정이 쌓였나 보다. 한철 커피 수확이 끝나 그 많던 사람들이 하나 둘 빠져나갈 때 내 가슴에 구멍이 뻥 뚫리는 것 같은 느낌이 들었다. 긴 생머리를 뒤로 묶고 늘 철학에 대해 이야기하던 유식한 친구 데니스는 아직 커피 수확이 덜 끝난 에레디아 Heredia 로 간다 하였다. 에레디아 주소가 적힌 종잇조각을 건네며 내게 꼭 찾아오라고 몇 번이나 당부하였다. 돈 3천 원을 뺏기지 않겠다고 커피밭에서 마체테를 휘두르던 괴한에게 저항하다 칼을 맞아 가슴에 깊은 상처를 입고서도 뭐가 그리 신나는지 늘 싱글벙글이던 호세 형제는 몇 달을 고생해서 번 돈, 목숨과도 바꾸지 않았던 돈을 털어 중고 미니전축을 샀다. 고향으로 가져갈 것이라 했다. 늘 소쿠리 하나 가득 쌀을 씻어 장작불 위에 밥을 짓던 식당 아줌마 도냐 카르멘도 내년을 기약하며 니카라과 고향으로 돌아가 버렸다. 그간 마늘 까는 것 도와줘 고마웠다며, 내년에 이곳에서 꼭 다시 보자는 약속도 잊지 않았다. 부모를 따라와 이 작은 공화국에서 언제나 깔깔깔 웃음소리를 피워 올리며 너무도 천진하게 지내던 여러 명의 아이들도 어느 날 각자 부모를 따라 작별인사도 없이 사라져 버렸다.

산타페농장 노동자 숙소의 식당 아줌마, 도냐 카르멘

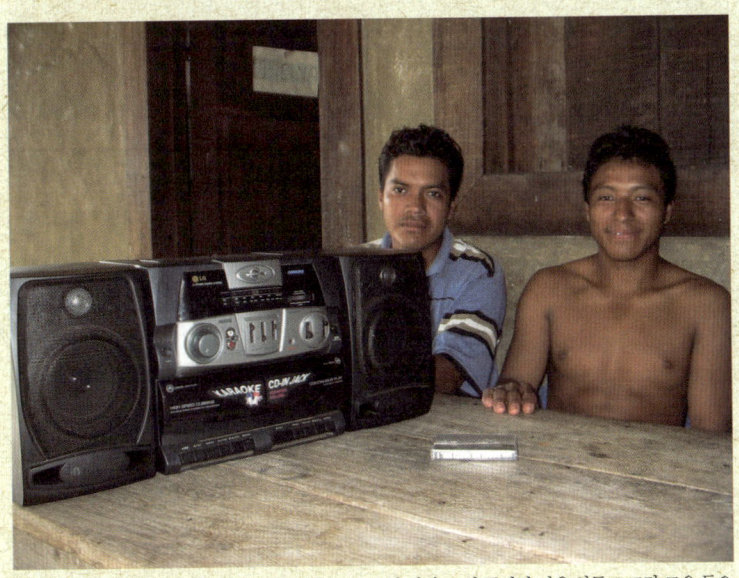
돈 3천 원을 뺏기지 않기 위해 저항하다 칼을 맞은 호세 형제, 고향 돌아갈 날을 앞두고 그간 모은 돈으로 중고 전축을 샀다

밥 지을 장작에서부터 마약까지 팔던다 '작은 공화국' 안의 가게마저도 철수하던 날, 나도 이 작은 공화국에게 작별인사를 고해야 했다. 노동자 숙소의 텅 비어 버린 방들을 둘러본다. 침대도 없이 한 방에 여덟 명씩 늘 북적거리던 곳이었는데, 시멘트 바닥에 그들이 덮고 자던 낡은 커피자루들이 널려 있을 뿐이다. 늘 사람들이 줄을 서던 공중화장실 앞도 매한가지. 이 작은 공화국에 살던 사람들 중 일부는 고향인 니카라과로 돌아갔을 것이고, 또 다른 이들은 코스타리카 어딘가를 떠돌다 내년 커피 수확철이 되면 다시 이곳으로 돌아올 것이다. 늘 철학을 논하던 데니스가 돌아오고 마지막날 닭 한 마리를 통째로 삶아 줬던 식당 아줌마가 다시 이곳으로 돌아오겠지만, 나는 아마 이곳에 없을 것이다. 사람 일이란 알 수 없는 것이라지만, 내년 이맘때쯤이면 한국에 있고 싶다. 그러했으면 좋겠다. 다시 볼 것을 기약하는 아스타 루에고Hasta Luego; 다음에 볼 때까지 안녕이라는 뜻가 아니라, 기약없는 안녕을 고하는 아디오스Adios; 기약 없이 헤어질 때 주로 쓰는 인사라고, 텅 비어 버린 '작은 공화국'에게 작별인사를 고했다. 늘 긴 마체테를 능수능란하게 놀려 가며 작은 오렌지를 깎아 주던 카밀로에게도 인사를 고했다. 그간에 나를 조수로 받아들여 줘 고마웠다고.

이곳에 들던 첫날 얼음 채운 콜라를 내놓아 나를 감동의 도가니로 몰아넣었던 사무실에도 그간의 고마움과 함께 작별인사를 고했다. 돈 3천 원 뺏자고 사람을 해하기도 하는 곳이라지만, 그래도 작은 공화국 안엔 좋은 사람들이 훨씬 더 많았다. 어디나 사람 사는 데는 매한가지라고, 처음 마음 열기가 어려워 그렇지, 이 작은 공화국에서도 내가 가진 기준보다 훨씬 바르고 착한 사람들을 많이 만났다.

그렇게 마지막 날, 산타페농장을 걸어 나오는 길에 손등이 가려워

산타페농장 안에 있던 가게의 외관과 내부 모습

늘 소지하던 마체테로 오렌지를 능수능란하게 깎아 내는 돈 카밀로

보니, 그새 빈대 한 마리가 붙어 통통하게 배를 채워 가며 내 피를 빨고 있다. 이런 제길할……, 순식간에 손으로 때려잡으니 피가 튈 정도다. 같이 피를 빨리는 것인데도, 모기가 물 때와는 비교가 되지 않을 만큼 기분이 나쁘다. 절도와 살인, 매춘에 마약까지 다 있다던 '작은 공화국' 생활을 마감하는 이 시점에 아마도 누군가 나에게 이곳 생활 중 가장 무서웠던 것이 무엇이더냐 묻는다면, 나는 주저않고 바로 이 빈대라고 답할 것 같다. 인생 막장이라 불리던 이곳에서 막상 지내고 보니, 좋은 사람들 만나고 그럭저럭 살 만했더라고, 하지만 무엇보다도 작지만 시도 때도 없이 나를 괴롭혔던 이 빈대가 참 무서웠다고, 그렇게 답할 것 같다.

다시,
타라수로 돌아오다

2002년 페레스 셀레동에서 한 철 수확기를 보내고 2003년 2월 다시, 타라수로 돌아왔다. 불과 몇 달 사이인데, 그 사이 타라수는 완전히 달라져 있었다. 조용하고 고즈넉했던 소읍은 우리나라 추석이나 설을 앞둔 대목 즈음의 장터처럼 활기가 넘쳤고, 마을 중심가에는 파나마와 코스타리카 국경지역에서 올라온 과이미Guaimy 인디오*들이 눈에 띄게 많이 보였다. 마을에 서너 개 있던 식당 겸 술집마다 사람들이 가득했고, 일용잡화를 파는 상점들은 거리까지 가판대를 설치해 놓고 물건을 가득 쌓아 놓은 채 사람들의 시선을 사

---

* 과이미 인디오는 16세기 초반 스페인인들이 도착하기 전부터 파나마와 코스타리카를 중심으로 하는 중미지역에 거주하던 선주민이며, 오늘날까지도 이들 대부분은 여전히 코스타리카와 파나마 국경 근처 고산지대인 치리키(Chiriqui) 산맥의 태평양쪽 사면에 거주한다. 자기 부족의 고유언어를 사용하기 때문에 스페인어를 구사하는 경우가 드물고, 특히 여자들의 경우 더욱 그렇다. 현금경제와는 거리가 먼 채, 옥수수, 쌀, 유카(카사바)와 같은 기초식량작물 재배와 약간의 가축을 기르며 자급한다. 코스타리카에서의 커피 수확은 이들에게 유일한 현금수입원이기도 하다. 이들이 코스타리카 커피 수확에 참여하기 시작한 것은 비교적 최근의 일이다. 과이미족 대부분이 파나마와 코스타리카 최빈곤층에 속하고 정부로부터 교육이나 의료혜택을 받지 못한 채 고립된 생활을 하고 있다. 아직까지도 여자들은 아이 어른 할 것 없이 화려한 색상의 전통의상을 고수하고 있다. 1990년대 파나마 인구통계에 의하면 약 12만 명 정도의 과이미들이 있는 것으로 조사되고 있다.

커피 수확기 타라수 다운타운의 모습

커피 수확기 커피조합 앞에 늘어선 농장 트럭들

로잡고 있었다. 또한 거리 곳곳에 대형스피커를 지붕에 얹은 차들이 볼륨을 높여 자기 가게를 선전하며 돌아다니느라 그야말로 난장판이 따로 없는 듯했다. 커피 수확철이 시작되었다더니, 마을에 흥청망청 돈이 도는 모습이 여실히 보였다. 오랜만에 찾아 든 도냐 베르타의 집도 활기가 넘쳐 보였다. 도착한 날 도냐 베르타를 중심으로 동네 아주머니들이 모여서 샴푸를 만들고 있었다. 커피 수확을 위해 들어온 니카라과나 파나마 노동자들에게 팔 것이라 했다. 샴푸를 만드는 바쁜 와중에도 도냐 베르타는 밥 때를 놓치고 찾아든 내게 밥 소식부터 물었고, 내 답을 들을 새도 없이 바로 식사를 차리기 시작했다.

오랜만에 올라가 본 다락방은 여전히 아늑했다. 지붕 위로 난 작은 창으로 저 멀리 석양에 물든 타라수 성당 종탑이 보였고, 도냐 베르타 집 아래로 있는 방죽 건너 집에서는 연기가 피어오르고 있었다. 지난 번 이곳에 머물 때는 소들이 쓰던 막사였는데, 커피 수확철이 시작되면서 소들은 밖으로 밀려나고 그 축사는 도냐 베르타의 커피밭에 커피 따러 온 사람들이 나누어 쓰고 있다고 했다. 집을 빼앗긴 것이 야속하고 억울한지, 소들은 늘 축사 근처를 맴돌았다. 올해 도냐 베르타의 커피밭에는 열

낮게 보이는 방죽가 집과 주변을 배회하는 소들

여섯 명의 니카라과 사람들이 들어왔다고 했다. 지난 1월 말부터 커피를 따기 시작했단다.

늦은 점심을 먹고 석양이 드는 다락방에 일찌감치 누워 저 아래 방죽 건너로 보이는 집을 내려다본다. 새벽같이 커피밭에 올라갔을 사람들이 돌아와 축사 앞에 의자를 내놓고 앉아 한담을 나누고 있고 더러는 커피밭에서 돌아올 때 주워온 나무들을 정리하고 있다. 서너 명 여자들도 같이 왔다 하던데, 축사 안에서 밥을 짓고 있는지 보이지 않았다. 다만 다섯 살이나 먹었을까 싶은 여자아이 하나가 빙 둘러선 아저씨들 사이에서 귀엽게 춤을 추고 있었다. 내일부터 같이 커피를 따야 할 사람들이다. 언제나 처음이 어렵다. 그래도 페레스 셀레동에서 한철 수확기를 보내고 왔으니, 그때만큼 어려울까 하는 생각으로 마음을 다잡아 본다.

간밤 도냐 베르타가 가져다준 이불 네 개를 겹쳐 덮고도 엉성한 창

하루 일과를 마치고 방죽가 집으로 돌아오는 니카라과 사람들

일을 마친 후 나무를 해서 돌아오는 니카라과 사람들

틈으로 들어오는 새벽 바람이 제법 차가웠다. 해발고도가 2,000미터 가까운 지역이니 왜 아니겠는가? 새벽녘에 떨다 다시 잠이 들었는데, 웅성거리는 소리를 듣는다. 아직 사방이 어두운데, 방죽 건넛집 사람들이 도냐 베르타의 커피밭으로 일을 나가는 모양이다. 내 방 침대에 누운 채로 내려다보이는 방죽을 따라 걷다가 작은 강에 놓인 철다리를 건너 저쪽 커피밭 안으로 사라진다. 마음으로는 벌떡 일어나 주섬주섬 옷을 입고 그들을 따라나서 보지만, 같이 따라나서기는 이미 늦었으려니와, 여전히 계속되는 추위와 어두움 때문에 도무지 엄두가 나질 않는다. 맘은 여러 차례 망설였지만, 몸은 자꾸만 네 겹 겹쳐 덮은 담요 속으로 파고든다. 여러 명이 삐걱거리는 철다리를 밟아 강을 건너는 소리가 완전히 사라지고도 한동안 맘이 괴로웠지만, 어제 이곳까지 들어온 여독이 있으니 오늘은 그냥 쉬자 맘먹고 단 새벽잠에 다시 빠져들었다.

이번에는 재잘거리는 아이들 소리에 잠이 깨었다. 그새 해가 떠올랐다. 도냐 베르타의 부엌과 연결되는 다락방 마룻바닥 틈으로 살펴보니 두 명의 남자아이가 도냐 베르타와 이야기를 나누고 있다. 침대에 누워 가만히 들어보니, 도냐 베르타의 손자들인 모양이다. 시간은 아침 여덟시를 향해 가고 있다. 간밤 얼마나 떨면서 잤던지 온몸이 뻐근하고, 머리는 하늘로 붕붕 떴다. 지붕에 연결된 문을 열고 내려가니 도냐 베르타가 아침을 차려 준다. 빵과 치즈 그리고 커피 한 잔이다. 커다란 솥에 처음부터 커피가루와 설탕을 듬뿍 넣고 끓인 커피다. 설탕이 조금 덜 들어갔으면 정말 좋으련만……. 그래도 따뜻한 것이 들어가니 몸이 한결 가볍다. 설탕 때문인지, 아니면 커피 때문인지 기운도 나는 것 같다. 예상했던 대로 두 명의 남자아이들은 옆마을에 산다던 도냐 베르타의 외손주들이었다. 이름은 다니엘Daniel과 후안 카를로스Juan Carlos, 올해 초등학교 6학년과 2학년인데, 방학 동안 할머니 집에서 커피를 딴단다. 니카라과에서 온 사람들처럼 새벽같이 커피밭으로 올라갈 수는 없지만, 방학 동안 매일 이 시간쯤에 커피밭에 올라가 오후까지 커피를 딴다기에 마침 잘 되었다 싶어 아침도 먹는 둥 마는 둥, 이 둘을 따라 나섰다.

    도냐 베르타의 커피밭은 내가 묵고 있는 다락방에서 손 뻗으면 닿을 만큼 가까이 보였지만, 방죽을 지나 거세게 흐르는 강 양쪽을 잇는 철다리를 지나고도 한참을 올라가는 곳에 있었다. 졸지에 나와 동행하게 된, 올해 초등학교 2학년이 된다는 후안 카를로스는 커피밭에 간다는 사실을 잊은 모양인지, 집을 나서면서부터 여기저기 참견이 많다. 나에게 조개를 잡아 준다고 방죽으로 들어가더니 주먹만 한 조개를 잡아 올리고, 커피밭 길가의 커다란 오렌지나무에 올라가 오렌지를 따가지고 내려온다. 어디서 그런 힘이 나오는지 모르겠다. 자기 아버지 것을 신고 나온 건지, 아님 형님 것을 신고 나온 건지 커서 덜그럭거리는 장화를 신고도 다람쥐처럼 날아다녔다. 올해 6학년이라는 다니엘은 처음 보는 나 때문에 좀 수줍은가 보다. 동생과는 다르게 아무 말이 없이 걷는다. 그러면서도 내가 뭐라도 한 가지 물을라치면, 아주 친절하게 답해 준다. 형 다니엘은 가죽구두를 신었는데, 이번에는 또 작은 모양이다. 낡아 벌어진 가죽구두 앞부리에 엄지발가락이 삐죽 나와 있다. 두 형제가 한 사람은 커서 덜그럭거리는 고무장화를 신고, 또 다른 한 사람은 작아서 발가락이 뚫고 나온 가죽구두를 신고도 태연하게 커피밭을 오르는데, 정작 나는 신발은 좋은데도 간밤 잠이 덜 깬 것인지, 아니면 고도적응 때문인지 혼자 헉헉거리며 그들을 따라 커피밭으로 올라갔다.

    도냐 베르타의 커피밭에 올랐을 때, 이미 커피 따는 작업이 한창이었다. 여기저기서 촤르륵 촤르륵 커피를 따 허리에 찬 바구니에 담는 소

도냐 베르타의 외손주들, 다니엘과 후안 카를로스

다니엘과 후안 카를로스

커피를 따고 있는 후안 카를로스

오렌지를 딴 후안 카를로스와 동네 아이들

커피밭 해먹에 담긴 아기와 누이

리만 들릴 뿐, 어드메쯤에서 몇 명이 일을 하고 있는 것인지 도무지 감이 잡히질 않았다. 아기가 있는 모양이다. 커피나무 사이에 해먹이 걸려 있고 그 안에서 아기 울음소리가 들려온다. 부모는 어디서 커피를 따는지 보이지 않고 세 살이나 먹었음직한 여자아이가 해먹을 흔들어 가며 갓난아기를 돌보고 있다. 갓난아기를 들어 안았다. 누나인 듯한 여자아이가 처음 보는 내가 아기를 꺼내 안으니 당황하는 기색이 역력하다. 일단 누나를 안심시키고 아기를 안고 토닥이니 울음을 그친다. 갓 백일도 지나지 않은 것 같은데, 내 품에 안겨 주변을 두리번거린다. 다시 아기를 해먹에 누이고 다니엘과 후안 카를로스가 있는 곳으로 가서 나도 커피를 따기 시작했다. 해발고도가 있어 더위와 습도가 덜하니 페레스 셀레동의 산페드로보다는 작업하기가 훨씬 수월하다. 커피를 따다 다시 아기가 있던 곳으로 나와 보니, 점심시간인지 엄마가 아기에게 젖을 물린 채, 도시락을 먹고 있었고 다른 사람들도 주변에 둘러 앉아 점심을 먹거나 휴식을 취하고 있었다.

앞으로 한철 같이 커피를 따야 할 사람들이다. 그러나 코스타리카 사람들이 쥐만도 못하다 말하는 니카라과 사람들이 아니던가? 소문으로 듣기에 돈 3~4달러 때문에 사람을 죽이기도 한다는 니카라과 사람들이 아니던가? 게다가 그쪽은 열 명이 넘는 무리이고 나는 혼자다. 이미 밀려도 한참이 밀리는 판이다. 그래도 어쩔 것인가? 우물쭈물하다가는 완전히 밀려 버릴 것 같은 착각 속에 눈과 어깨에 힘을 잔뜩 주고 일부러 상스런 말들을 섞어 가며 먼저 인사를 청했다. '당신들이 산전수전 겪어 본 사람들이라면 나도 그에 못지않게 겪어 본 사람이다', '당신들이 밑바닥 인생이라면, 나도 당신들만큼 밑바닥으로 굴러본 사람이다' 라고 과감하게 포장할 필요가 있었다. 일부러 바닥에 침까지 뱉어 가며 건들건들 다가갔다. 그리고 그들끼리 쓰는 속어까지 섞어 손을 내밀어 인사를 청했다.

아, 그런데 이게 어찌된 일일까? 한 사람 한 사람 내 인사를 받는데, 수줍음에 겨우 손을 내밀어 내 손을 잡을 뿐, 자기 이름도 말하지 못하고 대부분이 그냥 씩 웃는 것이 아닌가? 이름인지 별명인지, 겨우 나오는 것이 '놀란 사슴'Que Venado이 전부다. 한 사람이 겨우 말을 더듬어 자기 이름을 말하려 하는데, 주변에서 키득키득 웃으면서 그 사람 이름이 '놀란 사슴'이라며 놀린다. 어지간히 담력이 약한 사람인 모양이다. 열대여섯 명과 인사를 나누는 동안 과연 이 사람들이 그동안 내가 코스타리카 사람들에게 말로만 듣던 니카라과 사람들이 맞는가 싶을 정도다. 사납고 거칠고 돈 몇푼 빼앗자고 사람을 죽이기까지 한다는 그런 소문들이 여지없이 무색해지는 순간이다. 하긴, 산페드로에서 만났던 니카라

커피 계측을 위해 트럭 위에 올라간 프레디

과 사람들도 한 사람, 한사람, 얼마나 순했던가.

그래도 상황이 어찌 돌아갈지 몰라, 한국인이라 소개하지 않고 할아버지가 파나마 운하 건설할 때 중국에서 건너오는 바람에 파나마에서 태어나고 자란, 지지리도 가난한 중국계 후손이라 소개했다. 파나마 운하가 어디에 있는지, 중국이 어디에 있는지조차 자세히 알지 못하는 그들에게 너무 복잡한 설명이었을까? 다들 멍한 눈치다. 그 중 유일하게 프레디Fredy라는 친구가 내게 정식으로 악수를 청하면서 100% 중국인 혈통이냐 물었고, 앞으로 같은 커피밭에서 커피 따게 된 것을 환영한다고 말했다. 자기들은 한 사람을 제외하고 모두가 니카라과의 보아코Boaco 주에서 내려온 사람들이라 했고, 해마다 이곳 타라수 커피철에 코스타리카로 들어와 일을 하다가 돌아간다고 했다. 그렇게 말하는 프레디에게서 당당함이 느껴졌다.

커피 계측을 기다리는 사람들 모습

커피 계측을 하는 모습

그렇게 첫날, 니카라과에서 온 그들과 인사를 나누며 타라수 생활이 시작되었다. 당당한 프레디와 그의 아내 안토니아Antonia를 알게 되었고 '놀란 사슴'과 엄마 따라 커피밭에 올라와 갓난 동생을 돌보는 네 살 박이 카일린Kailyn도 알게 되었다. 대부분이 수줍어서 자기 이름을 대지 못했지만, 내 마음속으로 개개인 특징들을 새기면서 한철 같이 커피 따게 될 사람들을 기억하였다.

오후 1시가 되면서 사람들은 오전 내내 딴 커피를 자루에 담아 차가 들어올 수 있는 곳으로 옮겼다. 페레스 셀레동만큼 덥지는 않았는데, 경사가 문제였다. 산을 깎아 만든 커피밭이다 보니, 경사가 심해 가만히 서 있기도 힘든 지형이었다. 허리에 찬 커피바구니가 있어서 무게 중심을 앞쪽으로 잡아 주었지만, 여차하면 뒤로 넘어갈 것 같았다. 그런 경사에서 40kg가 넘는 커피자루를 져 올려야 하는 일이 결코 쉽지 않았다. 첫날 딴 커피를 다니엘의 커피자루에 쏟아 주고 아이들과 같이 져 나르는데 경사가 워낙 급하다 보니 자꾸만 뒤로 밀리는 것 같다. 그때 '놀란 사슴'이 달려와서 아무 소리도 없이 자루를 불끈 들어줬다. 고맙다고 말할 겨를도 없이. 놀란 사슴을 따라 차가 들어올 수 있는 길로 올라갔을 땐 이미 다른 사람들이 다 커피를 올린 다음이었다. 아마도 아이들과 내가 올라오지 않으니 일부러 내려온 듯했다. 일련번호가 쓰인 커피자루들이 줄지어 놓여 있었다. 이곳에선 이름도 없이 일련번호로 불리는 모양이었다.

첫날 커피 계측을 마치고 내려오는 길, 첫인사 때 당당했던 프레디가 내게 밥은 어디서 먹고 잠은 어디서 자는지 물었다. 밥 먹을 곳이 정해지지 않았으면, 자기들과 같이 밥을 해 먹어도 된다 했다. 잠시 망설이다, 도냐 베르타 집에 머문다 했다. 밥을 주냐 묻기에 그러마 했더니, 혹

코스타리카 커피밭에서 니카라과 사람들은 이름도 없이 일련번호로 구분되었다

시라도 배가 고프면 자기들 집으로 내려오란다. 농담이었겠지만, 그 말이 고마웠다. 오늘 저녁을 먹으러 가겠다 했다. 반은 농담이었는데, 내가 온다면 야생 토란을 캐다 삶아 놓겠단다. 농담이 진담이 되어 버렸다. 그렇게 그들과 함께 타라수 생활이 시작되었다.

해질녘,
늘 방죽가 집을 찾아가다

동이 트기도 전 깜깜한 새벽길을 더듬어 올라가 하루 종일 커피를 따기란 쉬운 일이 아니었다. 지각하는 날과 조퇴하는 날이 늘더니, 어느 순간부터는 커피밭에 나가지 않는 날이 나가는 날보다 많아지기 시작했다. 핑계야 굳이 이들과 같이 매일매일 커피를 딸 필요가 있겠는가, 차라리 논문에 대한 고민과 체계를 잡는 데 시간을 쓰는 것이 더 낫지 않겠는가 하는 것이었지만, 사실 매일매일 그들과 같은 시간에 일을 나가고 하루 종일 커피를 따는 일이 육체적으로 너무 힘들었다. 무엇보다도 내 삶이 그들과 같이 온종일 커피를 따지 않아도 먹고 사는 데 지장이 없을 만큼, 절박하지 않았다. 그래서 늘 핑계를 찾았다.

그러더니 어느 순간부터 나는 커피밭이 아니라 방죽가 축사를 빌려 기거하는 그들 집 앞 낡은 의자에 자리를 잡고 앉아 그들을 기다리기 시작했다. 한낮 뜨거운 해가 살풋 기울어지기 시작하면 종일 커피를 따던 사람들이 방죽가 자기 집으로 삼삼오오 돌아왔다. 더러는 해가 지고도 한밤까지 어둠 속에 추위와 싸워 가며 커피를 따는 사람들도 있었지만, 오후 서너 시가 되면 집으로 돌아와 늦은 점심인지 이른 저녁인지 구분

하루 일과를 마치고 집으로 돌아오는 방죽가 집 사람들의 모습

하기 어려운 끼니를 챙겼다. 기름에 잠긴 밥과 프리홀레스가 그들 식사의 전부였지만, 그들은 하루 종일 일도 하지 않고 빈둥거린 내 몫까지 챙기는 것을 잊지 않았다. 그들과 함께 밥을 먹던 첫날, 밥을 받아 들고 그 밥을 입에 넣기가 솔직히, 쉽지 않았다. 맛도 맛이려니와 그들이 쓰는 밥그릇과 숟가락을 그대로 같이 쓰기가 여간 어려운 일이 아니었다. 그러나 어쩌겠는가? 얼떨결에 밥을 받아들었고, 그들과 함께 같은 밥을 먹는 것이 마치 진정한 한패가 될 수 있는 통과의례라도 되는 양 수많은 눈길들이 나를 응시하고 있으니, 아무렇지도 않은 듯, 기름에 전 밥을 쓱쓱 비벼 달게 먹었다. 정작 밥을 먹는 사람은 난데, 오히려 그들이 안도하였고, 그리고 기뻐하였다. 나에게 밥을 건넨 프레디의 아내 안토니아도 덩달아 신이 나 내 옆에 앉아 연신 더 먹을 것을 권했다.

   그들은 늘 내 저녁을 챙겼지만, 내가 그들과 늘 저녁을 먹을 수는 없는 일이었다. 사실 그들과 같이 밥을 먹는 것이 고역이기도 하였지만, 최소한의 것으로 생활하는 그들의 식량을 언제까지 축낼 수는 없었다. 여전히 방죽가 집 앞에 놓인 낡은 의자에서 그들을 기다렸지만, 저녁시간이면 이미 밥을 먹고 내려왔노라 적당히 핑계를 대거나 아니면 아예 그들의 식사시간을 피해 오후 늦은 시간까지 도냐 베르타의 다락방에 머물다 방죽가 집에 연기가 피어오르고도 한참이 지난 시간에 맞춰 내려가기도 했다. 보통 그들이 이른 저녁을 마칠 때면 해가 질 무렵으로 온통 세상이 붉어지는 즈음이었다. 어쩌다 내가 도냐 베르타의 다락방에서 늦은 오후의 서늘함 속에 담요를 뒤집어쓰고 꼼지락거리고 있는 날에는 방죽가 저쪽 끝에서 그들이 먼저 이쪽을 향해 내 이름을 부르기도 했다. 또 어쩌다 늦은 오후에 방죽가 집을 향해 내려가다가 방죽가 길에 포진하고 있는 소떼들을 만나면 선 자리에서 내가 그들을 소리쳐 부르기도 했다. 그럴 때마다 그들 중 누구라도 반갑게 나와 소들을 쫓아가며 길을 만들어 주었다.

하루 시작이 빠른 그들이기에 저녁도 늘 빨랐다. 하지만 너무 이른 저녁이기에 보통 저녁을 먹고도 해가 동동 떠 있는 때가 더 많았다. 저녁을 지어 먹고 나서는 주로 축사 앞에 놓인 낡은 의자에 앉아서 누가 오늘 얼마나 많은 커피를 땄는지, 커피를 따다 무슨 일들이 있었는지에 대한 이야기들이 오고 갔다. 하지만 이야기는 결국 고향 소식에 관한 것들로 돌아갔다. 열여섯 명 중 한 명을 제외하곤 모두가 같은 동네에서 온 사람들이다 보니, 동네 아무개가 어디서 어떻게 지내고 있다 하더라, 동네에 지금쯤이면 콩 수확이 시작될 때인 것 같다는 등의 이야기들이 오갔다. 특히나 여섯 살, 일곱 살 난 아들과 딸을 친정부모에게 맡기고 온 프레디 부부는 늘 아이들에 대한 이야기를 많이 했는데, 그들 부부가 고향에 남겨 두고 온 아이들에 대한 이야기를 꺼낼 때 즈음에는 왠지 모르게 모두들 분위기가 조금은 무거워지곤 했다. 그럴 때마다 분위기 전환은 엄마 아빠를 따라와 같이 축사에서 생활하던 네 살박이 카일린 몫이었다. 누가 먼저랄 것도 없이 분위기가 가라앉는다 싶으면 꼬마 카일린에게 재롱을 피워 보라 했다. 그럴 때면 카일린은 아주 귀엽게, 마치 태엽을 감은 인형마냥 빙글빙글 돌아가며 춤을 추었고, 그런 카일린을 바라보며 사람들은 하루간 쌓인 피로와 고향에 두고 온 가족들, 그리고 코스타리카에서 불법이주자로 살아가는 자신들의 처지에 대한 생각을 잠시 잊는 듯했다.

해발고도 2,000미터에 가까운 고지대에서 맞는 밤기운은 제법 쌀쌀했다. 변변한 침구도 없이 축사 안에 얼기설기 엮은 마룻바닥에서 생활하는 커피밭 사람들에게 저녁의 서늘함이 달가울 리가 없을 터, 해가

하루 일과를 마치고 축사 앞 낡은 의자에 앉아 쉬는 모습. 이들 손에 묻은 커피진은 씻어도 씻어도 쉽게 가시지 않았다.

방죽가 집 앞에서 프레디와 안토니아

춤추며 재롱을 떠는 카일린

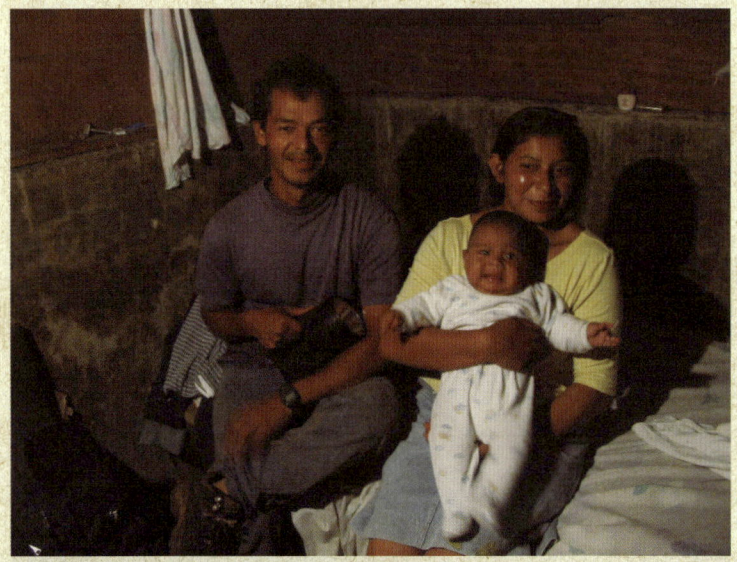

(위) 축사 안 숙소 저녁 한때
(가운데) 숙소 안에서 요리 중인 카일린의 엄마 플로르
(아래) 색소를 섞어 음료수를 만들어 내는 플로르

방죽가 집 그들의 살림살이(왼쪽)와 숙소 안 공동부엌(오른쪽)

방죽가 집 그들의 숙소

방죽가 집 안 침상

지려고 온 세상이 붉어질 때쯤이면 15촉도 채 되지 않을 것 같은 백열등 하나가 걸려 있는 축사 안으로 옹기종기 모여들었다. 열댓 명이 모인 사람의 온기와 축사 안에 만들어진 화덕에서 나오는 열기가 어우러져 제법 아늑했다. 나무로 만든 창문까지 닫고 나면 하루 종일 땀에 전 옷과 아침저녁 추위 때문에 제대로 씻지 못하는 몸에서 풍기는 약간 비릿한 냄새가 후각을 자극하였지만, 눈이 어두운 백열등에 적응될 때 즈음에는 후각도 어느 정도 둔감해지는 것 같았다. 해가 채 떨어지기도 전에 더러는 일찌감치 내일이면 다시 커피밭으로 들고 나갈 커피자루에 다리를 묻은 채, 얇은 스펀지가 깔려 있는 나무 침상에 누워 잠을 청했지만, 방죽가 집 낮은 지붕 위로 달이 떠오를 때까지 두런두런 이야기들이 오고 갔다.

그 시간이면 가장 인기가 좋았던 친구가 라디오맨Radio Man이란 별명을 가지고 있던 후안Juan이었다. 몇날 며칠 번 돈을 가지고 어느 토요일에 타라수 시내로 외출을 하더니만 그 돈을 탈탈 털어 손에 쥐어질 만한 크기의, 그러나 내 눈엔 너무도 조잡해 보이는 중국제 소형 라디오 하나를 사왔더랬다. 그러고는 마치 그가 가진 전 재산이라도 되는 양 일을 나가면서도, 숙소로 돌아와서도 늘 그 라디오를 옆에 두고 살았다. 15촉 백열전구를 켜고 밤의 서늘함을 피해 축사 안으로 모여든 저녁시간이 되면 하루 종일 라디오를 통해 들은 뉴스와 드라마 내용들을 친구들에게 전해 주곤 했다. 방죽가 축사에 살던 커피밭 사람들은 라디오맨이 가진 그 작은 라디오 하나를 통해 세상과 소통하고 있었는지도 모르겠다. 물론, 그들이 따는 커피는 유럽으로 미국으로 가지 못하는 곳이 없다 하지만, 정작 그들이 아는 세상은 중국제 소형 라디오를 통해 들려오는 소식의 범위를 넘지 못하였다.

커피밭에서의 라디오맨(왼쪽)과 오후 한때 숙소 앞에서의 라디오맨(오른쪽)

　이런저런 이야기와 함께 라디오맨 후안이 전하는 뉴스를 듣다 보면 초저녁인데도 배가 출출해지곤 하였는데, 커피밭에서 돌아오는 길에 캐 온 야생 토란이 훌륭한 밤참이 되어 주었다. 다음 날 새벽 5시면 다시 아침을 챙겨먹고 일을 나가야 하는 사람들이기에 내 생활 패턴대로 늦은 저녁까지 눌러앉아 있을 수가 없었다. 별이 총총 돋은 밤에 축사를 나설 라치면 침상에 이미 자리 잡고 누워 있던 사람들까지 나와 배웅해 주었다. 크지 않은 방죽 하나를 둘러 가면 되는 거리거늘, 가다가 길 중간에 호랑이를 만날 수도 있지 않으냐 농담해 가며 내가 방죽가 길을 둘러 도냐 베르타 집으로 연결되는 언덕길을 올라갈 때까지 차가운 밤공기 속에 그 자리에서 기다려 주었다.

　방죽가 집으로의 밤마실은 그해 4월 타라수 지역의 커피 수확이 끝날 때까지 계속되었다. 3월의 어느 날 밤에 밤마실 손님 접대에 지극 정성을 다하던 프레디 부부가 어디론가 떠나가고, 4월 중순으로 접어들면

그해 마지막까지 숙소에 남은 카일린 가족의 모습(왼쪽)과 숙소 앞 낡은 의자에 앉은 카일린의 모습(오른쪽). 카일린이 먹는 음식은 볶은 쌀과 프리홀레스가 전부였다

숙소 벽에 이름을 남기는 프레디. 우리가 헤어진 뒤 연락이 끊어질 것을 미리 알고 있었던 것일까? 어느 날 저녁 화덕에서 건진 숯으로 나무벽에 자기 이름을 적어넣었다

서 커피 수확량이 줄어들자 방죽가 집 사람들은 하나 둘 니카라과 고향 마을로 돌아가거나 코스타리카 다른 지역으로 떠나갔다. 커피밭에서 돌아오는 오후 시간이면 석양으로 붉게 물드는 기운 속에 저녁 짓는 연기가 피어오르고, 앞마당에선 꼬마 숙녀 카일린이 하루 종일 수고한 아빠와 동료 아저씨들을 위로하기 위해 춤을 추던 그 따뜻함과 활기가 사라진 축사는 왠지 모르게 슬퍼 보였다. 마지막까지 갈 곳을 정하지 못해 남아 있던 카일린 가족이 떠나던 날, 도냐 베르타는 축사에 자물쇠를 채웠다. 곧 우기가 시작되면 소들을 축사 안으로 들여 넣을 것이라 했다. 도냐 베르타와 같이 자물쇠를 채우러 내려가서 마지막으로 축사 안을 둘러보았다. 불과 며칠 전까지만 해도 밤이면 야생 토란을 삶아 먹으며 두런두런 이야기를 나누고 늘 웃음이 있었던 공간인데, 차마 살림이라 할 수도 없을 것 같았던 세간들과 스스로를 참으로 보잘것없다 여기던 사람들이 빠져나간 공간에는 알 수 없는 서글픔과 허전함이 가득해 보였다. 내년이면 다시 이곳에서 그들을 볼 수 있을까, 다시 밤이면 야생 토란을 캐다가 삶아 먹어가며 두런두런 이야기를 나눌 수 있을까, 마지막으로 둘러보는 축사 안에 프레디가 떠나가기 며칠 전 장난삼아 숯검댕으로 나무 벽에 쓴 그의 이름이 보였다. 미국으로 간다 했던 프레디, 이 순간 어디서든 무사히 살아 있기를 빌며 도냐 베르타와 함께 방죽가 낡은 집에 자물쇠를 채웠다.

토요일 오후 그들의 일상,
타라수 센트로 풍경

대부분의 커피농장들이 그러하듯이 도냐 베르타의 농장에서도 매주 토요일마다 임금을 지급했다. 임금 지급과 함께 토요일 오전에 일주일 작업이 마무리 되었고 일요일은 모두가 하루 온전히 휴식을 취할 수 있는 날이었다. 이 모든 것이 커피 농장 주인으로부터 커피를 사들이는 커피상인이나 조합 스케줄에 맞추어진 것이겠지만, 커피의 본고장 타라수에서 토요일은 모든 사람들에게 중요한 날임이 분명하였다. 금요일이면 벌써 타라수 센트로Tarrazú Centro[*]에 있는 상점들이 작은 차든 트럭이든, 바퀴 달려 굴러가는 것이라면 무엇이든 동원하여 타라수 주변 커피밭 곳곳을 돌며 가게에서 파는 물건들을 선전하기에 여념이 없었다. 주로 차 지붕이나 오토바이 짐칸에 장착된 외부 스피커를 통해 적당한 타령조로 가게에서 파는 물건 종류와 가격을 주욱 불러 주는 방식의, 다소 촌스러운 선전이었다. 커피밭 사람

---

[*] 마을의 한중심을 센트로라 한다. 라틴아메리카의 어느 마을이든 센트로에는 성당이 가장 중심에 있고 그 앞에는 공원이 있는 경우가 대부분이다. 공원을 중심으로 관공서가 들어서고 다시 그 주변으로는 마을 상권이 형성된다. 마을사람들의 생활중심지이다.

들 상당수가 글을 읽는 데 어려움을 가지고 있다는 점을 감안한다면, 오히려 효과적인 선전 방식이었을지도 모르겠다. 선전 대상이 되는 물건들은 커피밭에 모인 사람들의 기본 식량이라 할 수 있는 쌀과 프리홀레스 그리고 기름과 설탕 등이 주품목이었지만, 매일매일 불을 피우기 위해 사용할 수밖에 없는 성냥에서부터 니카라과에 있는 가족에게 가져갈 싸구려 옷가지나 신발, 그리고 짐을 꾸릴 가방이나 그릇, 소형 가전제품 등도 선전되었다. 금요일이면 하루 종일 마을 전체가 웽웽거릴 정도로 센트로의 가게들은 구석구석 커피밭을 돌며 선전에 열심이었다.

막상 토요일 오전이 되면 아직까지 대부분의 일꾼들이 커피밭에서 커피를 따고 있는 시간임에도 타라수 센트로는 벌써 대목을 맞은 장터 같은 기분이 났다. 마을에 하나 있던 통닭집에서는 쇠꼬챙이 가득 닭들을 꽂아 굽기 시작했고, 정육점에서도 일찌감치 고기들을 가게 밖 가판대에 주욱 걸어 놓고 열심히 파리들을 쫓아 댔다. 또 커피조합에서 운영하는 공판장은 어떠한가? 가게 안에 있는 물건들을 밖으로 죄다 끄집어내 놓고 호객 준비에 만전을 기하였다. 센트로의 신발가게나 가방가게들도 마찬가지였다. 그뿐이랴, 토요일이 되면 산호세에서부터 수많은 노점상들이 타라수 센트로까지 찾아들어 와 대목장 분위기에 일조하였다. 노점상들이 가져오는 것들은 대부분 시계나 목걸이와 같이 부피가 작아도 값이 나가는 것들이었다. 100% 불법복제였지만, 황금빛으로 번쩍번쩍 도금된 세계 유명상표 시계들이 인기가 좋았다.

어디에서 그렇게 많은 사람들이 쏟아져 나오는 것인지, 토요일 오후 타라수 중심가는 평일과는 너무나 다른 모습이었다. 평소 커피를 실어 나르는 농장 주인의 트럭은 토요일 하루 어김없이 농장에서 일하는 일꾼들을 타라수 시내까지 실어 나르는 용도로 변하였다. 사방 두 서너

토요일 오후 타라수 센트로의 번화한 풍경들. 글 읽지 못하는 이들을 위한 배려였을까? 대부분 가게마다 그림으로 간판을 대신했다

블럭에 불과한 타라수 시내 곳곳에 트럭들이 섰고 그 안에서는 앉을 틈도 없이 선 채로 빼곡히 실려 온 농장 일꾼들이 줄줄이 쏟아져 나왔다. 일주일에 한 번 있을 수 있는 외출이라서일까? 비록 트럭 짐칸에 앉을 자리도 없이 선 채로 실려 오는 사람들이지만, 나름대로 머리에 기름도 바르고 옷도 신경써서 입었으며 늘 신던 고무장화 대신 구두를 신고 다니는 사람들이 많았다. 농장 주인들은 그들을 내려준 장소에 서너 시간 후에 다시 오마 약속하였고, 정해진 시간 동안 트럭에서 내린 일꾼들은 일주일 동안 필요한 생필품을 사고, 고향에 가져갈 선물들도 하나 둘 준비하였다.

수확기 막바지, 타라수 중심가에서 신발가게, 가방가게만큼이나 인기가 좋은 곳은 '미국 옷집'Ropa Americana이라 불리던 중고옷을 파는 가게들이었다. 미국에선 대부분 기부받은 옷들일 텐데, 그 옷들이 이곳 코스타리카 시골마을 타라수까지 와서는 적지 않은 가격에 팔렸다. 그래도 새옷 값보다는 저렴했기에, 늘 많은 사람들이 몰렸고 그들 대부분이 니카라과 사람들이었다. 과이미 인디오들은 여자들은 전통옷을 입고, 남자들도 뭔가 그들만의 스타일로 옷을 고집해 입었기 때문에, 새옷이든 헌옷이든 기성복은 그들의 관심 밖에 있는 듯했다.

사실 과이미 인디오들은 옷이나 신발, 가전제품 같은 물건에는 별 관심이 없는듯 싶었다. 오직 그들의 관심은 먹고 마시는 것이었다. 농장 주인의 트럭에 실려 타라수 센트로로 나오면, 대부분 제일 먼저 하는 일이 술집에 들어가는 것이었고, 다시 농장으로 돌아가는 그들의 짐에 빠지지 않고 실리는 것도 술 상자들이었다. 그것도 비싼 맥주 상자들. 코스타리카 사람들이 그들 삶에는 자부심을 표하기 위해, 그리고 일주일 벌어 그 돈으로 맥주 상자를 실어 나르는 과이미들 삶에는 조롱을 섞어 표

남편을 기다리는 과이미 여인들

하기 위해 쓰던 말, '푸라 비다' Pura Vida*가 따로 없었다.

그러나 센트로에 나오자마자 술집에 들고, 돌아가는 길에 맥주 상자를 실을 수 있는 것은 과이미 중에서도 오직 과이미 남자들뿐, 부인들이나 아이들은 술집에 들어간 그들이 나오길 기다리며 술집이나 식당 앞에서 하염없이 서 있어야 하는 사람들에 불과했다. 한 명의 부인과 아이들만 있으면 그나마 괜찮으련만, 많은 과이미 남성들이 일부다처제에 일찌감치 충실하여 여러 명의 부인과 아이들을 함께 데리고 다니는 경우가 허다하였으니, 과이미 남자 한 명이 술집에 들면 그 앞에서 기다리는 여자와 아이들의 수는 예닐곱을 훌쩍 넘겼다. 길에 서거나 바닥에 앉은 채 남편과 아버지가 나오길 기다리다, 그 와중에 아이가 칭얼거리면 젖을 물리기도 했고, 화장실 용무가 급해지면 과이미 여성 전통복장의 그 풍성한 치마로 살짝 가린 채 있는 그 자리에서

---

* 여러 중남미 국가들 중에서도 유독 코스타리카에서 자주 듣는 말 중 하나가 '푸라 비다'이다. 보통 '좋다'의 최상급 표현으로, 친구들 사이 안부를 묻거나 아름다운 경치, 혹은 맛있는 음식 앞에서 할 수 있는 최고의 말이 '푸라 비다'이다. 일반적으로 '최고의 삶'을 뜻한다.

용변을 보기도 했으니, 코스타리카 사람들은 고사하고 니카라과 사람들에게서도 제대로 인간 대접을 받지 못하였다. 술집이 아니라도 일용잡화를 사기 위해 가게에 들어갈 때조차 과이미 여인들은 절대 가게 안에 발을 들여 놓지 않았다. 늘 가게 밖에서 남편이 나오기를 기다렸고, 남편이 가게에서 나오면 그 뒤를 조용히 따라 걸었다.

금요일부터 서서히 달구어져 토요일 오후에 절정에 달하는 타라수 중심가의 열기는 해가 지는 속도에 맞춰 점점 사그라들었다. 석양 기운으로 타라수 중심가가 온통 붉게 물드는 시간이면 흥청망청 대목장 분위기는 어디론가 사라지고 곧 파장 분위기로 바뀌었다. 가게들은 서둘러 길거리에 내놓았던 물건들을 거두어 들였고 삼삼오오 혹은 가족 단위로 짝을 지어 다니던 니카라과 사람들이나 과이미 인디오들도 주인과 만나기로 한 장소에 모여 다시 일주일을 살게 될 그들 삶의 자리로 돌아갈 준비들을 하였다. 그 시간이 되면 작은 판넬상자에 번쩍번쩍 빛이 나는 도금된 시계나 계산기, 라디오 등을 담아 팔고 다니던 노점상들이 물건을 하나라도 더 팔 요량으로 주인의 트럭을 기다리는 니카라과 사람이나 과이미 인디오 사이를 바쁘게 돌아다녔다.

커피밭에서 내려온 일꾼들이 돌아가고 난 저녁이면 타라수 중심가는 언제 그러했느냔 듯이 시치미를 뚝 떼고 다시 고즈넉하다 못해 약간은 쓸쓸하기까지 한 일상의 모습으로 순식간에 돌아갔다. 마치 밤 12시가 넘으면 모든 것이 변하는 신데렐라처럼. 하루 종일 수십 마리의 닭들이 꼬챙이에 꽂힌 채 뱅글뱅글 돌아가던 통닭집의 화덕은 다음주 토요일이나 되어야 다시 달구어질 것이다. 마을에 하나 있는 푸줏간의 고기들도 냉장고 속에 얌전히 모셔져 있다가 간간히 사러 오는 손님들에게나 팔릴 것이다. 다운타운 규모에 비해 유난히 많다 싶은 헌옷 가게들 중 몇 군데는 주중에 살짝 간판도 없이 다른 물건을 파는 가게들로 바뀔지도 모른다. 마을에 서너 군데 있는 술집들에는 토요일 오후 많은 수의 과이미들과 니카라과 사람들 때문에 들기를 꺼려했던 타라수 마을사람들이 드문드문 다시 들 것이다. 그리고 나도 때때로 마을에 하나밖에 없는 카페에 들러 하릴없이 알코올이 적당히 섞인 커피를 마시며 타라수 중심가의 고즈넉함을 즐길런지도 모르겠다. 커피 따러 들어온 니카라과 사람들과 과이미 인디오들이 북적거리는 토요일 오후의 모습과, 조용하다 못해 다소 쓸쓸해 보이기까지 하는 주중의 이곳 타라수 모습 중 어느 것이 세계적으로도 유명하다는 커피산지 타라수의 참 모습인가 고민하면서 말이다.

니카라과 사람들과 과이미,
그리고 과이미 여자들

커피 수확철이 되면 타라수에는 많은 사람들이 흘러들었다. 독립과 함께 커피로 시작해서 커피로 흥한 나라니, 아직까지도 나라 처처곳곳에 커피에 대한 자부심의 흔적이 짙다. 하지만 두 세기의 세월이 지난 지금 코스타리카인들은 더 이상 커피를 따지 않는다. 초·중·고등학교는 물론이고 대학교의 방학까지 커피 수확철에 맞춰지느라 주변의 다른 나라와 달리 3월에 학사력이 시작된다지만, 이제 코스타리카에서 커피를 따는 일은 3D업종의 하나가 되어 버리고 말았다. 아장아장 걷기 시작하면 부모를 따라 커피밭으로 올라가 커피를 땄다는 세대는 그야말로 구세대가 되어 버렸고, 코스타리카의 젊은이들은 대규모 바나나농장과 파인애플농장을 가지고 있는 유나이티드 프루츠 컴퍼니United Fruit Co.나 델몬트 혹은 산호세 주변에 거대한 우주기지 마냥 들어선 컴퓨터 회사 인텔에서 일하기를 간절히 바라 마지않는다.

상황이 그러하니, 코스타리카 곳곳에 커피 수확철이 되어도 커피를 딸 사람이 없고, 타라수에서도 커피가 익어 갈 즈음이면 어쩔 수 없이 커피밭으로 많은 외지 사람들이 흘러들었다. 어디서 어떻게 소문을 듣고 오는지, 커피가 영글어 갈라치면 벌써 마을 어귀에 파나마와 코스타리카 국경 어디쯤엔가 산다는 '과이미'들이 나타나기 시작했고, 그에 이어 니카라과 사람들도 들어오기 시작했다. 하여 커피 수확철이 되면 타라수에는 코스타리카 사람들보다도 과이미들과 니카라과 사람들이 훨씬 더 많아지곤 하였다. 도냐 베르타의 농장에도 커피 수확철이 시작되면서 니카라과 사람들이 들어오기 시작했다. 이들 중 일부는 이미 몇 해째 도냐 베르타의 농장을 찾아온다 하였고, 도냐 베르타와도 상당한 신뢰관계를 갖고 있는 것처럼 보였다. 나머지 사람들도 대부분 이미 몇 해째 도냐 베르타 농장으로 찾아오는 사람들의 소개로 오는 경우였다. 전해 커피 수확을 마치고 니카라과 고향으로 돌아갔던 이들이 다시 오는 날이면, 도냐 베르타는 오랜 시간 잠겨 있던 축사의 자물쇠를 풀어 주었고, 이들은 하루 동안 축사를 청소하고 뚝딱뚝딱 침상을 손보면서 그들이 서너 달 기거할 공간을 만들었다.

과이미 인디오들이나 니카라과 사람들이나 타라수까지 흘러들어 온 목적은 같았지만, 어디서건 섞이는 법이 없었다. 어쩌면 섞이기에는 너무 다른 성정들을 가졌는지도 모르겠다. 니카라과 사람들에 대한 코스타리카 사람들의 차별과 무시는 상상 이상이었지만, 그래도 커피밭 주인들은 아무래도 니카라과 사람들을 선호하였다. 약간 사납긴 하지만 손이 빠르고, 나름대로 자기관리가 철저하다는 점 때문이었다. 반대로 과이미들은 일단 작업 속도가 너무 느리고 스페인어를 하는 경우도 드물 뿐 아니라, 자기 기분에 따라 커피밭에 올라가는 날과 그렇지 않은 날이 들쭉날쭉하다 했다. 그뿐이랴, 보통 남편 한 명에 여러 명의 부인과 그 부인들 사이에 태어난 자식들이 모두 다 따라오기 때문에 도무지 관리가 안 된다 하였다.

니카라과 사람들이나 과이미 인디오들이나 코스타리카에 들어와 이래저래 차별을 받기는 마찬가지지만, 그들 사이에 또 다른 차별이 여실히 보였다. 니카라과 사람들의 과이미에 대한 차별이었다. 어느 농장에서건 니카라과 사람들이 있는 곳에는 과이미들이 들어가길 꺼려하였다. 무섭고 사납다는 이유였다. 반면 니카라과 사람들 입장에서는 스페인어도 못할 뿐 아니라 너무 자연스럽게 일부다처제를 이루고 근친결혼에 조혼까지 이루어지는 과이미들의 삶을 도무지 이해할 수 없다 했다. 게다가 생전 제대로 씻지도 않는 그들이야말로 모든 병균의 온상이라는 선입견까지 가지고 있었다. 코스타리카에서 온갖 차별을 받고 사는 니카라과 사람들에게 조차도 과이미는 도무지 같은 인간으로 대접해 줄 수 없는 존재인 듯했다. 그런 이유로 과이미들이 들어간 농장에는 니카라과인들이 들어가는 일이 거의 없었다.

　무엇보다도 니카라과 사람들과 과이미들 모두 타라수에 커피를 따러 들어오기는 하였지만, 둘 사이 삶의 철학이 달라도 너무 달랐다. 대부분 니카라과 사람들은 어떻게 해서라도 돈을 모으는 것이 타라수로 들어와 커피를 따는 목적이었다. 그 돈으로 고향에 들어가 집을 짓든 땅을 사든, 또 더 크게 꿈꿔 본다면 그 돈을 모아 불법 브로커에게 지불하고 미국으로 들어가는 것이든, 대부분 목적이 분명하였기에 새벽이슬을 맞고 커피밭으로 올라가 해가 진 다음에도 커피밭에서 내려오지 않았다. 토요일 하루 타라수 중심가로 장을 보러 간다 해도 많은 니카라과 사람들은 꼭 필요한 물건들만 살 뿐, 돈 쓰기를 아꼈다. 술을 먹어도 화학 알코올과 성분이 거의 비슷하다는 싸구려 독주를 마셨다. 그러나 과이미들은 달랐다. 그들은 애당초 돈을 모은다는 개념이 희박했다. 그들이 살던 곳을 떠나 온가족을 끌고 이곳 타라수까지 들어오는 목적은 한해 서너 달에 걸친 커피 수확철만이라도 부족함 없이 먹고 마시는 것 같아 보였다. 설령 커피 수확철이 끝나고 빈손으로 돌아간다 하여도 예닐곱 달만 버티면 다시 풍족하게 먹고 마실 수 있는 타라수로 돌아올 수 있으니 무엇이 걱정이겠는가? 있을 때 쓰고 없을 때 굶는다는 심산인지, 돈을 받아 토요일 장터에 나오면 제일 먼저 술집에 들러 맥주를 마셨고, 장을 보고 다시 커피밭으로 돌아가는 짐 속에도 어김없이 몇 상자의 맥주나 청량음료가 포함되었다. 돈이 돈다는 커피 수확철 타라수 중심가의 흥청망청, 그 한가운데서도 이만한 손님이 있을 수 있을까. 그러니 타라수 중심가의 몇 개 되지 않는 가게 주인들은 가게 안이나 가게 앞이나 아무 데서나 용변을 보는 과이미들의 공중도덕 부재에 온갖 흉을 봐가면서도 좋든 싫든 과이미들을 기다릴 수밖에 없었다. 과이미들이 일주일간 벌어온 돈이야 고스란히 그들 손에 남는 것이고 과이미들이 남긴 용변의 흔적이야 물청소 한 번이면 해결되는 것이었으니까…….

어찌 보면 참으로 평화로워 보이는 삶의 철학이었지만, 안타깝게도 이렇게 근심걱정 없는 삶은 대부분 과이미 남자들에게 국한된 것이었다. 일부다처제이다 보니 여자의 숫자가 훨씬 많았고, 여자라면 어른에서 아이까지 모두가 예외없이 전통의상을 입었기 때문에 어디서나 쉽게 눈에 띄었다. 그러나 그들은 언제나 가장으로 보이는 과이미 남자들을 두어 발자국 뒤에서 쫓아 걷는 모습이거나, 남편이 술집에 들어간 사이 아이를 안고 술집 앞에 앉아 하염없이 남편을 기다리는 모습이었고, 술집이 아닌 다른 가게라도, 차마 따라 들어가지 못하고 입구에 우두커니 서 있는 모습들이었다. 커피를 따면 분명히 같이 딸 텐데, 커피를 따서 번 돈으로 쓰고 마시는 쪽은 대부분 남자들이었다.

어느 해에 커피 수확철이 시작되려면 한참 더 남았는데 미리 들어온 한 과이미 가족이 타라수 성당 앞 공원에서 노숙을 해가며 커피 수확철을 기다린 일이 있었단다. 밤이면 기온이 제법 내려가는 타라수에서의 노숙이 쉽지 않을 터, 그나마 이를 불쌍하게 여긴 마을사람들이 이불을 가져다주었더니 밤에 남편 혼자 이불을 덮고 자고 있고, 부인과 아이들은 여전히 이슬을 맞고 자고 있더라며 마음 착한 도냐 베르타가 푸르르 분개하기도 했다.

이미 숱하게 코스타리카 사람들의 니카라과 사람들에 대한 차별과 무시를 들어왔고 일찍이 페레스 셀레동의 산페드로에서부터 니카라과 사람들을 쥐라고 표현하던 말들을 들어왔으니, 니카라과 사람들에 대한 무시와 차별이 어느 정도인지 대충 실감하고 있었지만, 이곳 타라수에 와 니카라과 사람들과 과이미들을 동시에 보니 니카라과 사람들은 그나마 나은 대접을 받는 듯했다. 물론 여전히 코스타리카 사람들과 니카라과 사람들 사이에 넘기 힘든 선이 존재하고, 아직도 수많은 코스타리카 사람들이 니카라과 사람들과 말 섞는 것조차 꺼려하지만,[*] 그나마 과이

---

[*] 육로를 통해 니카라과에서 코스타리카로 넘어오다 보면 약 100미터를 사이에 두고 떨어진 양국 이민국 사이를 걷게 된다. 코스타리카측 이민국 마당인 '평화공원'(Jardin de Paz)에 이르면 다음과 같은 문구가 적혀 있다. '코스타리카 사람과 니카라과 사람은 언제나 형제입니다.'(Ticos y Nicas Siempre Hermanos) 코스타리카측 이민국 마당이니, 분명 코스타리카 사람들이 적어 놓은 말이다. 니카라과에서 육로를 통해 코스타리카로 들어오는 사람들이 처음 보는 문구가 될 것이다. 이미 오래전, 1542년부터 스페인 부왕령 산하 과테말라 총독령에 속해 있었고 1822년 스페인으로부터 독립한 뒤 10년 넘게 과테말라, 온두라스, 엘살바도르와 함께 두 나라가 중앙아메리카연방공화국에 속해 있었으니 시간이 흘렀다 해도 분명 형제는 형제일 터이나 사실, 오늘날 사정은 그렇지 않다.
코스타리카 사람들을 이르는 스페인어 명칭은 코스타리센세(Costarricense)지만 이들은 서로를 '티코'(Tico)라는 애칭으로 부른다. 물론 자부심이 섞인 표현이기도 하다. 반면 니카라과 사람들을 아우르는 공식 명칭은 니카라구엔세(Nucaragüense)지만 쉽게 '니카'(Nica)라 불리기도 한다. 그런데 이는 애칭이나 자부심의 표현과는 거리가 멀고, 상대방에 대한 무시와 모욕이 내재된 표현이다. 적어도 코스타리카에선 그렇다. 원래는 그렇지 않았겠지만 오늘날 상황들이 '니카'라는 말을 그렇게 만들어 버렸다. 코스타리카 사람에게 실수로라도 니카라 한다면 큰 모욕이다.
코스타리카 사람들이 '니카'들을 차별하는 가장 큰 이유는 두 나라간 경제적 차이에서 기인한다. 물론,

미들보다는 낫다 생각하는 것 같았다. 커피 수확철, 마지막까지 니카라과 노동자들을 구하지 못한 농장에서는 어쩔 수 없이 과이미들 손에 커피 수확을 맡긴다지만, 대부분 주인들은 그들이 사는 숙소 안에서 무슨 일이 일어나는지 애써 알려 하지 않았다.

언젠가 과이미들이 산다는 곳을 찾아 코스타리카와 파나마 국경 지방에 간 적이 있다. 육로로 이어지는 코스타리카와 파나마의 국경은 양국의 이민국 사무소가 있다는 것 말고는, 미장원도 있고, 전자제품 수리점도 있고 해서 여느 마을 장터와 별반 다를 것이 없었다. 그럼에도 막상 코스타리카에서 파나마로 넘어가는 일은 다소 까다로웠다. 이민국 사무소에서 입국 도장을 받자마자 어두컴컴하고 페인트도 칠해지지 않아 시멘트가 그대로 드러난 작은 방으로 옮겨져 자세한 짐 검색을 받아야 했

니카라과 사람들이 온갖 차별과 무시를 감수하고 코스타리카로 들어오는 가장 큰 이유도 '돈'이다. 같은 시간 일을 해도 하루에 서너 배를 더 벌 수 있다면 이는 차별과 무시를 감수할 만한 이유가 되기에 충분하다. 2009년 기준 니카라과 일인당 국민소득이 이제 겨우 1,000달러를 넘어섰는데 바로 아래에 있는 나라인 코스타리카는 6,500달러에 육박한다. 니카라과에서 커피를 따면 20kg 한 바구니에 미화 30센트를 준다는데, 코스타리카에서는 1달러가 넘는 돈을 준다. 커피밭뿐이랴, 6,500달러 소득을 갖는 코스타리카 사람들이 하기 꺼리는 모든 허드렛일은 니카라과 사람들 몫이다. 남자들은 땡볕 아래 농장이나 공사장으로, 그리고 여자들은 코스타리카 부잣집에 가사도우미로 들어간다. 코스타리카 인구 500만 중에 적게는 50만이, 그리고 많게는 100만이 공식적인 통계에도 잡히지 않는 '니카'이란다. 수많은 범죄의 중심에 익명의 니카들이 있다. '티코'들에게는 참 불편한 사실이다. 그러니 코스타리카에서 '니카'라는 말은 가장 밑바닥에서 허드렛일을 하는 사람, 혹은 범죄집단에 연루되었거나 그럴 가능성이 아주 높은 사람으로 보통명사화 되고 있다. 상황이 이러하고 보니, 수백 년의 역사를 공유하고 같은 언어를 사용하지만 '티코'들은 굳이 '니카'들을 구분해 낸다. 전체 인구 중 백인 인구구성이 95%에 달하는 코스타리카에서 메스티소(혼혈)가 대부분인 니카라과 사람들은 저절로 표가 난다. '티코'들이 '니카'를 구분해 내는 가장 확실한 기준은 피부색인 셈이다. 1960년대까지 그 옛날 바나나 플랜테이션 시절 대서양 항구 지역에 도착한 아프리카 노예의 후손들이 자국의 수도 '산호세'에 발을 들일 수 없음이 법에 명시되어 있었던 나라 코스타리카에서 하얀 피부는 여전히 티코들의 큰 자부심이다. 피부색이 하얀 티코들과 피부색이 다소 짙은 니카들의 삶은 영 섞이기가 쉽지 않아 보인다. 2003년 코스타리카 산호세에서 장기공연되었던 연극 '니카'의 마지막 장면에서 니카라과 불법 이주노동자였던 주인공이 코스타리카 국기와 니카라과 국기를 양갈래로 꼬아 목에 두르며 절규하듯 외치던 대사가 생각난다. "우리는 형제가 아니었던가!" 니카라과에서 코스타리카로 넘어올 때 가장 먼저 보게 되는 말, 코스타리카측 이민국 평화공원 앞에 쓰여진 말을 두고 하는 자조였을 것이다.

다. 아무래도 마약에 대한 검색인 듯했다. 덥고 습한 곳에 갇힌 채 30분 넘게 검색과정이 진행되는 동안 무장한 군인이 바로 코앞에 있으니 그 누구도 불평 한마디 할 수 없었다. 언제나 끝날까 싶은 지루한 입국 과정을 견디는 중에 우연히 창밖을 보니 이동식 차단막 하나로 구분되는 양국 국경 사이를 떠돌이 개들이 더위에 축 늘어진 채 어슬렁거리며 돌아다니고 있다. 그리고 그 개들 사이로 간간히 한 무리씩의 과이미들이 국경선을 아무런 제지도 받지 않고 통과하고 있었다. 그러지 않아도 늘 그들 국적이 궁금하던 차에, 총을 든 채 짐 이곳저곳을 헤쳐 보던 국경 수비대에게 아무런 제재도 없이 국경선을 통과하는 과이미들이 코스타리카 사람인지 파나마 사람인지 물었다. 그랬더니 그에 대한 황당한 답변이 돌아왔다. 코스타리카 사람도 아니고 파나마 사람도 아니라 했다. 여권은 고사하고 그 어느 쪽으로도 출생신고조차 되지 않은 사람들이니 신분증이라는 것이 있을 리 만무하여 국경 수비대가 잡는다 해도 그 다음이 문제라는 것이었다. 그러더니 축 늘어진 채 양국 국경선을 넘나들며 여행객들이 먹다 버린 음식찌꺼기를 주워먹고 다니던 개를 가리키며, 저 개들과 별반 다를 것이 없는 사람들이라 했다. 아마도 별다른 제재의 수단이 없다는 의미로 그런 말을 했겠지만, 그 말을 듣는 내 마음이 영 불편했었다.

  그 불편했던 마음이 타라수에서 과이미들을 다시 보는 내내 기억에서 사라지질 않았다. 커피질이 좋아 입도선매 격으로 유럽과 미국의 고급 커피시장으로만 팔려 간다는 타라수 커피가 영그는 계절이면 어디에서 그 소식을 듣는지 어김없이 찾아오는 사람들, 커피 수확철이 끝나면 이곳을 떠나 어디로 가는지 알 수 없지만, 이듬해 다시 커피가 영글어 갈 즈음이면 잊지 않고 찾아오는 사람들. 1년 세월의 흐름을 타고 커피꽃

커피밭에서 일하는 콰이미 여인들의 모습. 대부분 그들은 신발도 신지 않은 채였다

과이미를 찾아 떠난 여행 중 파나마 보케테 지역 여관에서 본 그림. 커피나무와 과이미 여인

토요일 오후 타라수. 버스에 오르는 과이미 여인들. 커피 수확철이면 온갖 탈것들이 다 동원되었다. 버스는 미국 스쿨버스를 개조해 만든 관광버스

이 피고 져 열매를 맺는 것처럼, 아마 그들 몸속에도 우리가 알지 못하는 지구의 공전에 맞춰진 세월의 시간을 가늠할 수 있는 시계가 있는 모양이다.

흔전만전, 모든 것이 풍요롭게 흘러넘치는 커피가 영그는 계절이 되면, 어디서 오는지 알 수 없으나 과이미 여인들은 알록달록 원색으로 꾸며진 풍성한 전통의상을 입고 어김없이 나타나 타라수 다운타운 거리에 알록달록 수를 놓았고 그 자체로 풍요의 활기를 돋우었다. 그렇게 그들의 모습은 타라수 풍요의 계절에 더할 나위 없이 화려해 보이기만 하는데, 정작 그들의 삶은 이 세상 차별과 무시의 가장 밑바닥에 놓여 있는 듯하여 그들을 볼 때마다 내 마음이 편치 않았다. 그 화려하고 풍성한 옷 속에 감추어진 그들의 슬픈 삶이 늘 나를 우울하게 하였다.

'독토르 델 카페탈'이 미쳤다

　　　　　　　　　　　도냐 베르타의 커피밭에서 일하는 사람은 총 열여섯 명이었다. 그 중 딱 한 명을 뺀 모든 사람이 프레디와 같은 고향인 보아코Boaco 주 산타루시아Santa Lucia 마을사람들이었고 그 나머지 한 명이 독토르 델 카페탈로 불리는 사람이었다. 무슨 이유인지는 모르나, 별명이 독토르 델 카페탈Doctor del Cafetal, '커피밭 박사'였다. 독토르 델 카페탈은 니카라과 대서양에 면한 '누에바 기네아'Nueva Guinea 출신으로, 올해 처음 코스타리카로 넘어와 커피를 딴다 했다. 어떻게 이곳 타라수까지 흘러 들어왔는지는 알 수 없지만, 늘 조용히 혼자서 커피를 땄다. 도냐 베르타 커피밭에서 일하는 사람들 대부분이 한 동네에서 내려온 사람들이기 때문에 식구가 아니더라도 늘 서너 명이 모여 같이 식사를 해결했지만, 독토르 델 카페탈은 혼자서 모든 것을 해결해야 했다. 커피밭에서 돌아와서도 제대로 쉬지 못하고 밥을 해야 했고, 식사를 마치고 나서는 다시 혼자서 산으로 나무를 하러 가는 날이 많았다. 같이 니카라과에서 넘어온 사람들이라도, 보아코 산타루시아 사람들 중 누에바 기네아를 아는 사람이 한 명도 없었으니, 누에바 기네아라는 곳은 그들에게 외국과 별반 다를 것이 없었던 모양이다. 독토르 델 카페탈

미치기 전 독토르 델 카페탈의 모습

도 보아코 산타루시아에서 온 사람들과 어울리긴 하였지만, 어딘지 모르게 거리를 느끼는 듯했다. 토요일 오후 장에 다녀온 후, 방죽가 집 앞 작은 마당에서 공 하나와 어설픈 방망이를 들고 모두가 야구 아닌 야구를 할 때에도 그는 슬그머니 산으로 나무를 하러 가거나 야생 토란을 캐러 가곤 했다. 그래도 어차피 커피밭에 올라가면 커피나무 아래 묻혀서 곁에 누가 있는지조차 모르고 혼자서 그저 붉은 열매를 골라 따는 데 정신을 집중해야 하는 일이다 보니 커피밭에선 꼭 독토르 델 카페탈이 아니더라도 모두가 혼자였다. 그러니 커피 따는 동안만큼은 혼자라 해도 그렇게 외롭지 않았을 것이다. 거기다 시간이 흐르면서 산타루시아 사람들도 독토르 델 카페탈과 거리를 점점 좁혀 나갔고, 무엇보다도 방 구분도 없이 그야말로 한지붕 아래 살다보니 그 사이가 많이 가까워지는 듯했다. 어느 날부터는 밥도 같이 해먹었고 토란도 네것내것 없이 같이 삶아 먹었다.

    그런데 어느 날, 그 순하디 순한 독토르 델 카페탈이 미쳐 버렸다. 일찌감치 방죽가 집에 저녁 연기가 피어오르기도 전에 내려가서 사람들과 한담을 나누던 중이었다. 몇몇은 집 안에서 저녁을 준비하고 있었고 또 다른 몇몇이 모여 박수를 치며 카일린의 춤을 보고 있는데 강 건너 커피밭에서 독토르 델 카페탈이 소리를 지르며 내려오고 있었다. 사실 그때까지 독토르 델 카페탈이 아직 집에 들어오지 않았다는 것을 알지도 못하였다. 워낙 조용한 사람이라 늘 있는지 없는지 존재감이 별로 없던 사람이었다. 어깨에는 밥할 때 쓸 커피나무 삭정이를 잔뜩 짊어졌는데, 제대로 묶질 않아 빠른 걸음에 나무들이 어깨 뒤로 숭숭 빠져 버린다. 그런데 그것도 모르는 모양이다. 뭔가 좀 이상하다 낌새를 채긴 챘는데, 오늘 무슨 기분 좋은 일이 있었는가 보다 그렇게만 생각을 했다.

    독토르 델 카페탈이 빠른 속도로 집 가까이 다가서자 저편에 앉아 춤추는 카일린을 보고 있던 프레디가 손가락으로 머리 옆에 원을 그리며 무어라 나에게 신호를 보내는데 무슨 뜻인지 알아채지 못했다. 그냥 여느 날처럼 마당에 들어서는 독토르 델 카페탈에게 손을 내밀어 악수를 청했는데, 어찌나 손을 세게 움켜잡고 흔들던지 팔목이 부러지는 줄 알았다. 그러더니 어깨에 지고 온 나무 삭정이들을 그대로 들고 집 안으로 들어가 버렸다. 내 손이 부서져라 세게 잡고 흔든 것이나, 마당에 부려 놓고 가야 할 나무 삭정이들을 그대로 어깨에 맨 채 집으로 들어가는 모습이나 이것이 도대체 무슨 일인가 싶어 어안이 벙벙한데, 다시 한 번 프레디가 나를 향해 손가락으로 머리 옆에 동그라미를 그려 댄다. 미쳤다는 수신호는 세계 어느 나라나 공통인가 보다. 독토르 델 카페탈이 미쳤다고 했다.

며칠 전부터 행동도 과격해지고 힘도 세져서 아무도 그를 통제할 수 없었단다. 아닌 게 아니라 그가 삭정이를 어깨에 짊어진 채로 집으로 들어서자 집 안에서 저녁을 준비하던 프레디의 아내 안토니아와 아구스틴의 아내 플로르가 서로 눈치를 보며 집 밖으로 나온다. 프레디 말로는 며칠 전부터 밥도 제대로 먹지 않고 잠도 제대로 자지 않는다는데, 그럼에도 어디서 그런 힘이 나오는지 무거운 물건들을 번쩍번쩍 들어 올리고 밤늦게까지 이곳저곳을 돌아다닌다 했다. 그렇게 정신줄을 놓았으면서도 아침이면 꼬박꼬박 커피밭에 올라 커피를 따고, 배가 고픈지 아니 고픈지, 잠이 오는지 아니 오는지 구분은 못해도, 붉게 익은 커피열매는 잘 골라 따더라 했다.

독토르 델 카페탈과 같은 축사에 머무는 산타루시아 사람들은 그가 미친 이후 내내 불안한 날들을 보냈다. 무엇보다도 같은 축사에 사는 카일린과 이제 갓난아기인 카일린 동생에게 해를 끼칠까 싶어 노심초사했다. 왜 아니겠는가? 독토르 델 카페탈이 미쳤다는 소릴 들은 후로는 나도 혼자 커피밭에 올라가거나 방죽가 집에 내려가기가 여간 망설여지는 것이 아니었다. 그 즈음 느즈막이 사람들을 찾아 커피밭에 혼자 올라가는 길에 미친 독토르 델 카페탈을 만나게 될까 봐 얼마나 마음을 졸였던지……. 늘 껄렁해 보여 약간은 꺼려지던 펠리시아노Feliciano를 아무도 없는 길 중간에 만나고서는 얼마나 반가웠던지……. 그간에는 이미 여러 명을 들이받은 전력이 있는 방목된 소들이 늘 문제였는데, 독토르 델 카페탈이 미친 후론 산타루시아 사람들도 소보다 그가 더 무섭다 했다.

며칠간 모두가 마음을 졸였지만, 달리 해결 방법이 없었다. 서로가 불법으로 넘어온 처지이다 보니 미친 독토르 델 카페탈을 병원에 데리고 갈 수도 없고, 설령 병원에 데리고 갈 수 있는 처지였다 하더라도 타라수에는 미친 그를 데리고 갈 만한 병원이 없었다. 그렇다고 누에바 기네아에서 홀로 넘어왔다는 그의 가족에게 연락을 취할 수 있는 방법은 더더욱 없는 듯했다. 게다가 그렇게 미친 와중에도 하루도 거르지 않고 커피밭에 올라가 커피를 땄기 때문에, 그것도 붉은 열매들만 구분해서 아주 잘 땄기 때문에 산타루시아 사람들도 갑자기 난폭해진 독토르 델 카페탈과 같은 공간에서 지내기가 불편하고 무섭긴 하지만, 달리 어찌할 수 없는 것 같았다.

그렇게 며칠의 시간이 흘렀을까? 어느 날 미친 독토르 델 카페탈이 사라졌다. 사람들 말로는 밤새 잠을 자지 않고 무언가 주섬주섬 꾸리더니 새벽에 집을 나가 버렸다 했다. 그렇게 집을 나가더니 커피밭에도 나타나지 않고 다시 저녁이 되어도 나타나지 않더라는 것이다. 어디로 간 것일까? 몇날 며칠을 제대로 먹지도 못하고 잠도 못 잤을 텐데, 도대체 어디로 가버린 것일까? 미쳐 버린 후 모든 사람들에게 공포의 대상이 되어 버리긴 했지만, 그래도 마음 한편으로는 다시 독토르 델 카페탈이 나타나길 바라 보기도 했다. 물어 물어 누에바 기네아 자기 고향으로 갔다면 더할 나위 없이 다행이겠지만, 고향으로 돌아가지 못하고 처음 내려왔다는 코스타리카 어딘가를 헤맨다면, 차라리 그나마 한때 한솥밥을 먹던 사람들이 있는 이곳이 나을 것 같기도 했다.

그러나 미친 독토르 델 카페탈은 그후로 다시 나타나지 않았다. 그해 커피 수확철이 끝나가면서 열다섯 명의 니카라과 사람들이 하나 둘 산타루시아로 돌아가거나 코스타리카 다른 곳으로 일자리를 찾아 떠나간 마지막 날, 도냐 베르타가 방죽가 집으로 내려가 그들이 살던 축사에 자물쇠를 채우던 그날까지도 독토르 델 카페탈은 나타나지 않았다. 커피밭 박사, 너무도 멋진 별명을 가지고 있던 친구, 내가 말이라도 걸라치면 수줍어하던 그 웃음이 선한데, 미쳐 사라진 그는 끝내 다시 나타나지 않았다.

내 삶의 위안,
카페 로스산토스

희한한 일이다. 세계 5대 고급 커피에 들어 그 유명세로 유럽과 미국의 커피시장에서 늘 많은 사람들을 유혹한다는 '타라수 커피'Café Tarrazú가 생산되는 마을에 정작 커피집이라 이름 붙인 가게는 달랑 '카페 로스산토스'Café Los Santos 한 곳뿐이었다. 로스산토스 안에 어우러지는 주변 지역 '산파블로 데 레온 코르테스'San Pablo de Leon Cortes나 '산타마리아 데 도타'Santa Maria de Dota를 통틀어서도 커피집이라곤 이곳 타라수 다운타운의 '카페 로스산토스'가 유일하였다. 그나마 하나 있는 이 커피집 규모는 얼마나 아담한지, 테이블 세 개와 작은 바에 딸린 의자 서너 개가 전부였다. 커피집 주인은 철물점을 운영하는 돈 로드리게스Don Rodriguez라는 소문이 있었지만, 매일 커피집을 지키며 손님들에게 커피를 내는 이는 제시카Jesica라는 이름의, 젊다 못해 어려 보이기까지 하는 아가씨였다.

주변 세 곳 마을을 털어 유일한 커피집이었지만, 손님이 드는 날보다 세 개밖에 되지 않는 테이블이 텅 비어 있는 날이 대부분이었다. 그도 그러할 것이, 타라수 사람들에게 커피는 어딘가로 찾아가서 굳이 돈을 주고 사먹는 것이 아니었다. 하루에 눈을 뜨는 순간부터 살아지는 삶

카페 로스산토스의 제시카

달랑 테이블 세 개가 전부인 카페 로스산토스 내부

의 영역 속에 어디서라도 손만 뻗으면 닿을 만한 가까운 거리에 있는 것이 커피였다. 산호세에 살던 시절 돈 아스두르발Don Asdurbal 할아버지가 새벽 4시만 되면 커피를 내렸듯이, 이곳 타라수의 도냐 베르타도 새벽에 눈을 뜨면 제일 먼저 하는 일이 커다란 솥에 설탕을 듬뿍 넣고 커피를 끓여 내리는 일이었다. 옆집에 사는 아들이 새벽에 일을 나가면서 문안하러 들르면 커피를 내줬고, 이른 아침 학교에 가는 어린 손주들을 굳이 불러 커피

커피를 내리는 도냐 베르타. 처음부터 원두가루와 설탕을 넣고 끓인 후 거름망에 거른다

를 먹여 학교에 보냈다. 매일 아침 지붕을 열고 다락방에서 내려오는 내 발이 채 마룻바닥에 닿기도 전에 나에게도 커다란 컵에 담긴 달디 단 커피를 내주었다. 타라수에서 태어나고 자라 역시나 타라수에서 태어나고 자란 남자와 결혼하여 평생을 타라수에서 살아온 도냐 베르타는 오전과 오후에도 한차례씩 어김없이 커다란 솥을 걸고 커피를 끓여 냈다. 도냐 베르타에게 시간에 맞춰 커피를 끓여 내는 것은 하루 세끼 밥을 하는 것 이상으로 중요한 일이었다. 혹시라도 이웃이 방문할라치면 묻기도 전에 커피를 내는 것이 타라수 사람들의 삶에 대한 예의인 듯했다.

상황이 그러하니, 타라수 삶 가운데 어디에서건 하루에 커피 서너 잔은 기본이었다. 그래도 나는 타라수의 유일한 커피집 '카페 로스산토스'가 좋았다. 이틀이 멀다 하고 그곳을 찾았다. 누가 그렸는지 모를 초라한 간판에 실내장식이라곤 하나 없이 연한 그린계통 페인트가 칠해

진 자그마한 공간이었지만, 메뉴가 참 재미있었다. 아메리카노, 카푸치노, 카페모카 등과 같은 통상적인 구분은 아예 없었고, 바Bar 위에 만들어진 선반에 가지런히 놓인 '바르가스 가족농장 커피' Café La Familia Vargas, '태양의 계곡 커피' Café Valle del Sol, '타라수 조합 커피' Café Coope. Tarrazú, '산타마리아 도타 조합 커피' Café Coope. Dota 등 각 농장이나 조합에서 수확되고 가공된 커피 종류들이 카페 로스산토스의 메뉴라면 메뉴였다. 커피를 고르면 즉석에서 커피를 내려 그 안에 설탕과 우유를 넣어 달라는 대로 넣어 줬고, 원하면 술을 섞어 주기도 하였다.

　도냐 베르타는 이틀이 멀다 하고 돈을 가져다주고 커피를 사먹는 나를 철없다 하였지만, 사실 내게 카페 로스산토스는 커피를 마시는 곳, 그 이상이었다. 아무리 이해한다 하고 공감을 하고자 했지만, 방죽가 집에 사는 사람들의 삶은 그간 30년 내 인생이 살아온 것과는 달라도 너무 달랐다. 다같이 못 먹고 못 살던 시절이라던 내 어릴 적 기억을 더듬어 가며 그들의 삶을 이해해야 한다고 마음을 다잡았지만, 내 어릴 적 기억에서조차 찾을 수 없는 열악한 수준의 삶을 살아가야 하는 그들을 매일 바라보고 그들을 이해해 내기란 사실, 버거운 일이었다. 매일 오후가 되면 그들을 찾아 내려가 약간은 과장된 호기를 섞어 힘주어 악수하고 금방이라도 무너져 내릴 것 같은 낡은 의자에 앉아 시시콜콜한 그들의 이야기를 들어가며 그들의 삶 속으로 끌려들어 갔지만, 솔직한 내 마음은 늘 그들로부터의 탈출을 갈망하고 있었는지도 모르겠다. 아니 그보다 땀과 커피 진액에 전 그들의 옷냄새, 가끔 내 몸으로도 옮겨 붙던 빈대, 너무도 열악한 식사, 그리고 무엇보다도 너무 암담해서 차마 희망이란 단어를 입에 올리기조차 민망케 하던 그들의 미래, 이러한 것들로부터 순간 순간 도망치고 싶었다.

새벽이면 두런두런 이야기를 나누며 내가 사는 다락방 밑을 지나는 그들의 말소리에 잠에서 깨어났고 잠드는 순간까지도 다락방에 난 조각창으로 보이는 것이라곤 커피밭과 방죽가에 납작하게 엎드린 그들의 집이었으니, 한순간도 그들의 삶과 시선으로부터 자유로울 수가 없었다. 내가 그들을 관찰하였지만, 그들 또한 나를 관찰하였다. 나에겐 관찰자도 아니고 피관찰자도 아닌, 잠시라도 내가 온전히 자유로운 나일 수 있는 시간과 공간이 필요했다. 그럴 때 내가 찾을 수 있는 공간이 바로 마을에 딱 하나 있던 커피집, 카페 로스산토스였다.

바 한쪽 구석 늘 정해진 그 자리에 앉아 그날그날 기분에 따라 맘에 드는 이름의 커피를 골랐고 가끔은 제시카에게 술을 조금 섞어 달라 청하기도 했다. 주로 손님은 나 혼자였다. 가게가 망하지 않는 것이 신기했지만, 나로선 그저 고마울 따름이었다. 높지 않은 천장 한쪽 구석에 나무로 만들어져 매달린 새집만 한 스피커에서는 철물점 주인 돈 로드리게스의 취향인지 아니면 제시카의 취향인지 늘 올드팝송이 흘러나왔다. 커피 한 잔을 홀짝거리면서 낡은 스피커에서 흘러나오는 올드팝송을 듣다 보면, 영화 '쇼생크 탈출'의 주인공 앤디가 교도소에서 간수 몰래 스피커를 연결해 동료들에게 음악을 들려주던 장면이 떠올랐다. 그들의 삶을 보고자 찾아갔지만, 가끔은 방죽가 축사에서 오글거리며 살고 있는 사람들의 삶, 그리고 역시나 불투명한 내 미래에 대한 고민까지도 다 잊고 싶었다. 그럴 때면 로스산토스 천장에 달린 낡은 스피커 안으로 들어가 안에서 문을 걸어 잠그고 싶은 충동이 일기도 했다. 그럴 수만 있다면 너무도 암담하기만 한 그들의 현실도, 그리고 내 미래도 다 잊을 수 있을 것 같았다. 그 시절 타라수에 단 하나밖에 없는 커피집 카페 로스산토스는 나에게 예술의 전당이었고, 삶의 위안이었다.

내가 카페 로스산토스를 마지막으로 찾은 날은 2003년 4월 어느 날 저녁이었다. 프레디와 안토니아는 진즉 떠났고, 나머지 사람들도 4월 중순으로 접어들면서 한 명 두 명 고향으로 돌아가거나 새로운 일자리를 찾아 떠나기 시작했다. 갈 곳을 정하지 못해 마지막까지 남아 있던 카일린 가족마저도 내일이면 떠나간다 하여 오후에 계란 한 판 사서 같이 삶아 먹고 작별을 고한 날이었다. 나도 이번 주면 다시 산호세로 나가기로 맘먹었던 터라 제시카에게 인사를 하러 들른 참이었다. 늘 앉던 자리, 창쪽으로 자리를 잡고 앉아 제시카에게 커피를 부탁했다. 해가 지면서 안개가 자욱하게 차오르더니, 저녁인데도 어둡다는 느낌보다도 하얗다는 느낌이 드는 날이었다. 카페 안은 불을 끈 채 테이블마다 촛불을 밝혀 두고 있어 노오란 기운이 가득 퍼져 있었다. 알코올이 살짝 들어간 커피를 앞에 두고 앉아 음악을 듣는다. 올드팝송 몇 곡이 이어지더니 루이 암스트롱의 「왓 어 원더풀 월드」What a Wonderful World가 흘러나온다.

커피 수확기 한철, 밀물처럼 들었다 썰물처럼 빠져 버린 사람들. 얼마나 귀한 음식이라고, 한꺼번에 삶은 계란 네 개를 먹어 치우던 네 살박이 카일린을 보고 헤어지면서까지도 서운한 마음을 어쩌지 못했는데, 노래를 듣고 있자니 서운한 마음도 썰물처럼 빠져 버린다. 도냐 베르타의 다락방에서 바라보던 방죽가 납작 엎드린 집 사람들의 애면글면 힘든 삶이 늘 마음에 무거운 체기처럼 남아 있었는데, 이제 더 이상 그들의 삶을 보지 않아도 된다는 후련함이 서운한 마음을 덮어 버린다. 후련하다. 너무 후련해서 낄낄낄 웃음이라도 나올 것 같다. 그런데, 썰물이 나가면 어김없이 밀물이 든다 했던가? 그리하여 썰물과 밀물이 곧 하나라 했던가? 오래된 체증처럼 늘 내마음 한켠을 무겁게 누르던 그들의 삶을 이제 다시 보지 않아도 된다 싶어 후련한 마음에 낄낄거린지 몇 분이 지나지 않아, 다시 그들이 그리워진다. 지난 몇 달간 내가 내 몸의 모든 감각기관을 열어 놓고 지켜봤던 그들의 삶이 곧 밀물이 되어 다시 내 맘에 든다. 그리고 무겁게 내 마음속에 가라앉는다.

늦은 저녁 카페 로스산토스 천장 모서리 한켠에서 루이 암스트롱이 이 세상이 얼마나 아름답냐고, 얼마나 아름답냐고 절규하듯 노래를 부른다. 아름다운 세상, 그래, 아름다운 세상. 그런데 우리들 세상만이 아니고, 그들의 세상도 좀 아름다웠으면 좋겠다. 좀더 아름다워졌으면 좋겠다. 타라수 커피를 마시는 사람뿐 아니라, 타라수 커피를 따는 사람들의 세상도 좀 아름다웠으면 좋겠다. 내가 사는 동안 언제라도 그들을 다시 만날 수 있게 된다면, 이곳 타라수에서의 시간을 아름다운 시간으로, 이곳 타라수를 아름다운 세상으로 같이 추억할 수 있었으면 정말 좋겠다. 그럴 수 있는 날이 정말 오기를 간절히 바라며, 그렇게 타라수 카페 로스산토스에서 마지막 노래 루이 암스트롱의 「왓 어 원더풀 월드」를 주문처럼 외워 본다.

3장

내 친구, 프레디를 찾아서

프레디가 없는 산타루시아 마을에서 난 열흘을 머물렀다.
오늘이나 혹은 내일이라도 하루에 두 번 마나과에서 들어오는 버스에서
프레디 부부가 내릴 것 같다는 일말의 기대를 가지고,
매일 하루에 두 번 차가 들어오는 시간에 먼지 자욱한 마을 어귀를 서성거렸다.

프레디가
떠나갔다

"몬타냐, 몬타냐아아~~!" 프레디였다. 강하게 쏟아지는 달빛 때문에 쉽게 잠들지 못하고 있었는데, 프레디가 나를 불렀다. 주섬주섬 옷을 꿰입고 내려가 보니, 프레디가 아내 안토니아와 같이 꿀 한통을 들고 서 있다. 며칠 전, 산꼭대기 죽은 나무에 몇 년째 터잡고 살던 벌통을 딴다고 한바탕 난리를 피웠었는데, 그 꿀을 들고 이 밤에 나를 찾아와서 한다는 말이, 내일 떠난단다. 떠나기 전에, 며칠째 잔기침을 달고 사는 나한테 그 꿀을 반절 따라 주고 가려고 왔단다.

이게 무슨 뚱딴지같은 소린지, 아니, 아직도 커피 수확이 다 끝나려면 한 달도 더 남았는데, 갑자기 왜, 어디로 간다는 것인지, 너무 갑작스런 일이라 어안이 벙벙하여 어디로 가느냐 묻지도 못하고 있는데, 산호세에 나가 사촌형 집에 며칠 있다가 자기 고향 니카라과로 돌아가서 올해 프리홀 수확을 마치고 '저쪽'Alla으로 넘어갈 것이라 했다. 그러면서 산호세에 있는 사촌형 전화번호가 적힌 종이쪽지를 꼬깃꼬깃 접어 내게 건네준다. 오늘도 하루 종일 같이 낄낄거리며 커피를 따고, 돌아오는 길에 야생 토란Nampi을 캐 저녁까지 같이 끓여 먹었는데, 이 밤중에 갑자기 떠난다는 것이었다.

처음에 도냐 베르타의 커피밭에 일당 노동자로 들어갔을 때, '논문을 쓰기 위해 당신들의 삶을 보러 왔소'라는 내 처지를 말하며 그들의 이해를 구할 용기가 도저히 나지 않았다. 하여 파나마에서 태어난 가난한 중국인 후손이라 속였지만, 완전 동양인인 내가 동양인이라곤 생전 구경도 못해 보았을 그들의 삶에 쉽게 녹아들 수가 없었다. 서로가 서먹하기만 했는데, 프레디는 조금 달랐다. 처음 만나는 순간 아주 당당하게 자기소개를 하고 나에게 악수를 청했다. 얼떨결에 커피진이 잔뜩 묻은 그의 손을 잡게 되었고, 그 이후로 프레디와 프레디의 아내 안토니아는 늘 나를 챙겼다. 손이 그들만큼 여물지 못해, 늘 불량노동자일 수밖에 없었던 내가 혹시라도 농장에서 쫓겨날까 봐 하루 수확량을 잴 때면 그들에게 곧 돈인 커피를 내 바구니에 슬그머니 덜어주기도 했고, 아무리 헐한 음식이라도 꼭 내 몫을 챙겨 줬다. 해가 뉘엿뉘엿 지는 저녁 무렵이 되면 그들이 살던 방죽가 축사 앞에, 낡아 금방이라도 무너질 것 같은 의자에 서로 균형을 잘 잡고 앉아 니카라과에 두고 온 아이들 이야기를 듣기도 했고, 코스타리카 커피밭에서 벌어 가는 돈으로 몇 년째 짓고 있다는 집 이야기를 듣기도 했다. 해가 지고 나서도 한참을 놀다가 방죽가 길을 따라 도냐 베르타의 다락방으로 돌아갈라치면 밤길에 행여 소에 받치기라도 할까 추운 밤공기를 맞고 나와, 내가 도냐 베르타 집으로 올라가는 언덕길로 접어들 때까지 동행해 주던 친구였다.

달이 너무도 밝았던 그날 밤, 프레디와 안토니아는 그렇게 떠나갔다. 프레디가 나일론 쌀자루에 그동안 썼던 살림살이를 담아 지고, 안토니아는 며칠 전부터 사놓고 시간날 때마다 손으로 닦아 가며 좋아하던, 아들과 딸에게 줄 검정 비닐구두 두 켤레와 그간 입던 낡은 옷가지 몇

떠나기기 며칠 전, 니카라과에 남겨 두고 온 아이들에게 줄 구두를 사와 좋아하던 프레디

프레디의 아내 안토니아

벌을 챙겨 들고 달빛 아래 총총 멀어져 갔다. 그 밤에 난 '저쪽'으로 넘어 갈 거라는 프레디에게 행운의 상징으로 미국 성조기가 조잡하게 그려진 볼펜 한 자루를 줬고, 안토니아에게는 내가 입고 있던 스웨터를 벗어 줬다. 프레디가 며칠 전 목숨 걸고 벌통에서 거른 꿀은 받을 수가 없었다.

프레디와 안토니아가 떠나간 커피밭에서 나는 한 달 정도를 더 머물다 그해 커피 수확기를 마치고 산호세로 돌아왔다. 산호세에서 다시 바쁜 일상이 이어졌지만, 몇 번 프레디와 안토니아 생각을 했다. 아직도 산호세 어딘가에 있겠거니 싶은 마음에 꼭 한 번 다시 만나고 싶었다. 관찰자와 관찰 대상자로서가 아니라(물론, 그들은 몰랐겠지만), 정말 인간 대 인간으로서 좋은 식당에 프레디 부부를 꼭 한 번 초대하고 싶었다. 부족하고 열악한 가운데서도 항상 마음과 음식을 나눠 줬던 내 친구들에게 그렇게라도 내 마음을 표하고 싶었다.

혹시나 싶어, 프레디가 떠나던 날 밤 내게 준 프레디의 사촌형 전화번호로 여러 차례 전화를 걸어 보았지만 그때마다 사촌형은 프레디 소식을 전혀 모르고 있었다. 아마도 사촌형에게 들르지 않고, 니카라과 고향으로 바로 돌아간 것일까……. 고향에 남겨 두고 온 여섯 살짜리 그리고 일곱 살짜리 남매를 생각한다면, 충분히 그랬을 수도 있을 것 같다는 생각이 들기도 했다. 여러 날을 생각하다, 직접 프레디를 찾아 나서기로 했다.

니카라과,
보아코,
산타루시아

　　　　　　　　　　　　　　　니카라과Nicaragua 보아코Boaco
주 산타루시아Santa Lucia 마을, 이 세 단어가 내가 알고 있는 프레디 고향
마을에 대한 정보의 전부였다. 그 마을 어디쯤엔가 프레디가 4년에 걸
쳐 조금씩 조금씩 짓고 있다는, 사진에서 늘 보던 프레디의 집이 있을 것
이고, 그 집 가까이에는 나이 아흔에 가까운 프레디의 할아버지가 프레
디 부부가 두고 온 여섯 살, 일곱 살 어린 두 남매와 함께 살고 있을 것이
다. 프레디의 고향마을에서 프레디를 모르는 사람은 간첩일 것이고, 어
느 날엔가 내가 그의 고향을 방문해 준다면 프레디 인생에 정말 기쁜 날
이 될 것이라는 내용들은 하루 종일 커피를 따고 해가 뉘엿뉘엿 지기 시
작하면 방죽가 집 마당에 놓인 낡은 의자에 앉아 열 번이고 스무 번이고
프레디에게 듣던 이야기들이었다. 산타루시아, 어지간한 지도상에도 나
오지 않는 마을이었지만, 프레디가 미국으로 떠나가기 전에 꼭 한 번 프
레디 부부를 다시 봐야 할 것 같아, 그해 4월 니카라과행 버스를 탔다.
　　니카라과의 수도 마나과Managua에 도착하여 국제버스터미널 근처
에서 하루를 묵고 다음 날 산타루시아 보건소 전화번호라며 프레디가
내게 알려 준 번호로 전화를 했다. 프레디 말로는 산타루시아 보건소에

전화를 해서 프레디 이름 석자를 대면 아무 때라도 자기와 통화할 수 있을 것이라 했다. 그러나 어찌된 일인지, 프레디가 알려 준 전화번호에 신호는 갔지만, 아무도 받는 이가 없었다. 잠시 막막하긴 했지만, 고향마을에서 너무도 유명하다는 프레디의 호언장담이 있었기에 그리 큰 걱정은 되지 않았다. 다시 마나과에서 하루를 더 묵고 니카라과에 도착한 지 3일째 되던 날, 마나과 외곽 시외버스터미널에서 보아코 주 산타루시아로 가는 버스를 찾을 수 있었다. 프레디가 말하던 그 마을, '산타루시아가 정말 있구나' 하는 신기함과 반가움에 버스가 차부에 닿기도 전에 터미널 마당을 가로질러 총총총 뛰어가 버스에 올라탔다. 이제 금방이라도 프레디 부부를 만나겠다 싶은 마음에 버스에 올라타면서 너무도 당당하게 버스기사한테 프레디를 아느냐 물었는데, 기사는 프레디를 모른다고 했다. 산타루시아에서 프레디 모르면 간첩이라 했는데, 순간 내 얼굴에 실망의 기색이 너무 역력했는지, 오히려 기사와 조수가 사람들이 많이 타면 그때 물어보자 하며 나를 위로해 준다.

    폐차 직전의 미국 스쿨버스를 개조해 만든 버스는 서너 시간 마나과 북쪽으로 방향을 잡고 달리는가 싶더니 비포장 도로로 접어들었다. 버스는 가는 내내 중간 중간 사람을 태우고 내렸는데, 그때마다 수십 명의 아이들이 주먹만 한 크기의 비닐봉지에 담아 얼린 물이나, 언제 깎았는지 이미 시들고 먼지가 수북이 쌓인 과일들을 플라스틱 바구니에 담아 들고 버스 안으로 올라와 소리를 질러 가며 물건을 팔았다. 그나마 버스 안에 들어오지 못한 아이들은 버스 바퀴를 밟고 올라서서 창문에 매달려 물건을 팔았고, 그마저도 못한 아이들은 버스 주변을 앞뒤로 왔다 갔다 하면서 애타게 손님을 찾았다. 버스가 한 번 설 때마다 어찌나 많은 아이들이 달라붙어 소리를 지르던지, 그야말로 난장판이 따로 없었다.

마나과에서 출발하면서 기사에게 산타루시아까지 시간이 얼마나 걸릴지 물으니 시간은 답해 주지 않고, 빙글빙글 웃으면서 푹 쉬고 있으라 했다. 도무지 몇 시간이나 가야 하는지 가늠을 할 수가 없으니 무얼 먹기도 어려운 상황이었다. 음료라도 하나 사 마시고 싶어도 얼마나 걸릴지 모를 여정에 소변 마려울 일이 걱정이었고, 그대로 굶자니 얼마나 가야 될지 모를 길에 배고픈 것이 문제였다. 차가 어느 마을 입구에 닿았을 때, 음료도 되고 열량도 얻을 수 있겠다 싶어 양동이에 각종 청량음료를 들고 올라선 아주머니에게서 환타 한 병을 샀다. 한 병을 마시자니 너무 많지 싶어 절반만 먹고 다시 병을 돌려주니, 아주머니가 얼른 남은 환타를 비닐봉지에 담아 실로 묶어 준다. 절반 남아 비닐에 담긴 환타는 아주머니를 따라 올라온 어린 여자아이에게 마시라 줬다. 버스는 비포장길을 한참 달린다. 언제 이 길이 끝날지 알지 못한 채, 그저 막연하게 창밖을 보는데 소년 하나가 한 손으로 녹슨 기관총을 장난삼아 빙빙 돌리면서 간다. 도대체 무엇에 쓰려고 총을 들고 가는 것일까? 내전이 끝난 지가 언제인데, 아직도 시골마을 구석구석에는 전쟁의 흔적들이 그대로 남아 있는 모양이다.*

---

* 니카라과의 20세기는 독재와 내전, 그리고 혁명의 세기였고, 그 모든 중심에 좌우대립이 있었다. 그리고 그 배후에는 냉전시대의 양대세력이었던 미국과 소련이 있었다. 1920년대 니카라과 내 실질적인 지배구조를 유지하던 미국의 도움 아래 우익정권이 출범하자 반미주의자이면서 자주독립과 토지분배를 주장하던 산디노(Augusto Calderon Sandino)를 중심으로 하는 좌익세력과의 갈등이 표면화 되었다. 1932년 대통령으로 당선된, 우익 성향이면서 동시에 자유주의 세력이었던 후안 바우티스타 사카사(Juan Bautista Sacasa)는 산디니스타들과 대화를 통해 의견을 조율하고자 했지만 1934년 국가방위군의 친미파 장군 소모사 가르시아(Somosa Garcia)에 의해 산디노가 암살되었다. 1937년에는 미국에 의해 훈련된 국가방위군 소모사 장군이 군부를 앞세워 사카사 대통령을 몰아내고 정권을 잡게 되는데, 고위 공무원직뿐 아니라 온갖 국영기업의 임원까지 자기 가족으로 임명하면서 가문독재를 시작하였다. 1956년 소모사가 죽자 그 아들에 의해 권력이 승계되었고 이 가문의 독재는 1979년까지 계속되었다. 거의 반세기에 걸친 가문독재가 가능할 수 있었던 데는 무엇보다도 니카라과의 공산화를 막고자 했던 미국의 도

먼지를 자욱이 날리는 길옆으로 군데군데 집들이 보인다. 집이라 봐야 나무와 브로크 벽돌로 얼기설기 지어 놓고 입구에 천막을 친 경우가 대부분이다. 차가 귀해서인지, 버스가 지나가니 집집마다 사람들이 나와서 버스를 물끄러미 본다. 아마 이 사람들도 시계 대신 버스를 보고 하루 시간을 계산하는 모양이다. 우리가 어렸을 때 멀리 지나가는 기차를 보고 때를 가늠했듯이…….

움이 컸다. 소모사 가문의 독재기간 동안 수많은 산디니스타(Sandinista: 산디노 죽음 이후 그의 혁명정신을 계승한 사람, 산디노주의자)들이 실종되거나 살해되었지만, 이들은 끊임없이 가문독재에 항거하였고, 1961년에는 대학생과 지식인이 중심이 된 '산디니스타 민족해방전선'(Frente Sandinista de Liberación Nacional)이라는 정당이 만들어진다. 여기에 농민세력이 합세하면서 니카라과의 대표적인 반(反)소모사 세력으로 부상하게 된다. 이들은 토지의 공동분배를 요구하며 지역 곳곳에서 무장투쟁을 지속하였다. 1978년 산디니스타들의 대표 언론이었던 『라프렌사』(La Prensa)의 발행인이 소모사 일당에 의해 암살되자 그간 가문독재에 억눌려 있던 수많은 민중들이 무장봉기하였고 결국 반세기에 걸친 소모사 가문독재를 종식시키면서 산디니스타 민족해방전선을 중심으로 하는 좌익정권을 출범시키게 된다. 산디니스타혁명이 성공하자 미국은 혹시 니카라과가 라틴아메리카 좌익화의 불씨가 될까 싶어 대외적으로 모든 수단을 동원하여 니카라과의 경제통상 활동에 제재를 가함과 동시에, 산디니스타 좌익정권에 대한 우익반군의 게릴라 활동을 전폭 지원하기 시작하였다. 1979년부터 1990년 산디니스타 정권이 막을 내리기까지 니카라과 전역에서 좌파정부군과 미국의 원조를 받는 우익반군 사이의 유혈 충돌이 끊이지 않았다. 1990년 선거를 통해 평화적으로 정권이 산디니스타 민족해방전선에서 14개의 야당이 속한 '야당연합'으로 교체되었지만, 일부 과격 우익반군들은 산디니스타 민족해방전선을 공식 정치세력으로 인정하는 '야당연합'의 정책에 반대하여 니카라과 북쪽 산악지대로 이동한 후 지속적으로 무장 게릴라 활동을 전개하였다. 이들은 미국의 원조하에 최신 무기로 무장할 수 있었고, 이러한 무기들은 별다른 제재없이 니카라과 전역에 흘러들게 되었다. 1990년대 후반 우익반군들이 공식적으로 무장을 해제하였지만 일부 과격단체는 산발적으로 정부군과 충돌하였다. 야당연합으로 넘어갔던 정권은 2006년 다시 선거를 통한 평화적인 방식으로 산디니스타에게 넘어왔고, 2009년에는 니카라과 전역에서 산디니스타혁명 30주년 기념행사가 성대하게 개최되기도 했다. 그 30년의 세월 동안 반세기 가까이 이어지던 소모사 가문독재가 종식되고 산디니스타에서 야당연합으로 그리고 다시 야당연합에서 산디니스타로 두 번에 걸쳐 평화적으로 정권교체가 이루어졌지만, 혹독했던 현대사의 상처는 여전히 니카라과 사람들 삶 속에 남아 있다. 소모사 가문독재가 이어지던 세월 동안 나라 안의 모든 부는 소모사 가문에 집중되거나 외국으로 빠져나갔고, 1979년 이후 산디니스타들과 우익반군 사이의 충돌로 인한 인명 피해가 4~5만 명까지 집계된다.

프레디의 할아버지,
돈 레이놀드

 야속하게도 네 시간 넘게 버스에 타고 내리는 사람 중에 프레디를 아는 사람은 단 한 명도 없었다. 버스가 산타루시아에 들어가면서 조수는 아예 몸을 버스 밖으로 내밀고 만나는 사람들마다 프레디를 아느냐 묻는다. 반대편에서는 운전수가 창밖으로 고개를 내밀고 집 앞에 나와 있는 사람들마다 프레디를 아느냐 묻는다. 오늘 프레디 이름이 이렇게 사방으로 불려지니, 설령 지금까지 동네사람들이 프레디를 알지 못했더라도 내일이면 온 동네사람들이 다 프레디를 알게 될 것 같았다. 오늘, 프레디, 이곳 산타루시아 마을에서 엄청 떴다. 프레디가 뜨건 말건, 터미널 마당을 총총 가로질러 버스에 오를 때의 벅찬 희망이 버스에 실려 오는 네 시간 만에 산타루시아가 정말 프레디의 고향이 맞기는 맞는지에 대한 회의로 바뀌고 있는 판인데, 갑자기 버스 조수가 나더러 내리라 한다. 그러곤 나보다 먼저 내려 버스 지붕에 올라가 내 짐을 내려 준다. 짐을 받아 들고 어리둥절한데, 바로 앞의 집을 가리키면서 나보고 그리로 들어가 보란다.

 들어서고 보니 굴 속 같은 집인데, 백발의 노인 한 분이 흔들의자를 놓고 한가로이 앉아 있다. 조수가 들어가 보라 해서 들어서긴 했지만, 내가 왜 이 집에 들어오게 되었는지 알 수가 없는데, 할아버지는 더하신 모양이다. 도대체 이 수상쩍은 사람이 왜 당신 집에 들어왔는지 궁금하고 놀란 기색이다. 서로가 그렇게 어색하게 마주하고 있는데 버스지붕에서 짐을 내리던 조수가 따라 들어오면서 이 노인이 프레디를 알 것이라 한다. 프레디라는 이름이 나오자, 그 노인이 자기가 프레디 할아버지란다.

네 시간 동안 버스에 실려 오면서 실망의 정도가 점점 더해 가다 막판에는 그간에 프레디가 내게 했던 말들을 그저 불법으로 넘어온 이주노동자가 객지에서 만난 사람에게 적당히 과장을 섞어 뻥친 거였노라 여기던 중이었다. 그런데 한순간에 프레디 할아버지라는 분 앞에 서고 보니 그간의 의심이 다시 바짝 사라져 버리고 만다. 타라수 방죽가 집 낡은 의자에서 프레디가 늘 내게 말해 주던 아흔에 가깝다는 할아버지를 내 눈으로 직접 뵙고 나니 그제야 '프레디가 정말 산타루시아에 살긴 사는구나' 하는 생각과 함께 안도감이 밀려왔다. 그러나 안도감을 느끼는 것도 잠시, 설마설마 했는데, 프레디 부부는 아직 고향에 돌아오지 않은 채였다. 할아버지 말씀으론 이미 와도 진즉 왔어야 하지만, 아직 도착하지 않았고 그간에 소식도 없었다 했다. 한동안 맡아 돌보던 아이들은 안토니아의 친정부모, 아이들의 외가로 보내졌다고 했다.

버스에 실려 오면서 느꼈던 실망보다 더 큰 막막함이 밀려 왔다. 프레디가 없는 것은 둘째 친다 해도, 마을에는 여관도 식당도 없었다. 프레디 할아버지 집에도 내가 묵을 수 있는 공간은 없는 것 같아 당장 오늘 밤 어디서 잠을 청해야 하는지가 큰 문제였다. 그야말로 생판 모르는 곳에서 풍찬노숙을 하게 될 판이다. 그러는 사이 한 명 두 명 이웃사람들이 모여들고, 마을 어디쯤 가면 방을 하나 빌릴 수 있을 만한 집이 있다 하여 프레디 할아버지에게 다시 돌아올 것을 약속하고 그 집을 찾아갔다.

프레디의 할아버지 돈 레이놀드(Don Reynold)와 그에게 유일하게 남은 가족, 앵무새(사진 왼쪽 위)

돈 레이놀드의 세간 살림

허나 막상 그곳에 도착하여 방을 보니 헛간과 같은 곳으로 도무지 머무를 수 있는 수준이 아니다. 난색을 표하자 집 주인이 다시 옆집을 소개시켜 준다. 새로 찾아간 집 또한 상황이 썩 좋은 것은 아니었지만, 그렇다고 더 이상 다른 대안이 있는 것도 아니기에 그냥 그 집에 머물기로 결정했다. 이미 마나과로 나가는 차도 끊긴 상태였다.

도냐 루신다의 민박집

도냐 루신다Doña Lucinda의 집, 방 한 칸에 짐을 풀었다. 방 사용료는 식사를 포함하여 하루에 미화 2달러. 창고인지 방인지 구분이 어려운 공간이었다. 브로크 벽돌과 함석으로 얼기설기 만들어진 깡통집이다. 한낮 땡볕에 달궈질 대로 달궈져 들어서기가 겁날 만큼 덥다. 기다란 방 안에 가구는 하나도 없이, 여기저기 스프링이 삐져나온 침대 하나만 덜렁 놓여 있었다. 대충 씻고 나오니 그새 도냐 루신다가 부엌에 식사가 준비되었다고 부른다. 우물 뒤편으로 있는 부엌으로 들어가니 한때 상당히 많은 수의 식구가 살았던 집인지 살림 규모가 제법 크다. 접시 위에 담긴 음식은 볶은 쌀과 바나나를 튀긴 것이 전부였다.

밥을 먹는 동안 내 앞으로 앉은 도냐 루신다는 무엇이 그리 신이 나는지 흥얼흥얼 노래를 불러 가며 이것저것 묻는다. 어디에서 왔는지, 왜 왔는지, 언제까지 있을 것인지……. 그러지 않아도 코스타리카에서부터 벼르고 별러 당연히 프레디가 있겠거니 생각하고 찾아온 곳에 프레디가 없다 하니 황당하여 누구를 붙잡고 어디서부터 무슨 말을 해야 할지 모르겠는 판인데, 도냐 루신다가 꼬치꼬치 물어봐 주니, 처음 보는 그녀 앞에 봇물 터진 듯 구구절절 내 하소연이 길기도 하다.

도냐 루신다는 프레디와 안토니아를 알고 있었다. 프레디의 집은 보건소를 비롯한 공공기관들이 있는 산타루시아 마을에서도 한참 떨어진 곳에 있다 했다. 프레디가 아직 돌아오지 않았음에 실망하는 내 기색이 너무 컸던지, 서로 전화가 없다 보니 소식을 몰라서 그렇지 혹 그 사이 프레디가 돌아왔을 수도 있다 하며 나를 위로했다. 식사를 마치고 프레디의 할아버지 집을 다시 찾았다. 할아버지 역시 풀죽은 내 모습이 안돼 보였던지, 그 사이 프레디가 왔을 수도 있을 것이라며 나를 위로한다. 다시 조그만 희망이 생긴다.

프레디 집을
찾아가다

프레디의 집으로 올라가 보기로 했다. 초행에 프레디 집까지 걷기는 좀 힘들 거라 하기에 마을에 딱 한 대 있다는 택시를 부르기로 했다. 프레디의 할아버지 돈 레이놀드가 택시를 부르러 간 사이 마을 가게에 가서 프레디 아이들이 먹을 만한 과자를 샀다. 좀더 사고 싶었지만, 가게에 더 살 만한 물건이 없었다. 택시가 왔다.

내 나이만큼이나 나이를 먹었을까? 겉모양이야 이보다 더한 차도 봤으니 그저 그럴 수 있다 치는데, 운전석 옆자리에 오르고 보니 바닥이 삭아 구멍이 숭숭 뚫린 게 도무지 어디에 발을 디뎌야 할지 모를 판이다. 조금만 힘을 주어 밟으면 금방이라도 무너져 내릴 것 같아 발을 어디에 둬야 할지 모르고 좌불안석인데, 손님을 태운 기사는 신이 났다. 출발하기 전에 돈 레이놀드가 프레디 집 위치를 어지간히 자세히 설명해 주더니만, 한귀로 듣고 한귀로 다시 흘렸는지 복잡하지도 않은 시골길에서 한참을 헤맨 끝에 겨우 프레디 집에 닿았다. 저 멀리서 봐도, 한눈에 프레디 집인지 알아보겠다. 프레디와 안토니아가 가지고 있던 딱 한 장의 사진 속에 배경이 되었던 집, 프레디가 두 아이를 한꺼번에 안아 들고 찍

2003년 당시 마을에 유일하던 낡은 택시

    은 사진 속에 나오는 집이 그곳에 그대로 있었다. 매일 밤 안토니아의 눈물을 자아냈던 그 사진 속에 나오던 집이었다. 프레디의 집이었다.
    택시가 마을로 올라가 멈추니까 많은 사람들이 택시 주변으로 모인다. 그들 사이에 프레디와 안토니아가 보이진 않았어도 이제 곧 프레디 부부를 만나겠지 싶은 마음에 흥분을 가라앉히지 못하겠다. 사진 속에서 보던 그 집 안에 꼭 프레디 부부가 있을 것 같았다. 부르면 금방이라도 나올 것 같았다. 택시에서 내려 굳게 잠긴 문을 두드렸다. 프레디를 불렀고, 안토니아를 불렀다. 그러나 프레디와 안토니아는 나오지 아니하고, 옆집에서 한 무리의 사람들이 우르르 몰려나온다.
    안토니아의 친정식구들이라 했다. 안토니아의 부모님은 많이 놀라신 듯했다. 그도 그럴 것이, 인근에서 동양인을 보기도 쉽지가 않을 텐데, 웬 동양인이 코스타리카에 돈 벌러 간 딸 이름을 대고 불쑥 찾아왔으니, 그간 소식 없던 딸에게 무슨 일이라도 생긴 줄 아셨는가 보다. 안토니아 엄마가 울기 시작했다. 내가 자초지종을 설명하는데도 내 손을 잡고 선뜻 말을 잇지 못한다. 그러더니 나를 잡고 더 많이 우셨다. 프레디와 안토니아는 아직까지 돌아오지 않은 채였고, 거의 8개월간 소식이 없다 했다.

프레디의 아이들

프레디 부부가 고향마을을 떠나오면서 돈 레이놀드에 맡겼다던 아이들은 외가를 거쳐 다시 아랫마을 삼촌 집으로 보내졌다고 했다. 아이들을 봐야겠다는 생각에, 안토니아 부모님과 제대로 이야기도 못하고 택시를 돌려 아랫마을로 내려왔다. 그곳에 아이들이 있었다. 타라수 방죽가 집에서 저녁마다 사진 속에 보던 일곱 살, 여섯 살 먹은 남매가 삼촌 집에서 초라하게 살고 있었다. 불과 두 달도 채 전에, 프레디 부부가 아직 타라수에 있을 때 이들 남매에게 80달러를 송금했다. 안토니아가 송금소에 들어가기 겁이 난다 하여 내가 같이 들어가 줬다. 사설송금소를 이용해야 했기에 원금의 20%를 송금료로 내면서까지 송금을 했는데, 그 돈이 다 어디로 간 것인지 아이들은 초라한 입성에 방도 없는 외삼촌 집에 얹혀살고 있었다.

사가지고 간 과자를 줬다. 나도 어리둥절했고, 아이들도 어리둥절했다. 무슨 말인가 해야겠는데, 도무지 말을 할 수가 없다. 겨우 입을 열고 "너희들 엄마 아빠는 정말 좋은 사람들이다", 이 말을 하는데 목이 메었다. 모두가 불쌍했다. 코스타리카로 돈 벌러 간 부모님을 기약 없이 기다리며 친척집을 전전하며 얹혀살고 있는 아이들이 불쌍했고, 아이들을 떼어 놓은 채 코스타리카에 내려가 온갖 차별을 감수하며 돈을 벌 수밖

외삼촌 집에 얹혀 살던 프레디의 아이들

프레디 집이 있던 마을 뒷산

에 없는 프레디와 안토니아가 불쌍했고, 가족들이 다 떠나가고 아흔 가까운 나이에 혼자 남은 프레디의 할아버지가 불쌍했고, 아이들을 맡기고 나가 소식 끊긴 딸이 그저 무사히 돌아오기만 바라는 안토니아의 부모님이 불쌍했다. 그리고 너무 힘들게 힘들게 친구를 찾아왔는데, 친구는 없고 그 친구의 어린 자녀 앞에 서 있는 내가 불쌍했다. 서글펐다. 그래서 자꾸만 눈물이 나왔다.

어른들은 모두 외출을 한 것인지, 아니면 집 주변에 둘러선 동네사람들 속에 섞여 불쑥 찾아온 나를 주시하고 있는 것인지, 집에는 달랑 아이 둘만 있었다. 낯선 동양인이 찾아오더니 과자를 안겨 주고 그 앞에서 울기 시작하니 그 분위기 속에 아이들도 같이 얼었나 보다. 차라리 아이들이라도 무슨 말을 해주면 좋겠는데, 둘 다 과자 꾸러미를 안고 서서 슬금슬금 저희들끼리 눈치를 본다. 그러지 않아도 하루하루, 순간순간 엄마 아빠가 보고 싶지 않은 순간이 없을 텐데, 겨우 그리움을 눌러 참고 있는 중일 텐데, 이렇게 불쑥 찾아와서 엄마 아빠 이야기를 하다가 울고 있으니 오히려 내가 아이들을 더 불안하게 하는 것이 아닐까 하는 생각이 들었다. 과자를 안은 채 역시나 금방이라도 울 것처럼 서 있는 아이들에게 엄마 아빠가 곧 돌아올 것이라 위로를 했다. 돌아서는 길에 아이들에게 내가 묵고 있는 숙소에 한 번 꼭 들르라고 했다. 글쎄, 왜 내가 묵고 있는 숙소에 들르라 했는지 모르겠는데, 꼭 한 번 더 봐야 할 것 같았다.

먼지가 풀풀 날리는 길을 되돌아오는데, 건기의 막바지라서일까? 눈에 보이는 모든 것이 먼지를 뒤집어쓴 채 흙빛이다. 다른 곳에서 봤다면 제법 멋있어 보였을 마을 뒤편 우뚝 솟은 바위산도 이곳에서 보니 절망스러울 만큼 척박하게 보일 뿐. 그 속에 어린 남매를 두고 코스타리카로 돈을 벌러 가야만 했던 프레디 부부의 절망이 그대로 묻어나는 것 같다. 숙소로 돌아와서 서둘러 샤워를 했다. 저녁이 되면 물이 끊어진다고 했다. 해가 져도 날은 여전히 더웠다. 늦도록 방에 들어갈 수가 없었다. 더위보다 더 무서운 것은 모기였다.

다시, 프레디의 아이들을 보다

밤 내내 모기와 더위에 지쳐 있다가 새벽녘에서야 잠이 들었는가 보다. 눈을 떠보니 해는 이미 중천에 떴고 시계를 보니 오전 9시다. 온몸이 간밤의 더위에 푹 젖어 있었다. 씻으러 나가는데, 내 인기척을 듣고 도냐 루신다가 부른다. 나를 찾아온 손님이 있다 했다. 이 낯선 곳에서 나를 찾는 손님이라니, 혹시 지난밤 프레디 부부가 오기라도 한 것일까? 두근거리는 마음으로 안채로 들어가 보니 어제 만난 프레디의 아이들이 와 있었다. 아침 7시부터 와서 기다리고 있었다고 했다. '아, 진즉 깨우지……' 대충 씻고 아이들을 만났다.

아이들의 모습은 어제보다 한결 좋아 보였다. 아마 가지고 있는 옷 중 가장 좋은 옷을 골라 입고 온 듯, 남자아이는 교복인 듯, 청색 바지에 흰 셔츠를 입고 있었고, 여자아이는 레이스가 달린 살구빛 원피스를 입고 있었다. 엄마가 코스타리카에서 보내 준 옷이라 했다. 아이들은 제 사촌누나와 같이 와 있었다. 새벽 깜깜할 때 집을 나서 한 시간 넘게 흙먼지 날리는 길을 걷고 걸어서 이곳에 도착했다고 했다. 그리고 이곳에서 다시 내가 일어나기까지 두 시간여를 기다렸으니, 얼마나 배가 고플까.

아이들을 데리고 식당이라 할 만한 곳을 찾아갔다. 아이들에게 무엇이 먹고 싶냐 물으니, 둘 다 코카콜라가 먹고 싶단다. 아침식사와 코카콜라를 주문하니 음식은 없단다. 다행히 콜라는 있다 하여 두 아이들에게 콜라를 한 병씩 시켜 주었다. 어제 헤어지면서 아이들을 오라 했지만,

또 다시 할 말이 없다. 그저 아이들이 콜라 마시는 것을 바라보는 것 말고는……. 프레디의 아들은 단숨에 콜라 한 병을 비웠다. 한 병 더 먹겠냐 하니 더 먹겠단다. 두번째 병 역시 3분도 채 되지 않아 다 비웠다. 오빠가 콜라를 두 병째 마시니, 작은 아이도 서둘러 마시기에 미리 한 병을 더 시켜 주었다.

새벽부터 먼지 풀풀 뒤집어쓰고 10여 리를 걸어온 아이들에게 내가 해줄 수 있는 것은 다시 한 번 너희 부모님은 정말 좋은 사람이

사촌누이와 함께 숙소를 찾아온 프레디의 아이들

라 말해 준 것과 콜라를 실컷 먹게 해주는 일밖에 없었다. 어떻게 해서라도 밥을 사먹이고 싶었는데, 사먹일 만한 곳이 없었다. 식당을 나와 가게로 들어가 가게에 먼지를 뒤집어쓴 채 진열된 과자를 사서 아이들에게 안겨 줬다. 과자를 품에 안고 웃는 모습이, 어제보다는 한결 좋아 보였다. 돌아가는 아이들을 붙잡고 엄마 아빠가 금방 돌아올 거라고, 아주 멋진 구두도 사놨더라고 다시 한 번 안심시켰다. 헤어지면서 아이들과 함께 온 사촌누이가 한참 전에 안토니아가 소식을 전해 왔었다면서, 코스타리카 전화번호 하나를 건네주었다.

프레디를
기다리다

　　　　　　　　　　　프레디가 없는 산타루시아 마을에서 난 열흘을 머물렀다. 오늘이나 혹은 내일이라도 하루에 두 번 마나과에서 들어오는 버스에서 프레디 부부가 내릴 것 같다는 일말의 기대를 가지고, 매일 하루에 두 번 차가 들어오는 시간에 먼지 자욱한 마을 어귀를 서성거렸다. 처음 산타루시아 마을로 들어오던 때, 먼지 풀풀 날리며 지나가는 버스를 집 밖에 선 사람들이 한참이나 멍하니 바라보기에, 그때는 버스가 워낙 자주 다니지 않아 그런가 보다 했다. 그런데 아마 그 사람들도 나처럼, 아니, 나보다 더 간절하게 코스타리카로 커피 따러 간 가족을 기다리고 있었을 수도 있겠구나 하는 생각이 들었다.

　　하루에 두 번 마나과에서 들어오는 버스를 기다리다 허탕치는 일이 전부였던 그곳 생활에서 그나마 위안이 되어 준 사람은 숙소 주인이었던 도냐 루신다였다. 매일 밤, 하루 종일 달궈진 방에 들어가지 못하고 마당에 의자를 내놓고 앉아 있으면 도냐 루신다가 다가와서 말을 걸어 주었다. 도냐 루신다는 마을에서 미국 입국 비자가 있는 몇 안 되는 사람 중 한 명이었다. 마이애미에 친척들이 살고 있어 1년에 6개월은 그곳에 가서 일을 하며 돈을 모으고 돌아올 때는 그곳에 나가 있는 산타루시아

늦은 밤까지 의자를 내놓고 앉아 있던 도냐 루신다 집 마당

사람들의 돈을 받아 이곳 식구들에게 전해 주는 송금 심부름을 해준다 했다. 미국에서 일하던 이야기를 할 때 그녀의 표정은 마치 꿈을 꾸는 듯 행복해 보였고 그 중에서도 가장 큰 자랑은 어느 핸가 미국에 갔을 때 맥도날드에서 일을 했다는 것이었다. 영어를 하지 못해, 계산원 뒤에서 햄버거 싸는 일을 했는데, 이른 아침부터 늦은 밤까지 일을 했지만, 힘들 기는커녕 꿈에도 생각지 못한 맥도날드에서 일한다는 사실에 고무되어 너무너무 행복했단다. 그해 고향으로 돌아오면서 그곳 일을 관둘 수밖에 없었는데, 그때 한 벌 챙긴 맥도날드 유니폼을 이곳에 가져와 장롱 속에 보관하고 있다했다. 내가 만류하는데도 굳이 안방까지 들어가 유니폼을 꺼내 와서는 내게 보여 주었다. 어느 해에는 닭 포장 공장에서 일을 하기도 했고 또 어느 해에는 한 달에 200달러씩 받고 가정부로 일을 하

도냐 루신다　　　　　　　　우물물을 긷는 타마라

기도 했단다. 닭 포장 공장에서 일할 때에는 한 시간당 7달러 50센트나 받았지만 일이 너무 고되어 힘들었다는데, 그래도 한가지 위안은 공장 안에 1달러만 내면 무제한으로 닭고기를 먹을 수 있는 뷔페식당이 있어 그걸 낙으로 삼고 다녔다 했다. 미국 생활을 그렇게 좋은 호시절로 추억하면서도 내가 다시 미국에 가고 싶냐고 물으니 고개를 흔들었다. 미국 비자가 없어 같이 가지 못하는 가족을 두고 떠나는 일이 너무 힘들었단다. 매년 갈 때마다 울면서 갔다며, 이제는 더 이상 그 눈물을 흘리고 싶지 않다 했다.

숙소의 주인은 도냐 루신다였지만, 내가 묵고 있는 방의 청소며, 내 식사 수발을 들어준 사람은 이제 아홉 살이 되었다는 '타마라'Tamara라는 아이였다. 아버지가 여섯 명의 형제를 놔두고 또 다른 여자와 살림을 차리는 바람에 그야말로 입 하나라도 덜 요량으로 일곱 살 먹던 해 도냐 루신다 집에 식모로 들어왔단다. 매일 우물물을 긷고 넓은 집 청소와 많은 식구의 빨래를 하는 것이 타마라의 주된 일이었는데, 이 아이의 마음은 온통 딱 한 번 나가 보았다는 니카라과의 수도 마나과에 가 있었다. 열세 살만 먹으면 마나과로 나가 공장에 취직하여 돈을 많이 버는 것이 타마라의 꿈이었다. 프레디의 아이들이 찾아온 날 데리고 나가 가게에 있던 과자들을 몽땅 사준 것을 보고 어린 마음에 부러움과 질투를 느꼈던 것일까? 내가 마당에 의자를 내놓고 앉아 있을라치면 일을 하다가도 내 옆으로 의자를 놓고 앉아 자기는 뭐도 없고 뭐도 없고, 무엇을 사고 싶고 또 무엇도 사고 싶은데 돈이 없는 자기 처지가 너무 불쌍하다며 과장스럽게 신세한탄을 하곤 했다. 어느 날엔가는 50코르도바Cordoba(미화 약 3.5달러)가 있으면 보아코에 나가 신발을 살 수 있을 텐데, 그 돈이 없어 신발을 사지 못하고 신발이 없어 교회도 가지 못하고 학교도 가지 못한다며 아이다운 신세한탄을 하기도 하였다. 아이의 신세한탄이 측은해 보이면서도 한편으론 워낙 집요하여 부담이 되기도 했다. 타마라의 신세한탄이 부담스러워 중간 중간 동전을 몇 닢씩 쥐어 주곤 했는데, 그녀의 신세한탄은 갈수록 그 도를 더해 가며 나를 피곤하게 했다.

산타루시아를 떠나다

매일매일 하루에 두 번씩 프레디를 기다렸지만, 프레디는 오지 않았고, 난 열흘째 되던 날 짐을 꾸렸다. 그곳 생활이 너무 무료했고, 날이 갈수록 깊어지는 무력감으로부터 벗어나고 싶었다. 또 지독한 고립감이 하루하루 더해지면서 나를 힘들게 했다(당시 산타루시아 마을에는 전화 있는 집이 거의 없었다. 또한 니카라과에 아는 사람은커녕, 대한민국 대사관도 없는 상황이었기에, 심적으로 상당한 고립감을 느꼈던 것 같다). 무력감과 고립감에 더해 무엇보다도 너무 열악한 숙소를 견딜 수가 없었다. 더위와 모기가 아니고서라도 매일매일 도냐 루신다가 해주는 밥을 먹기가

말 등짐에 오렌지를 가득 싣고 온 할아버지

너무 고역이었다. 기름기가 어찌나 많은지 기름에서 밥을 건져 먹는 수준이었다. 밥을 남기기가 미안하여 매끼 최선을 다해 먹었지만, 절반 이상을 먹을 수 없었다. 식사가 너무 힘들어 어느 날엔가 타마라에게 1달러를 주면서 망고를 사다 달라 청한 적이 있다. 영악하다 하여도 아직은 순진한 구석이 있었던지, 1달러를 받아들고 나가 망고 몇 개만 사다 줘도 내가 고맙다 할 판이겠는데, 저 멀리서 망고를 사들고 오는 타마라를 보고 기절하는 줄 알았다. 커다란 광주리에 망고를 가득 담아, 들고 오지도 못하고 머리에 이고 오고 있었다. 또 어느 날엔가는 도냐 루신다에게 오렌지주스를 만들어 달라 부탁하며 하루 방값에 2달러를 더 건넸더니 그날 오후에 할아버지 한 분이 말 등짐 양쪽에 커다란 오렌지 자루를 싣고 온 일도 있었다.

떠나기 전날 밤 짐이랄 것도 없는 짐을 싸는데, 해방감이 느껴진다.

내일 마나과에 나가게 되면 에어컨이 있는 여관에 들 것이고 고급 식당에 가서 시원한 맥주와 함께 식사를 할 것이라 다짐을 하니, 세상에 그만한 행복도 없을 것 같다. 마지막 밤을 그대로 자기 아쉬워, 밖으로 나오니 도냐 루신다의 두 딸도 잠들지 못하고 있었던지 마당으로 내려온다. 늦은 밤까지 도냐 루신다의 두 딸들과 함께 마당에 의자를 내놓고 앉아 이야기를 나눴다. 그 분위기가 좋았는지, 타마라도 늦도록 자지 않고 우리 곁에 머문다. 그러더니 부엌으로 들어가 음식을 내와 먹는다. 언젠가 내가 집에 가고 싶지 않느냐 물으니 언니들이 보고 싶기도 하지만, 그래도 이곳에선 음식을 마음대로 먹을 수 있어 너무 좋다더니, 도냐 루신다의 딸이 저녁을 두 번이나 먹는다며 구박을 해도 그저 태연하게, 행복에 겨운 표정으로 음식을 먹는다.

산타루시아에서 니카라과 수도인 마나과로 나가는 버스는 새벽 3시와 4시, 하루에 딱 두 번이다. 새벽에 혼자 조용히 일어나 어제 미리 받아 놓은 물로 세수를 했다. 화장실 옆 헛간 같은 방에서 전기도 없이 지내는, 지금쯤이면 한참 달게 자고 있을 타마라에게 조용히 작별인사를 고했다. 그리고 방으로 와, 이 지독하게 단순한 그리고 늘 더위와 모기가 들끓었던 방에도 작별을 고했다. 전날 밤 싸놓은 짐을 메고 마당으로 나서는데 도냐 루신다가 나온다. 그녀 또한 간밤 깊은 잠에 들지 못했다고 했다. 끝내 프레디를 만나지 못하고 가는 나를 위로해 준다. 짧은 시간이었지만 정이 들었는가 보다. 서로의 눈에 눈물이 그렁거렸다.

도냐 루신다의 집 바로 앞 공원이 버스 종점이자 출발지였다. 마침 일요일 새벽이라 그런지, 마나과로 나가는 사람이 제법 많다. 버스 안에 사람만 있는 것이 아니라, 닭도 있고 염소도 있다. 나중에는 나귀새끼도 탔다. 버스는 그 새벽 전장에 나가는 장군처럼 경적을 울리면서 동네

산타루시아 마을 버스 종점 풍경

를 한바퀴 돌았다. 아마도 시계가 없는 사람들에게 버스 출발시간을 알려 주는 서비스인 듯했다. 다시 원래 자리로 돌아온 버스에 더 많은 사람들이 오른다. 운전수 한 명에 세 명이나 딸린 조수는 사람들에게 짐을 받아 지붕에 올려 싣기에 정신이 없다. 그렇게 한참이나 사람과 짐을 태우고서야 마나과를 향해 출발한다. 마을을 빠져나가던 버스가 프레디 할아버지 집 앞에 이르렀을 때, 어두운 길에서 프레디 할아버지 돈 레이놀드가 버스 안을 기웃거렸다. 버스 안쪽에 있던 난 벌떡 일어나 프레디의 할아버지에게 손을 흔들어 주었다. 어제 헤어지면서 올 8월에 프레디가 있을 때 다시 오겠다 했지만, 저 노인을 내가 앞으로 다시 볼 수 있으려나, 내가 이곳을 다시 올 수 있으려나, 그동안 이곳 산타루시아가 지긋지긋했는데, 막상 떠나려니 모든 것이 서운하다.

마타갈파에
들르다

　　　　　　　　　　　마나과에 나가면 에어컨 있는
여관에 들고 고급 식당에서 식사를 하겠다던 그 원대한 꿈은 하룻밤 새
어디로 간 것인지, 버스는 새벽길을 더듬어 위풍당당 전장에 나가듯 마
나과로 향해 가는데, 내 마음이 자꾸만 뒤로 처진다. 끝내 프레디 부부를
보지 못하고 가게 되는 서운함인가? 어쩌면, 내가 사는 날 동안 다시는
프레디 부부를 만나지 못할 수도 있겠다는 생각이 든다. 마나과로 나가
코스타리카로 돌아가면 이들 부부와는 영 이별일 것 같은 생각이 들었
다. 프레디를 보지는 못했지만, 코스타리카로 돌아가기 전 나와 동갑인
프레디가 니카라과인이기에 살아야 했던, 땅 한 평 갖지 못하고 가난한
농민으로 살아야 했던 삶의 흔적을 조금이라도 더 쫓아 보고 싶은 생각
이 들기 시작했다. 마타갈파Matagalpa로 가기로 했다. 버스가 마나과에 닿
기 전 30분쯤 거리에 있는 산베니토San Venito에서 내렸다. 그곳에서 마나
과를 출발하여 마타갈파로 들어가는 버스가 잠시 쉰다 했다. 이미 열흘
간 프레디 부부를 기다리며 충분히 지쳐 있었지만, 그곳에 가게 되면 끝
내 보지 못한 채 떠나는 친구 프레디와 안토니아의 삶을 조금이라도 더
이해할 수 있을 것 같았다. 어쩌면 다시 보지 못할 내 친구 프레디 부부

마타갈파 전경

를 위해 내가 할 수 있는 친구로서의 마지막 의리라 생각했다. 다시 안간힘을 냈다.

'마타갈파', 프레디가 코스타리카로 내려가기 전 몇 해에 걸쳐 커피 수확철에 들어가 커피를 따던 곳이라 했다. 프레디뿐 아니라 수많은 산타루시아 사람들이 과거 커피를 따던 곳으로, 해마다 커피 수확철이 되면 마타갈파에서 커다란 트럭들이 와서 동네사람들을 싣고 갔단다. 땅이 척박해 옥수수와 프리홀밖에 심을 것이 없었던 산타루시아 사람들에게는 1년에 서너 달 마타갈파에 가서 커피를 따고 벌어오는 돈이 숨통이었다 했다. 그런데 어느 해인가부터 더 이상 마타갈파에서 트럭이 오지 않았고, 산타루시아 사람들이 마타갈파로 찾아가도 커피 따는 일을 구하기가 쉽지 않더라 했다. 사방 천지가 커피밭이었던 마타갈파에 문을 닫는 커피농장들이 늘어나기 시작한 이후라 했다. 프레디의 할아버지, 안토니아의 부모님, 그리고 매일 먼지가 풀풀 날리는 버스 종점에서 돌

3장 • 내 친구, 프레디를 찾아서 199

아오지 않는 가족을 기다리던 사람들은 소식이 없는 가족보다 어느 해 인가부터 트럭을 보내지 않는 마타갈파 커피농장이 더 원망스러웠는지 도 모르겠다. 마타갈파에서 트럭만 보내줘도 사랑하는 가족이 코스타리 카로 내려가지 않았을 텐데, 그곳에서 쥐처럼 업신여김 받고 살지 않아 도 되었을 텐데, 하는 아쉬움을 가지고 있는 것 같았다. 어쩌면 산타루시 아에 남겨진 사람들은 코스타리카로 내려간 가족만큼이나 다시, 마타갈 파에서 트럭을 보내 주기를 간절히 기다리는 것인지도 모를 일이었다.

산베니토는 별도로 터미널을 갖춘 곳이 아니라 마나과에서 들고나 는 차들이 길가에서 사람을 태우고 내리는 곳이었다. 버스를 타려는 사 람들과 가축들, 그리고 그들 사이를 재주 좋게 헤집고 다니는 장사치들 이 어우러져 정신이 하나도 없다. 겨우 마타갈파행 버스를 탈 수 있었 다. 마나과에서 출발한 버스는 이미 만석이었다. 버스지붕 위에 짐을 올 리고 선 채, 두 시간을 실려 와 마타갈파에 닿았다. 산타루시아에 비하 면 마타갈파는 대도시였다. 게다가 고도가 높아서인지 더위도 그다지 느끼질 못하겠다. 합승택시를 타고 시내로 들어와 '마타갈파 여관'Hotel Matagalpa에 짐을 풀었다. 하루에 50코르도바, 미화로 3달러가 조금 넘는 돈인데, 중천장에 선풍기까지 있다. 물론 욕실과 화장실은 마당을 가로 질러 한참 걸어가야 하는 거리에 있었지만, 그래도 산타루시아에서 묵 던 숙소에 비하면 너무 호화스러워, 침대에 누우니 세상이 이만큼만 되 어도 평생 행복하게 살 수 있을 것 같다는 생각이 들 정도다. 너무 좋아 침대에 누워 배시시 웃는다.

호텔 마타갈파를 베이스 캠프로 삼고 몇 날 동안 주변의 커피밭들 을 돌아다녔다. 이곳에서 프레디도, 그리고 코스타리카 커피 수확철에 맞춰 불법으로 들어오는 수많은 니카라과 사람들도 커피를 땄으리라,

마타갈파 인근 커피농장의 노동자 숙소 외관(위 왼쪽)과 가까이서 본 모습(위 오른쪽)
마타갈파 인근 커피농장 노동자 숙소와 멀리 보이는 주인저택(아래 왼쪽)과 노동자 숙소의 공동부엌(아래 오른쪽)

마타갈파 인근 커피농장 노동자 숙소의 아이들

베트남에서 커피를 생산하는 통에 니카라과 커피가 상대적으로 많이 죽었다곤 하지만 여전히 마타갈파는 니카라과의 커피생산지로서 위용을 갖추고 있는 듯했다. 오히려 농장들의 규모는 코스타리카보다 훨씬 더 큰 편이었다. 혁명이 난 지 20년이 넘었는데 아직까지도 대농장제도가 그대로 유지되고 있었다. 일부 농장이 커피를 따는 노동자들의 아이들을 위한 탁아시설을 형식적으로나마 갖추고 있던 것이 혁명의 영향이라면 영향이었을까. 그러나 실제로 그곳 노동자들의 삶은 코스타리카로 내려온 니카라과 사람들과 별반 차이가 없어 보였다. 아니 어쩌면 더 열악해 보이기까지 했다. 대농장 안에 멀찍이 떨어져 서로 마주보고 있는 농장 주인의 숙소와 노동자들의 숙소는 딱, 천당과 지옥의 차이였다.

마타갈파 여관 식모,
글로리아

프레디가 살았던 삶의 흔적을 쫓아 마타갈파를 헤집고 다니면서 다양한 사람들을 만났다. 그 중 잊을 수 없는 사람이 마타갈파 여관에 식모로 있던 '글로리아'Gloria, 열세 살 먹은 소녀였다. 물이 귀한 철인 건기 막바지에 어디서부터 길어오는지 매일 아침 한 양동이의 물을 내게 길어다 주었다. 괜찮다고, 내가 길어오겠다고 했지만, 생글생글 웃기만 할 뿐, 다음 날 아침에 일어나면 어김없이 방문 앞에 한 양동이의 물이 놓여 있었다. 어느 날에는 빨래를 해야겠기에 우물이 있는 곳을 알려 달라 하니, 굳이 자기가 해다 주겠다며 여전히 생글생글 웃는 얼굴로 빨랫감을 가져가 다음 날 빳빳이 말려 잘 개켜다 주기도 했다. 마타갈파 커피조합에서 빌려온 책들을 읽어 내느라 하루 종일 여관에 있는 날에는 어디선가 망고를 서너 개 따다 내게 주기도 했다.

일곱 살 먹어서 마타갈파 여관으로 식모살이를 왔다고 했다. 새벽 5시면 물을 긷는 일로 하루를 시작하고 하루 종일 여관일을 하다가 저녁 7시면 다시 주인집으로 가서 빨래와 다림질을 해야 한다. 그래도 대략 밤 11시면 일이 끝난다지만, 일감이 많은 날엔 자정을 넘기기도 한다고 했다. 그렇게 한 달을 일하고 받는 돈이 300코르도바, 미화 20달러. 하루에 1달러도 채 되지 않는 돈을 받고 하루 20시간 가까운 노동을 해야 하는 글로리아. 그 정도 되면 얼굴에 삶의 고됨이라도 묻어나야 할 텐데, 차라리 들고 나는 손님 앞에 노골적으로 팁이라도 요구해야 할 텐데, 열세 살 글로리아는 차분했고 진지했다. 말은 없었지만, 얼굴엔 늘 미소를 띠고 있어 마타갈파 여관을 찾는 뜨내기 손님들로 하여금 푸근함을 느끼게 하는 존재 같기도 했다. 낡은 옷을 입은 나이 어린 소녀였지만, 그녀는 그 자체로 충분히 아름다웠고 단정했다.

어느 날 내게 돌아가신 아버지 이야기를 꺼냈다. 평생을 남의 밭에 옥수수를 심어 먹고 살림을 꾸렸는데, 그녀가 일곱 살 되던 해 어느 날 시름시름 앓기 시작했단다. 동네사람들이 아마도 농약에 중독된 것 같다고 했지만, 병원에 모시고 갈 수가 없었다 하니, 돈도 없었을뿐더러 아버지를 병원에 모시고 갈 사람도 없었단다. 위로 언니 한 명과 오빠 한 명이 있었지만 다들 너무 어려서 아버지를 병원으로 모셔야 한다는 생각을 할 수 없었던 모양이다. 조심스럽게 엄마에 대해 물었다. 너무도 담담하게 자기를 낳다가 돌아가셨다고 했다. 엄마 얼굴 한 번 본 적 없이 오직 아버지 손에 컸다는 그녀에게 괜한 질문을 했구나 싶어 미안하다 했더니 오히려 생글생글 웃으며 괜찮다고 했다. 아버지가 자리에 누우신 지 한 달도 채 되지 않아 돌아가셨는데, 돌아가시기 3일 전부터 글로리아가 너무 불쌍하다고 내내 식사도 못하고 울기만 하셨단다. 마지막 순간에는 뱃속에 커다란 짐승이 돌아다니는 것 같다며 괴로워하시다가 그대로 돌아가셨다는데, 돌아가시는 그 순간까지도 글로리아가 불쌍하다시며 펑펑 우셨다고 했다. 얼굴 한 번 보지 못한 엄마 이야기를 할 때도 생글생글 웃던 강한 글로리아가 아버지 돌아가시던 순간의 이야기를

마타갈파 여관에서 일하던 열세 살 소녀 글로리아

하면서는 살짝 눈물을 보였다. 여관에 든 후 늘 그녀가 나를 챙겼는데, 그 순간만큼은 내가 그녀를 챙겨야 할 것 같았다. 괜찮다는 그녀의 손을 잡고 가볍게 안아 주었다.

떠나기 전날, 오랜 객지 생활로 몸살이 오는지 몸이 좋지 않아 방에 누워 있는데 그녀가 내 방에 청소를 하러 들어왔다. 방 한쪽 구석에 놓인 신문을 보고 자기가 그것을 가져가도 되겠느냐 물었다. 이유를 물으니 글을 읽고 싶은데 읽을 만한 것이 없다고 했다. 아버지가 살아계시던 때 초등학교 1학년을 다니면서 읽고 쓰는 것을 익혔는데, 아버지가 돌아가신 후 이곳 마타갈파 여관으로 오게 되면서 더 이상 학교를 가지 못했단다. 그녀에게 방 한구석에 쌓아 둔 신문 뭉치를 건넸다. 청소를 마치고 나가려 하는 그녀를 불러, 가지고 있던 달러를 줬다. 그동안 매일 한 양동이씩 물 길어다 주고 빨래해 준 값이라 했다. 받지 않으려 했다. 너무 큰 돈이라 받을 수 없다고 했다. 한참을 실랑이 하다 결국 글로리아가 돈 20달러를 받았다.

열세 살 나이에 부모도 없이 남의 집살이 하기가 결코 쉽지는 않을 것이다. 게다가 외지인들 수시로 드나드는 여관이니, 지금의 차분함과 단정함을 지켜 내기가 더 어려울지도 모르겠다. 학교는 가지 못해도 세상 돌아가는 속을 조금이라도 더 안다면 그래도 그것이 그녀 삶을 지켜 내는 데 아주 조금이라도 도움이 될까 싶었다. 하루 스무 시간 가까이 일하는 그녀가 차분히 앉아서 글 읽을 시간이 없을 줄 뻔히 알면서도 신문이 생기거든 무조건 읽으라 했다. 닥치는 대로 읽으라 했다.

떠나오기 전에 그녀에게 작은 책이라도 한 권 선물하고 싶었다. 그녀에 비하면 너무나 쉽게 세상을 살아온 내가 어린 그녀 앞에 미안한 마음으로 주고 싶은 선물이었다. 몸살 기운인지 열병인지 이미 정상이 아닌 무거운 몸을 이끌고 마타갈파 구석구석을 살펴봤지만, 책을 살 수 있는 곳이 없었다. 겨우 신문 한 부를 사서 다시 그녀에게 전해 주었다.

떠나오는 날 아침, 언제나처럼 방 앞에 한 양동이의 물이 놓여 있었다. 짐을 챙겨들고 나서는데, 그녀가 내게 다시 올 것이냐 물었다. 아마도 다시 오긴 힘들 것이라 답했다. 그렇지만 친구를 찾아 온 이번 여행에서 친구를 만나진 못했지만, 글로리아 당신을 만나 정말 좋았다고 그렇게 감사를 전했다. 그녀가 언제나처럼 생글생글 웃으며 여관 문 앞까지 나와 나를 배웅했다. 나중에 코스타리카로 돌아와서 여관 주소로 보내주겠다 약속한 그녀 사진을 인화하였다. 그리고, 그제서야 알게 되었다. 사진 속 그녀의 그 생글거림 깊은 곳에 진한 슬픔이 배어 있었다는 것을.

프레디 부부를
다시 만나다

끝내 프레디 부부를 만나지 못한 것에 대한 서운함이 커서일까, 마타갈파를 거쳐 코스타리카로 돌아오는 길에 댕기열병을 얻었다. 열병의 여파가 너무 커, 코스타리카로 돌아온 후에도 당분간 프레디 생각을 하지 못했다. 그렇게 한 달여의 시간이 흘러갔고, 코스타리카에서의 2년이란 시간이 흐르고 있었다. 귀국이 가까워지면서 논문 자료를 비롯하여 여러 가지 일들을 챙기고 해결해야 했지만, 그보다도 코스타리카를 떠나기 전 어떻게 해서라도 프레디 부부를 볼 수 있었으면 좋겠다는 생각이 날로 강해졌다. 한국으로 돌아가면 이제는 정말 다시 프레디 부부를 볼 수 없을 것 같았다.

반신반의하며, 산타루시아에서 만난 프레디의 조카가 건네준 전화번호로 통화를 시도했다. 일단 받아오긴 했는데, 아무리 봐도 코스타리카에서 상용되는 전화번호 시스템이 아니었다. 지역번호도 없었고, 자릿수를 봐도 코스타리카 전화번호가 아닌 것 같았다. 몇 번에 걸쳐 시도를 해봤지만, 없는 번호인 듯 신호가 가다가 중간에 끊겨 버리길 반복했다. 그래도 그 전화번호 말고는 달리 방법이 없어 기회가 되는 대로 통화를 시도했다. 전화를 걸 때마다 상대방이 받지 않을 것을 뻔히 알면서도,

내가 할 수 있는 유일한 일이었다. 그런데 어느 날, 늘 신호가 가다 중간에 끊기던 전화에서 상대방 목소리가 들려왔다.

너무 반갑기도 하고 놀랍기도 하여, 상대방이 누군지 확인할 겨를도 없이 일단 그곳이 어디인지 먼저 물었다. 푼타레나스Puntarenas 근처 팔렌케Palenque라는 곳이었다. 전화번호에 대해 자초지종을 물으니, 동네 전체에 전화가 한 대도 없어 국가에서 놔준 공중전화라 했다. 마침 그곳을 지나가던 사람이 그 전화를 받은 것이다. 나는 그 사람에게 혹시 프레디를 아느냐 물었고, 기적같이 그 사람은 니카라과에서 온 프레디를 알고 있었다. 지금은 가까이 없지만, 산 위에 사는 프레디가 마을에 내려오거든 전해 주겠다 했다. 내 이름과 연락처를 남겨 두었다. 프레디와 직접 통화하지는 못했어도, 마치 프레디를 찾은 것처럼 반가웠다.

그로부터 이틀 후 반가운 전화가 걸려 왔다. 프레디의 아내 안토니아였다. 전화가 있는 아랫마을에 내려왔다가, 동네사람을 통해 내 연락처를 받았다고 했다. 믿겨지지가 않았다. 다시 안토니아와 연결이 되다니, 나도 기뻤지만, 안토니아도 많이 흥분한 것 같았다. 일단 안토니아를 진정시키고 살고 있는 곳이 어디인지 물었다. 그리고 이번 주말에 내가 그곳으로 찾아가겠다고 약속을 했다.

코스타리카 팔렌케에서 다시 만난 프레디 부부

안토니아가 내게 알려 준 팔렌케라는 곳은 코스타리카 사람들에게 물어봐도 아는 사람이 한 명도 없을 정도로 외진 곳이었다. 안토니아는 일단 푼타레나스까지 와서 다시 그곳 사람들에게 물으면 아는 사람들이 있을 것이라 했고, 나는 토요일 오후 12시까지 안토니아가 말해 준 팔렌케 마을의 학교 앞 공중전화 부스에 도착하기로 약속을 했다. 대중교통으로는 도저히 찾아갈 수 없는 곳일 것 같아 차를 가진 친구에게 동행을 부탁했다. 토요일 아침 일찍 출발했음에도, 푼타레나스에 도착하고 보니 이미 오후 2시를 넘기고 있었다. 안토니아와 약속했던 12시를 넘기면서 마음이 급해졌지만, 어쩔 수 없는 일이었다. 푼타레나스에 도착해서 프레디와 안토니아가 기다리고 있을 공중전화 번호로 전화를 했지만, 전화를 받는 사람이 없었다. 난감했지만, 일단 푼타레나스 식료품점에 들러 살 수 있는 많은 것들을 샀다. 기름, 설탕, 잼, 주스가루, 코카콜라, 닭, 그리고 신선한 식빵 등. 무엇보다도 프레디 부부에게 부드럽고 신선한 식빵을 사주고 싶었다.

푼타레나스에서도 안토니아가 알려 준 팔렌케 마을을 알고 있는 사람이 없어, 묻고 물은 끝에 겨우 방향을 잡을 수 있었다. 가도 가도 끝이 없는 팜Palm농장을 지나기도 하고, 사탕수수밭을 지나기도 하더니, 드디어 차가 도저히 올라갈 수 없을 것 같은 좁은 길로 접어들었다. 중간에 차를 돌릴까 몇 번 망설이다가도 꾸역꾸역 올라갔더니, 전혀 동네가 있을 것 같지 않은 곳에 작은 동네가 있었고 멀리 학교가 보였다. 차가 마을에 들어서는 것을 보고 저 멀리서 누군가가 이쪽을 향해 걸어오는데, 직감적으로 프레디라는 것을 알 수 있었다.

프레디다. 거의 5개월 만에 보는 프레디다. 프레디가 나를 보고 아무 말 못하고 눈물을 훔쳤다. 나도 무어라 말을 할 수가 없었다. 둘은 아무 말도 못하고 그냥 악수를 했다. 처음 만났던 날처럼. 아침부터 그 시간까지 꼼짝 않고, 그곳에서 나를 기다렸다고 했다. 차를 가지고 같이 동행해 준 친구에게 프레디를 소개했다. 프레디의 집은 그곳에서도 또 한참을 들어가야 하는 곳이라 했다. 같이 간 친구가 프레디에게 차에 오르라 하자, 프레디는 자신의 옷과 신발이 더럽다면서 극구 사양했다. 여러 차례 권유 끝에 프레디가 차에 올랐는데, 그때부터 많은 말들을 하기 시작했다. 며칠 전 내가 전화했을 때, 그날 꾼 꿈에 관한 이야기였다. 프레디의 꿈에 나를 닮은 사람이 나왔다고, 그 사람이 프레디에게 묻기를 몬타냐를 아느냐기에 프레디가 소리쳤단다. 몬타냐는 내 친구라고, 내가 몬타냐를 다시 보기 전에는 절대 이곳 코스타리카를 떠날 수가 없다고. 그리고 내 전화 소식을 들었다고 했다.

프레디의 집은 도저히 차가 들어갈 수 없는 곳이었다. 말이나 겨우 다닐 수 있는 좁은 길에 온통 진흙인지라 어찌어찌 끌고 들어가던 차를 중간에 놓고 가야 했다. 지금이야 차를 두고 가지만, 나중에 다시 차를 돌려 나갈 일이 은근히 걱정이다. 차에서 내려 프레디를 따라 프레디 집을 향해 올라가는데, 주변에 집이라고는 한 채도 없고 온통 산속이다. 갈수록 길은 더 좁아지고 진흙이 신발에 달라붙어 한 발을 떼기도 쉽지가 않다. 거기다 어찌나 미끄럽던지, 몇 번을 꼬꾸라지고 넘어질 뻔했다.

프레디는 아내 안토니아와 함께 거의 버려지다시피 한 외딴집에서 살고 있었다. 말 몇 마리가 전부인 농장을 돌봐 주고 있는 중이라 했다. 전기도 수도도 없는 집이었다. 물론 화장실도 없었다. 마당은 연일 내리는 비로 엉망진창이었다. 집에 도착했을 때 안토니아는 우리를 위해 페히바예Pejibaye를 삶고 있었다. 페히바예를 보니, 다시 커피밭 시절이 떠올랐다. 니카라과에서 넘어온 사람들이 하도 길가에 있는 나무에서 페히바예를 따 먹으니, 야생으로 열리는 열매라지만 남아나는 것이 없다 하여 코스타리카 마을사람들이 니카라과 사람들을 쥐라 불렀던 기억이 되살아났던 것이다. 안토니아는 저 아랫마을에서 얻어 온 것이라 굳이 강조했지만, 나 혼자 그때 생각이 나 괜히 슬퍼졌다. 안토니아는 부엌도 따로 없이 진흙바닥 마당에 얼기설기 솥을 걸고 커피를 끓여 냈다. 그리

(위)팔렌케, 프레디가 살던 집으로 올라가는 길
(가운데 왼쪽)안토니아가 삶아 내던 페히바예 (가운데 오른쪽)시장 과일가게에 걸린 페히바예
(아래)안토니아가 대접하던 페히바예와 커피

팔렌케에서 만난 안토니아와 프레디

팔렌케에서 안토니아와 프레디가 살던 집

고 니카라과에 돌아갈 때 가져갈 요량으로 그동안 사 모은 유리컵을 조심스레 꺼내 커피를 담아 주었다.

프레디와 안토니아를 만나자마자, 지난 4월에 니카라과에 갔을 때 찍었던 아이들 사진을 건네주었다. 그리고 프레디의 할아버지와 안토니아의 친정식구들에 대한 소식을 전해 주었다. 내가 그들의 고향까지 찾아갔던 것에 대해 많이 고마워했고, 그리고 미안해했다. 안토니아는 사진에서 눈을 떼지 못한 채, 아이들 옷이 왜이리 초라하냐며 많이 속상해했다. 그리고 내가 고기를 사주지 못하고 코카콜라만 사줬다는 말에 무척 안타까워했다. 그것이 엄마 마음인가 보다.

프레디는 8월 말 미국으로 밀입국을 할 것이라 했다. 브로커에게 지불할 미화 5천 달러를 마련해야 한다고 했다. 미국에 미리 들어간 형이 일부를 빌려 줬지만, 어떻게 해서든 나머지 부분을 8월 말까지 마련해야 하기에 아직까지 고향에도 돌아가지 못한 채 코스타리카에 남게 되었다고 했다. 새벽에 이슬 맞고 올라가 다시 밤에 이슬이 내리기까지 커피를 따도 하루에 겨우 5달러를 벌 수 있는데, 프레디에게 그 5천 달러란 돈은 그냥 5천 달러가 아니었을 터, 얼마나 큰 모험일까, 얼마나 큰 결단일까? 말을 전하는 프레디는 상당히 불안해했다. 내가 전해 준 아이들 사진을 소중히 셔츠주머니에 넣는 그의 손끝이 가볍게 떨렸다.

해가 지려고 하는데, 프레디 집에서 좀더 머물다 오고 싶었지만 그럴 수가 없었다. 이불은 고사하고, 비를 피해 잠을 청할 수 있는 공간마저도 여의치 못했다. 프레디의 집을 나올 때쯤 어둑어둑한 가운데, 부슬부슬 비가 내리기 시작했다. 올라오다 진흙탕에 빠진 차를 길 중간에 두고 왔으니, 날이 조금이라도 더 밝을 때 내려가 차를 빼서 돌려야 했다. 차를 밀어 가며 빼 돌렸을 때는, 모두가 진흙 범벅이 되어 있었다. 그렇게 진흙 범벅인 채, 비가 내리는 길에 서서 프레디 부부와 아쉬운 작별을 했다. 어스름한 저녁, 부부는 부슬부슬 내리는 빗속에 망부석처럼 선 채, 한참 동안 손을 흔들어 주었다.

그렇게, 다섯 달 넘게 찾던 프레디 부부를 만나고 돌아오는 길에, 꼭 꿈을 꾸고 있는 것 같은 생각이 들었다. 2년 전에 코스타리카에 처음 도착하던 날, 공항에 내려 어디로 가야 할지 몰라 그저 막막했던 기억에서부터, 이곳저곳 커피밭을 돌아다니면서 하루에 1달러도 채 되지 않는 임금을 받고 살던 시절, 그리고 그 커피밭에서 만났던 수많은 사람들에 대한 기억이 파노라마처럼 스쳐 지나갔다. 그 밤 산호세로 돌아오는 내내, 프레디가 미국으로 잘 들어갈 수 있기를, 그리고 안토니아가 니카라과로 잘 돌아갈 수 있기를 간절히 기도했다.

미국으로 간 프레디에게서
전화가 걸려오다

　　　　　　　　　　　　　　　코스타리카 푼타레나스 팔렌케 마을에서 마지막으로 만나고 헤어진 프레디로부터 전화를 받은 것은, 그로부터 다시 약 5개월이 지난 후였다. 난 코스타리카 생활을 정리하고 한국으로 돌아와 있었고, 논문 때문에 정신없는 시간을 보내고 있던 중이었다. 그 얼마 전에 코스타리카에서 알고 지내던 분이 니카라과로 출장을 간다 하기에, 안토니아가 입을 수 있는 옷가지 몇 벌을 산타루시아 마을로 보내 줄 것을 부탁한 적이 있었다. 그 안에 내 한국 전화번호를 적어 같이 보내 달라고 했다. 아마도 인편에 부탁한 그 소포가 안토니아에게 잘 도착한 모양이었다. 그리고 안토니아가 미국에 있는 프레디에게 내 전화번호를 다시 전한 모양이었다. 정말 반갑고 고마운 전화였다. 미국에 무사히 잘 들어갔고, 플로리다 주 마이애미에 있다고 했다. 내 안부를 묻고 난 후 첫마디가, 그곳 마이애미에선 한 시간에 8달러를 번다는 것이었다. 코스타리카 커피밭에선 새벽부터 하루 종일 커피를 따도 하루에 4달러 벌기가 힘들었는데, 그곳 마이애미에선 한 시간에 그만한 돈을 번다 자랑하며 나에게도 올 수 있으면 오라 하던 그 목소리가 어지간히 흥분되어 있었다. 전화번호를 물었지만, 아직 전화를 갖고 있지 못하다고 했고, 다음에 다시 전화하겠다며 전화가 끊겼다. 일단 프레디가 무사히 미국에 들어갔음에 감사했다.

그후 때때로 미국에 있는 프레디로부터 전화가 걸려 왔다. 빵집에서 일을 한다 하기도 했고, 페인트 칠하는 일을 한다 하기도 했다. 나중에는 프레디에게 전화가 생겨, 나도 몇 번인가 프레디에게 연락을 하기도 했다. 프레디보다 훨씬 일찍 미국으로 들어간 프레디의 엄마와 형, 그리고 누이동생과 전화상으로 인사를 나누기도 했다. 몇 달 후에는 미국에 들어오면서 형에게 졌던 빚도 다 갚았다며 기쁜 소식을 전해 줬다. 하루라도 빨리 더 돈을 벌어 니카라과에 남겨진 안토니아와 아이들을 데려오고 싶다고도 했다. 내게 전화할 때마다 프레디는 코스타리카 커피밭에서 니카라과의 자기 고향 산타루시아를 두고 늘 그러했듯이, 내가 마이애미에 온다면 정말 좋겠다고 그랬다. 마이매이 인터내셔널 에어포트 바로 옆동네에 산다며, 내가 마이애미에 온다면, 쏜살같이 공항으로 마중을 나오겠노라고 했다.

그렇게 서로 연락을 주고받으며, 프레디 편에 니카라과에 있는 안토니아와 아이들 소식도 들을 수 있었는데, 2005년 말부터 다시 연락이 끊어졌다. 프레디와 늘 통화하던 번호가 어느 날부터 결번이라 하였다. 혹시 요금을 못 내서 그러는가 싶어 한 달 후에, 두 달 후에, 다시 시도해 보아도 늘 결번이었다. 걱정이 되어 프레디의 고향집을 지키는 안토니아와 프레디의 할아버지 돈 레이놀드에게도 여러 차례 편지를 보냈지만, 그들에게서도 답신이 없었다. 그렇게 다시, 프레디와 연락이 끊겨 버렸다.

2006년 4월 나는 프레디가 내게 늘 자랑하던, 프레디의 집 바로 옆에 있다던, 그 마이애미 인터내셔널 에어포트를 방문하였다. 내가 가면

쏜살같이 달려오겠다던 프레디가 없을 줄 뻔히 알았지만, 그래도 늘 내게 자랑하던 그 공항에 한번 가보고 싶었다. 혹시라도, 정말 혹시라도 그 공항 근처에 프레디가 살 만한 마을이 있는지도 보고 싶었다. 무엇보다도, 프레디가 가족을 두고 목숨 걸고 들어간 미국 플로리다 주 마이애미라는 곳이 어떤 곳인지 느껴 보고 싶었다.

미국이란 곳이 니카라과처럼 혹은 코스타리카처럼 누군가에게 물어 가며 집을 찾아갈 만한 곳이 아니기에, 누군가에게 물어 가며 사람을 찾을 만한 곳이 아니기에, 난 당연히 그곳에서 프레디를 만나지 못하였다. 코스타리카 커피밭에서 처음 만났을 때 나보다 한 열 살 정도는 더 먹었을 거라 생각했는데, 알고 보니 나와 동갑이었던 내 친구 프레디. 니카라과 보아코 주 산타루시아 마을에서 태어났고, 같은 마을 처녀 안토니아와 맺어져 연년생으로 아이를 둘 낳았고, 매년 커피 수확철이 되면 이웃나라 코스타리카로 밀입국하여 새벽 이슬이 걷히기도 전에 온몸을 적셔 가며 커피밭으로 올라가 종일 커피열매를 따고, 거기에서 번 돈으로 니카라과에 돌아가 그해 벌어온 돈만큼씩 집을 짓고, 2003년 아직도 미완성인 집을 남겨 둔 채, 두 아이와 아내를 남겨 둔 채, 평생을 살아도 만져 보지 못할 돈, 미화 5천 달러라는 빚을 얻어 목숨 걸고 미국으로 들어간 프레디. 꿈의 땅 플로리다 마이애미에서 빵집으로 공사장으로 돌아다니며 조금씩 조금씩 아메리칸 드림을 실현해 가던 내 친구 프레디…….

언젠가 내 친구 프레디를 다시 만나게 된다면 나는 프레디에게 이렇게 말할 것이다. "어이, 친구 프레디, 내가 당신이 가까이 산다는 마이애미 인터내셔날 에어포트까지 갔다 온 것 알아?" 내가 살아 있고, 프레디가 살아 있는 동안에 꼭 다시 만날 것이라 믿는다. 언제, 어디서 만나게 될지 모르지만, 그때는 정말 좋은 식당에서 고급스러운 음식을 대접하고 싶다. 그리고 늘 그러했듯이, 반쯤은 뻥이 섞인, 그의 인생 유전기를 듣고 싶다.

4장

2009년,
지난 삶의 흔적을 좇아 떠난 여행

그렇게 코스타리카 여행이 시작되었다.
내가 보고 싶은 것은 지난 날 그곳에서 내가 살았던 삶의 흔적들이었다.
2년여 짧은 시간 동안 좌충우돌하면서 살았던
내 삶의 흔적들을 보고 싶었다.

다시 찾은 코스타리카,
그리고 사람들

　　　　　　　　　　　　　　멕시코시티 공항에서 이민국 수속을 마치고 코스타리카행 비행기에 탑승하기 직전 테킬라를 두 병 샀다. 탑승구 앞에서 탑승을 기다리다 충동적으로 사게 된 것이다. 코스타리카행 기분을 내고 싶었다. 6년 만에 다시 가는 코스타리카에서 만나게 되는 누군가에게라도 선물을 하고 싶었다. 누가 될지 모르지만, 하여간, 지난날 알고 지냈던 누군가는 만나게 될 것이다.

　　그렇게 코스타리카 여행이 시작되었다. 2주간 짧은 방학 동안 코스타리카에 간다 하니 동료들은 이미 소문이 자자한 코스타리카의 아름다운 자연풍광을 부러워하였지만, 아름답다는 바다도 웅장하다는 화산도 내겐 관심 밖이었다. 내가 보고 싶은 것은 지난 날 그곳에서 내가 살았던 삶의 흔적들이었다. 2년여 짧은 시간 동안 좌충우돌하면서 살았던 내 삶의 흔적들을 보고 싶었다. 돈이 충분치 못하던 시절 유난히 책값이 비싼 그곳에서 책 한 권을 살라치면 몇 번이나 들었다 놨다 해야 했던 서점에 다시 들러 보고 싶었고, 비오는 밤 친구들과 함께 라임이 듬뿍 들어간 맥주 '미첼라다'Michelada를 마시던 코스타리카 국립대학교 앞 허름한 카페에도 다시 들러 보고 싶었다. 복잡하고 매연 가득한 산호세 다운타운을 그냥 걸어 보고 싶기도 했고, 비가 오는 오후가 되면 코스타리카 국립극장 앞 노천카페에 앉아 조금은 더 여유로운 마음으로 그들이 살아가는 모습을 들여다보고 싶기도 했다. 그러나 잠시 그곳에 살았던 내 삶의 흔적들 가운데 무엇보다도 보고 싶고 그리웠던 것은 '사람들'이었다. 새벽 동이 틀 무렵이면 커피를 내리고 30년은 족히 되었을 것 같은 라디오를 켜놓고 빙글빙글 두 분이서 춤을 추시던 산호세 하숙집 주인 할머니와 할아버지가 보고 싶었고, 타라수의 도냐 베르타 가족이 보고 싶었고, 산 페드로에서 같이 커피 따던 마을사람들이 보고 싶었다. 그 사람들이 늘 보고 싶었다. 그들을 보면서 다시, 낯선 곳에서 이방인으로 살았던 내 삶과 고민의 흔적들을 찾고 싶었다. 그렇게 시작된 여행, 밤늦게 내린 코스타리카 공항에서 밤바람이 나를 맞는다. 바람이 달다. 어찌 이리 달디 달까? 6년 만에, 폐부 깊숙이 단 바람을 들이마신다.

산호세, 도냐 테레사와 돈 아스두르발

지난 밤 멕시코공항에서 산 테킬라를 챙겼다. 싱글벙글 좋아할 돈 아스두르발Don Asdurbal을 생각하니 내 마음도 덩달아 싱글벙글이다. 8년 전 아는 사람 한 명도 없던 코스타리카에서, 대문 앞에 바로 철로가 있어 기차가 지나가면 기차 지붕과 집 처마가 아슬아슬하게 닿을 것 같은 집에 하숙을 들어갔다. 아주 우연히. 낡은 집에 일흔이 넘은 도냐 테레사Doña Teresa와 돈 아스두르발, 그렇게 노부부가 참으로 소박하게 그리고 낭만적으로 살아가던 집이었다. 한 울타리 안의 또다른 집은 도냐 테레사의 오라버니 집이었는데, 그만 일찍 돌아가시는 바람에 자식도 없이 미망인으로 남아 여든을 넘긴 도냐 도라Doña Dora와 또 여차저차 혼자가 된 세 명의 여동생들이 살고 있었다. 거기에 내가 들어갔으니 한 울타리 안

돈 아스두르발 생전의 모습(2002년)

에 할아버지 한 분과 할머니 다섯 분, 그리고 이방인 처자까지 총 일곱 명이 지냈다. 내가 들어가기 전까지만 해도 약간의 알츠하이머 증세가 있었던 할아버지가 다섯 할머니들의 극진한 돌봄의 대상이었는데, 내가 들어가면서 그만, 나는 가끔 아이가 되어 세상 모든 근심 걱정을 덜어 버리는 돈 아스두르발의 근심 걱정거리가 되어 버렸다. 내가 외출을 했다가 조금이라도 늦는다 싶으면 주駐코스타리카 한국 대사관에 전화해 실종신고 하라고 다섯 할머니들을 들들 볶았고, 새벽 5시가 되면 어김없이 자고 있는 내 방에 똑똑 문을 두드려 기어이 커피를 먹고 다시 자라 성화였다.

커피 수확철 시골로 다니면서도 주말이면 꼭 산호세로 나와, 내 방이 있는 돈 아스두르발 집으로 갔다. 그때 당시 돈 아스두르발은 28년이 넘은 도요타 지프차를 가지고 있었는데, 그 차로 젊은 시절에 미국 워싱턴 DC까지 다섯 번이나 다녀왔다고 했다. 내가 집에 있을 땐 그 차에 나를 태워 빵을 사러 가기도 했고 새벽장에 과일을 사러 다니기도 했다. 아이가 되어 버린 후 다섯 할머니들 사이에서 이렇게 해야 한다 저렇게 해야 한다 사랑스런 간섭(?)만 받고 살아오다 자신이 돌봐야 될 것 같은 어리버리한 처자가 집에 들어왔으니, 나는 완전히 할아버지 밥이었다. 방에서 조용히 책을 읽고 있을라치면 바깥쪽 창문으로 몰래 다가와서 '꺅' 소리를 질러 나를 놀라게 했다. 내가 온갖 과장을 다 동원하여 놀라 기절할 것 같은 표정을 지으면 그날 하루 기분이 최상으로 좋아져 할머니한테 투정도 아니 부리고 밥도 잘 먹고 잠도 잘 주무셨다. 어느 날에는 새댁같이 아주 조신한 걸음으로 주스 한 잔을 가져와 내게 마시라 마시라 성화를 하기에 조금 이상하긴 했지만 속아 주는 셈 치고 마셔 드렸다. 내가 주스를 마시자 손뼉을 치며 좋아하는데, 주스 안에 술이 잔뜩 섞여 있었다. 언젠가 내게 스페인어로 좋지 않은 속어를 가르쳐 주기도 해 다섯 할머니들한테 혼나고 울기도 하셨지만, 그렇게 가끔 세상의 근심 걱정을 잊고 아이가 되어 버리는 할아버지 덕분에 내 삶에 빵 하고 유쾌한 웃음이 터진 적이 한두 번이 아니었다. 물론 가끔은 할머니들 몰래 담배를 사다 달라 하여 날 고민스럽게 하기도 했지만.

멕시코로 오고 한참 시간이 흘러 도냐 테레사에게 전화를 했다. 내가 멕시코에 있다는 소식에 깜짝 놀라고 반가워했다. 한참 통화 후, 조심스럽게 돈 아스두르발과 통화할 수 있는지 물었다. 내가 코스타리카를 떠나오던 해, 신장 두 개가 다 기능을 상실하여 길게 살아야 한 달이라는 진단을 받아 미국에 있던 자식들이 모두 내려온 적이 있었다. 사실 진즉 전화하고 싶었는데 혹시라도, 돈 아스두르발이 이젠 이 세상에 안 계시단 소식을 듣게 될까 봐 두려워 전화하지 못했다고 도냐 테레사에게 말했다. 도냐 테레사가 늘 웃는 그 푸근한 웃음으로 나를 안심시키고 돈 아스두르발을 바꿔 주었다. 다섯 할머니들의 보살핌이 워낙 극진하였던 지, 감사하게도 여전히 건재하셨다. 다만 알츠하이머 병세가 깊어져 정신을 놓고 지낼 때가 더 많다는데, 돈 아스두르발이 나를 기억하고 있었다. 멕시코에 있다고 하니 나보고 멕시코에 도둑이 얼마나 많은데 그곳에 있느냐 하시면서 항상 도둑을 조심해야 한다고 신신당부했다. 그러면서도 대국 멕시코로 갔으면 성공한 것이라고, 출세한 것이라고, 아주 좋아했다. 그리고 언제 다시 코스타리카에 오냐 물으며 내가 참 많이 보고 싶다고 했다. 나도 돈 아스두르발이 많이 보고 싶다고 했다.

물론 건강상 마시지도 못할뿐더러 받는 즉시 할머니들한테 압수당하겠지만, 돈 아스두르발에게 테킬라를 선물하고 싶었다. 젊은 시절 어지간히 독주를 좋아하셨다 하니 '성공하여 멕시코로 간' 몬타냐가 꼭 선물해 드리고 싶은 것이었다. 동네는 코스타리카에 처음 살던 그때나 지금이나 변한 것이 하나도 없다. 침목도 없이 땅에 거의 묻혀 가던 선로만 있던 철길도 그대로다. 아직까지도 기차가 다니는 모양이다. 도냐 테레사 집 초인종을 눌렀다. 도냐 테레사가 나왔다. 단박에 나를 끌어안는다. 죽기 전에 다시 보게 될 줄 몰랐다며 나를 끌어안고 집으로 들어간다. 몬타냐가 왔다는 도냐 테레사의 외침에 한 울타리 다른 집에 살던 도냐 도라와 그녀의 동생 도냐 페라Doña Pera도 달려 나온다. 그리고 2층에서 마침 와서 잠시 머물고 있던 돈 아스두르발의 누나와 그 딸도 내려온다. 순식간에 대식구가 모두 모였다. 모두들 이게 무슨 일이냐며 반가워한다. 할머니들에 둘러싸여 얼싸안고 반가워하는데, 돈 아스두르발이 보이지 않는다. 물으니, 그만, 돌아가셨다 했다. 곧 1주기가 다가온다 했다. 부인인 도냐 테레사와 네 명의 과부 할머니들이 어지간히 극진하게 보살핀 덕분에 병원에서 길어야 한 달이라던 시간을 5년간이나 연장시켰는데,

돈 아스두르발이 잠든 무덤 앞에서, 도냐 테레사(오른쪽)와 마침 미국에서 내려와 있던 돈 아스두르발의 조카 레이나

그만 작년 어느 날 새벽 커피를 내려 놓고 잠시 샤워하러 들어갔는데 넘어져서 엉치뼈가 부러졌단다. 수술을 받지 않겠다 버티시는 것을 다섯 명의 할머니들이 설득하여 겨우 수술을 받게 되었는데, 그 길로 깨어나질 못하셨다는 것이다.

테킬라 대신, 도냐 테레사에게 주려고 샀던 꽃을 들고 돈 아스두르발이 잠들어 있다는 시립 묘지로 향했다. 무덤 앞에 선 도냐 테레사가 돈 아스두르발에게 멕시코에 가서 성공한 몬타냐가 왔음을 고했다. 언제나처럼 유쾌하게 세상의 근심 걱정을 다 잊고 무덤 밖으로 나와 '꺅' 하고 나를 놀라게 할 것 같은데, 그리고 오늘밤 오렌지주스 한 잔에 멕시코에서 성공한 몬타냐가 사 가지고 온 테킬라를 살짝 섞어 내게 건네며 그저 마셔 주기를 아슬아슬하게 기다릴 것 같은데, 무덤에 들어가시더니 다시 철이 들었는가 보다. 그곳에서 그냥 조용히 도냐 테레사가 전하는 소식만 듣는다. 어느 날 정신이 온전하게 들었을 때 한참 사건사고를 달고 살던 나를 보고 "너는 이제 이름이 몬타니타Montanita(수풀 林자 성을 따 '산'이라 지은 이름 몬타냐Montaña의 애칭)가 아니라 볼칸Volcán(활화산)이다"라시며 세상 근심 걱정을 온몸에 안은 듯 한숨을 푹 쉬시던 돈 아스두르발을 회상했다. 그리고 그제야 늦은 감사를 고했다. 비가 부슬부슬 내린다. 오래 있지 못하고 다시 도냐 테레사 집으로 돌아와 그녀가 차려 주는 커피와 간식을 드는데, 언제나처럼 다섯 명의 할머니들이 식탁에 빙 둘러 앉았다. 그간에 어디서 어떻게 무엇을 하며 살아왔는지 궁금한 것이 한두 가지가 아닌가 보다. 그러더니 예전의 그 질문, 나를 참으로 난감하게 하던 그 짓궂은 질문을 잊지 않고 다시 던진다. "몬타냐, 그 사이 뽀뽀는 해본겨?" 이젠 모두 과부가 되어 버린 다섯 명의 할머니들이 참, 주책이시다.

페레스 셀레동,
산페드로 마을사람들

새로 지었다는 엘레나 집을 찾아 불쑥 들어서니 언제나처럼 바닥을 쓸고 닦던 엘레나가 깜짝 놀라며 날더러 도깨비냐 물었다. 꼬박 6년 만이었다. 2003년 한국으로 돌아간 후 몇 번인가 편지로 연락을 주고받다가 최근 몇 년은 그마저도 하지 못했으니, 그새 자기를 잊었거나 아니면 내가 죽은 줄 여기고 있었단다. 놀라 말을 잇지 못하면서도 팔짝 뛰면서 반가워한다. 도대체 비결이 뭔지, 처음 봤던 2001년이나 지금이나 그간에 흐른 8년 세월이 무상하리만큼 변한 것이 없었다. 그녀 나이도 이제 얼추 서른이 다 되어 갈 텐데, 스무 살 때 모습 그대로다. 부둥켜안고 인사를 나눈 후에야 정말 몬타냐가 맞냐며, 날더러 많이 변한 것 같다 했다. 아마 늙었다는 말일 것이다. 하루 종일 땡볕에 고생하는 이는 이 사람들인데, 그 사이 늙어 버린 것은 정작 나다. 아이러니다.

멀리서 봐도 단박에 엘레나 집인지 알아보겠다. 성격 그대로 참 아기자기하게도 꾸며 놨다. 이 시골마을에 어울리지 않을 만큼 단정하게 나무 울타리도 두르고, 그 울타리 곁으로 꽃도 심었다. 엘레나가 깜짝 놀라는 사이 아이가 나온다. 저스틴Justin, 올해 다섯 살이라 했다(원래 스페

엘레나와 기예르모의 아들 저스틴

인어 발음으로는 후스틴이지만 엘레나 부부가 TV를 보다가 멋진 이름이다 싶어 따라 지은 이름이라 미국식으로 '저스틴'이라 부른다). 저스틴을 갖기 전 두 번이나 아이를 잃은 적이 있어 그 소식을 한국에서 듣고 참 안타까웠었다. 어지간히 개구쟁이인 모양인데, 그래도 초면에 체면치레를 하는 것인지 제법 의젓하다. 물론 금방 원상복귀 되기는 했지만. 기예르모는 일을 나갔다 했다. 곧 돌아온다기에 오면 같이 점심을 먹자 해도 굳이 서둘러 식사를 차린다. 그러면서도 믿기지가 않는 모양이다. 정말 몬타냐가 맞냐며 몇 번이고 웃으며 연신 묻는다.

밥과 삶은 프리홀레스 그리고 사탕수수에서 내린 물 한 잔이 전부인 식사. 괜찮다 해도 마음이 불편했던지 금방 옆집으로 가더니 양배추 하나를 얻어와, 채로 가져 소금과 라임즙을 뿌려 내놓는다. 7~8년 전이나 변한 것이 하나도 없는 식사가 한편 반가우면서도, 여전히 땡볕에 일하면서도 하루도 다르지 않게 이렇게 먹고 살았을 엘레나와 기예르모의 삶에 마음이 껄끄럽다. 갑작스레 만났으니 얼마나 할 이야기가 많겠는가, 밥을 먹는지 마는지 엘레나와 낄낄낄 깔깔깔 웃어 가며 이야기하던 중 기예르모가 들어왔다. 땀에 흠뻑 젖은 모습, 새벽에 마초 집에 내려가 소젖을 짜주고 간단하게 아침 먹고 그 길로 나서 한나절 일을 하고 왔을 터. 기예르모 역시 그때나 지금이나 변함이 없다. 기예르모도 엘레나만큼이나 깜짝 놀라고 반가워한다. 엘레나는 나를 보고 줄줄줄 속사포처럼 말이라도 쏟아내더니, 기예르모는 너무 갑작스레 나타난 내게 뭐라 할 말을 찾지 못하는 모양으로 그저 자기 집에 다시 찾아와 줘 고맙다 했다. 더듬거리며 눈물까지 글썽이며 하는 말에 진정성이 가득하다. 불쑥 이렇게 찾아올 수 있는 집이 있어 오히려 내가 고마운데…….

엘레나와 기예르모에게 파티를 하자 했다. 오늘 저녁 왕년에 같이 커피 따던 사람들을 불러 고기 먹고 놀자 했다. 엘레나가 신이 났다. 점심을 먹고 기예르모는 반나절 더 일을 하러 나갔고, 엘레나는 화장을 진하게 하고 나와 함께 아랫마을 공판장으로 내려갔다. 공판장 냉장고에서 꽁꽁 언 닭 열 마리를 샀다. 엘레나가 깜짝 놀란다. 괜찮다고 나 돈 있다고, 나 멕시코에서 출세해서 돈 많이 벌었다고, 닭 열 마리 아니라 스무 마리도 살 수 있다고 엘레나를 안심시켰다. 쌀도 사고 콜라도 한 박스나 샀다. 쌀과 콜라는 나중에 기예르모에게 가져오라 할 양으로 그대로 공판장에 두고 엘레나랑 같이 닭 열 마리를 낑낑거리며 들고 왔다.

뒷마당에 솥을 걸고 프리홀레스를 삶는 것으로 파티 준비가 시작되었다. 닭과 감자를 튀기고 밥에 프리홀레스를 얹어 주는 것으로 파티 메뉴가 정해졌다. 거기다 콜라까지. 깜짝 파티를 위해 나는 집에서 열심히 감자를 썰었고, 엘레나가 집집마다 돌아다니며 이유를 묻지 말라 하고 파티 소식을 알렸다. 한 시간 남짓 떨어져 있는 저 산마을 엘레나의 친정에도 몬타냐가 왔다는 소식과 함께 파티 소식을 알렸다.

해질 무렵 사람들이 한 명 두 명 모여들었다. 엘레나의 친정에선 엘레나와 기예르모 결혼 1주년 기념일에 사람을 가득 태워 내려왔던 그 트럭이 다시 내려왔다. 엘레나의 아버지는 그때처럼 아코디언을 어깨에 메고 들어왔고 엘레나의 작은아버지는 기타를 치며 들어왔다. 사라진 몬타냐가 죽지 않고 살아 돌아온 것에 대한 축하라 했다. 마리아, 폴

(위)엘레나의 친정마을에서 내려온 트럭
(가운데)밤이 늦도록 이어지는 음악
(아래 왼쪽)엘레나의 친정아버지와 작은아버지 (아래 오른쪽)밤이 늦도록 이어지는 음악

밤이 늦도록 7년 전 사진을 돌려보는 이들

로르, 카를로스, 볼리바르……. 왕년에 같이 커피 따던 사람들이 한 명 두 명 모이기 시작했다. 호박 하나를 들고 오기도 했고, 사탕수수에서 내린 물로 만든 엿이나 소젖 한 병을 들고 오는 이도 있었다. 엘레나 집에 들어서면서 태연하게 뒷마당에서 감자를 튀기고 있던 나를 보곤 도무지 믿지 못하겠다는 표정들이었다. 모자라도 한참 모자라고 어리바리하던 불량노동자 몬타냐가 죽지 않고 살아 다시 이곳에 찾아온 것만도 기적 같은 일일 텐데, 멕시코에 살고 있다 하니 하나같이 출세했다며 감동하는 분위기다. 멕시코에 살고 있다는 이유 하나만으로도 이곳에선 출세가 되는 모양이었다.

소박하기 그지없는 파티 음식을 먹고 내가 가져온 7~8년 전 사진들을 나누면서, 하루가 멀다 하고 나를 둘러싸고 터졌던 사건 사고들을 끄집어 내 추억하는 가운데 밤이 점점 깊어갔다. 늦은 밤, 돌아갈 사람들은 각자 집으로 돌아가고 엘레나 아버지의 아코디언 소리와 작은 아버지의 기타 소리도 흥을 잃고 처량하다 싶어지는데, 꼭 보고 싶었던 한 사람이 끝내 오지를 않는다. 얀시, 블라우스 하나를 외상으로 사 입고 외상값 갚아 주느라 학교를 관둔 친구. 나와 거의 동급으로 불량스러웠던 노동자였는데, 그래서 더욱 궁금하고 보고 싶었던 친구였는데, 파티가 거의 끝나 가도록 얀시는 나타나지 않았다.

낮에 공판장에 다녀오던 길에 엘레나로부터 얀시 소식을 들었다. 이제 겨우 스무 살이 되었을 텐데, 오십을 바라보는 동네 아저씨와 같이 산다 했다. 그것도 정식으로 결혼을 한 것도 아니라고, 남자가 이미 서너 번 결혼 경험과 여러 명의 자식이 있는 사람이라 했다. 엘레나 말로는 그 남자가 차도 있고 핸드폰도 있고 집에는 접시 안테나를 단 케이블방송도 있어 아마도 얀시가 그 남자에게 간 모양이라 했지만, 나는 그렇게 믿고 싶지가 않았다. 아무리 어리더라도, 설마 그러하기야 했겠나, 그래도 사랑했겠지, 그래도 무슨 사연이 있었겠지……. 그렇게 애써 생각하면서도 스무 살 나이에 오십이 다 된 동네아저씨에게 갔다 하니, 역시나 내 마음이 울적했다.

뒤늦게 쌀과 콜라를 가지러 공판장으로 내려간 기예르모 편에 몬타냐가 와서 저녁에 파티를 한다고 기별을 했다지만, 파티가 끝날 때까지 얀시는 나타나지 않았다. 아코디언 소리도, 기타 소리도 멈춘 지 오래다. 오지 않을 모양이구나 생각했다. 마지막으로 엘레나의 친정 마을에서 내려온 트럭이 사람들을 태워 돌아가고 다시 엘레나 가족과 나만 남았다. 내일이면 다시 산호세로 나가야 하기에, 밤이 늦었는데도 그냥 잠들기가 아쉬웠다. 엘레나와 기예르모도 마찬가지인 모양이다. 내일 이른 새벽 다시 하루를 시작해야 하는 그들이지만, 셋이서 마당에 의자를 내 놓고 앉았다. 손님 덕에 잠때를 놓친 개구쟁이 아들 저스틴이 폴짝거리고 뛰어노는 모습을 보며 지난 날들에 대한 이야기, 그리고 앞날들에 대한 이야기를 나누었다.

가진 것 하나 없이 시작한 결혼생활 8년 동안 남의 집을 빌려 살며 하루도 빠짐 없이 새벽 4시면 일어나 남의 집 소젖을 짜주고 남의 집 커피를 따주다, 남의 돈을 조금 얻어 이 집을 지었다 했다. 이제 그 빚을 거의 다 갚아가고 있다고, 그리고 내년쯤에는 염소 두 마리 정도를 살 수 있을 것 같다 했다. 소젖에 비해 염소젖이 가격이 훨씬 좋다며,

엘레나와 기예르모, 그리고 아들 저스틴

새끼를 쳐 키워 보고 싶다고 했다. 희망적이었다. 먹는 것, 입는 것이 8년 전이나 달라진 게 하나도 없는 것 같아 한편 속이 상했는데, 그래도 집을 짓고 내년이면 그들의 염소를 갖게 될 것이고, 또 그 후년엔 젖을 짜 팔 수도 있다 하니, 기예르모와 엘레나 삶에도 희망이 보이는 것 같았다. 언젠가 엘레나가 조심스럽게 희망했던, 아이들을 고등학교까지 가르치고 싶다던 바람이 충분히 이루어질 수 있을 것 같은 희망이 보였다.

그렇게, 밤이 늦어 이제 막 자리를 접으려 하는데 저 아래쪽에서 누군가 엘레나 집을 향해 올라오는 것이 보였다. 엘레나가 한눈에 알아보고 얀시라 했다. 얀시가 왔다. 왜 이리 늦었냐 묻지 않았다. 와준 것이 고마웠다. 엄마 몰래 블라우스 한 장을 사 입기 전, 아직 학교에 다니던 때 수학을 빵점 맞았단 소문이 커피밭에 파다하게 돌아서 별명이 '수학 빵

점'Matematica Cero이었던 얀시가 왔다. 와준 것이 고마워 꼭 끌어안아 주었다. 나를 보고 씩 웃을 뿐, 예전의 그 활달함이 없다. 여덟 형제 중 막내로 자라 천방지축이었는데, 그마저도 사라져 버렸다. 이제 겨우 열아홉 혹은 스물일 텐데, 얀시는 의외로 많이 지쳐 보였다. '수학 빵점', 예전의 별명을 잊지 않고 불러 주니 그제야 조금 크게 웃는다. 어느 날 커피를 따고 돌아오던 길에 찍었던 사진을 건네주었다. 사진 속에서 얀시가 활짝 웃고 있다. 그 사진을 보고 얀시가 쓸쓸하게 웃는다. 일부러 사람들이 돌아가길 기다렸다 온 줄 알고 있었다. 엘레나와 기예르모가 집 안으로 들어가고 얀시와 나만 남았다. 왕년의 불량노동자 둘. 그때 어쩌다 수학을 빵점 맞았냐고, 무슨 배짱으로 엄마 몰래 블라우스를 외상으로 사 입었냐고 실없이 물었다. 내게 리치 따준다고 커다란 리치나무에 올라갔다가 떨어진 것 기억나느냐 물었다. 그러나 정작 묻고 싶었던 것은 묻지 못하였다. 어디서 어떻게 사느냐, 왜 그런 사람과 같이 사느냐 묻지 않았다. 얀시는 금방 자리에서 일어났다. 남편이 기다리고 있다고 했다. 내가 준 사진을 종이에 싸서 들고 깊은 어둠 속으로 내려갔다. 헤어지면서 나를 향해 웃는데, 예전의 그 해맑은 웃음이 아니다. 슬픈 웃음이다.

자정을 넘긴 밤, 얀시가 돌아가고도 엘레나 집 앞마당에 한참을 혼자 앉아 있다 엘레나 아들 저스틴 방에 들어가 잠이 들었다. 사방은 아직 깜깜한데 어제 늦은 밤까지 파티 마무리를 하던 기예르모와 엘레나가 그 새 일어났는가 보다. 서너 시간 눈붙이고 나가 엘레나 부부와 함께 식탁에 앉는다. 역시, 예전이나 다를 바 없는 아침. 기예르모가 얻어온 우유로 엘레나가 직접 만들었다는 치즈가 들어간 푸푸사와 진한 커피 한 잔이 전부다. 새벽일을 나가는 기예르모를 따라 나섰다. 산호세로 나가기 전, 오래된 시간처럼 느껴지던 그 시절, 기예르모와 엘레나가 신혼이

7년 전 내가 얹혀살았던 엘레나와 기예르모의 신혼집

었을 때 내가 얹혀살았던 그 집을 다시 한 번 보고 싶었다. 기예르모 말로는 개미들이 다 갉아 먹어서 무너지기 일보직전이라 했다. 물빛 새벽길을 따라 올라간 프로일란의 커피밭 입구에 집은 그대로 있었다. 커다란 리치나무도 그대로인데, 커피밭 있던 자리가 휑하다. 주인인 돈 프로일란이 커피 값이 계속 떨어지면서 밭을 갈아엎고 목초를 심었다 했다.

6~7년 만의 만남, 그 시간의 간극이 참 짧기도 하고 길기도 했

돈 프로일란의 커피밭이 있던 자리. 가운데 휑한 길이 다음쪽 사진에 사람들이 모여 있는 그 길이다.

2002년, 하루 일을 마치고 지금은 사라져 버린 돈 프로일란의 커피밭을 걸어 나오며

던 모양이다. 혼자만 타임머신을 타고 미래로 훌쩍 다녀온 것 같아 야속했는데, 가만 보니 나만 변한 건 아닌 것 같다. 엘레나도 변했고 기예르모도 변했고 얀시도 변했다. 그리고 어느 날 밤 소금밭처럼 하얀 꽃을 피워 내던 커피밭도 세월의 흔적만 남긴 채 사라져 버렸다. 7년 전 어느 날 작업을 마치고 그 커피밭을 걸어 나오며 찍은 사진이 눈에 선하다. 카를로스, 볼리바르, 시몬, 도냐 플로르, 마르타, 얀시, 기예르모, 엘레나, 도냐 마리아, 그들이 다시 저쪽 커피밭에서 환하게 웃으며 걸어 나올 것 같다.

커피밭은 사라졌지만, 그때 그 사람들은 대부분, 여전히 마을에 살고 있었다. 남자들 중 일부는 1톤을 잘라 트럭까지 옮겨 주면 2달러 정도 준다는 사탕수수밭으로 나간다 했고, 여자들은 그늘 한점 없는 땡볕 아래 하루 종일 허리를 숙이고 일해야 한다는 파인애플밭으로 나가기도 한다 했다. 어찌나 볕이 뜨거운지 세상에 못할 일이 아마도 파인애플 자르는 일인 것 같다 말했다. 사탕수수나 파인애플에 비하면 커피 따는 일은 참으로 우아한 일이더라 했다. 새벽 4시면 아침을 먹고 점심 도시락까지 챙겨 파인애플 회사에서 보내 주는 버스를 타야 한다며 어제 저녁을 먹자마자 아쉬운 발걸음을 재촉하던 사람들을 생각하니, 동네사람들끼리 모여 노래를 선창해 가며 커피 따던 시절이 참 호시절이었던 모양이다.* 지난 시간이기에 아름다운 것일까? 그렇게 생각하고 넘어가기엔

---

* '코스타리카에서 가장 훌륭한 재상(宰相)은 좋은 커피가격이다'라는 말이 있다. 19세기 초 독립과 함께 커피를 통해 안정적인 국가형성과 민족성 고취를 꾀하는 동안 코스타리카 정부는 1825년과 1831년 두 차례에 걸쳐 다음과 같은 법령을 발표하였다. "누구든지 빈 땅에 5년 이상 커피를 심어 재배하는 사람은 5년 후 해당 토지에 대한 소유권을 인정받는다." 커피는 코스타리카의 모든 것이었고 코스타리카 사람들의 자존심이었다. 그러했던 커피가 20세기 말 세계 커피경제의 변화와 함께 큰 위기를 맞고 있다. 가장 큰 변화는 '베트남의 등장'이다. 에티오피아에서 시작된 커피가 예멘의 모카항을 통해서만 이 세상에 나오던 시기를 거쳐 네덜란드 상인에 의해 아시아 인도네시아로 건너가는가 싶더니, 브라질 상파울로 고원에 도착한 것이 19세기 초반이다. 이후론 한 세기가 훨씬 넘는 시간 동안 세계 커피의 역사는 포르투갈어로 쓰였다는 말이 있을 정도로 브라질은 세계 커피생산의 독보적 존재였다. 그리고 그뒤를 잇는 것은 항상, 당나귀 등에 커피자루를 싣고 내려오는 '후안 발데스'의 나라 콜롬비아였다. 영원했고, 영원할 것 같은 부동의 1, 2위였다. 그런데 이러한 사실은 이제 역사일 뿐이다. 브라질이 세계 커피생산에서 여전히 1위를 고수하고 있다지만, 2000년 이후 콜롬비아는 부동의 2위 자리를 베트남에 내준 채 3~4위에 머물고 있다. 1980년대만 하더라도 세계 커피생산의 0.1%도 점하지 못하던 베트남이 1990년대 후반 1%를 점하는가 싶더니 이제는 10%를 점하고 있다. 커피가 베트남의 주 외화수입원이 된 이후 '달러나무'라 불린다는 커피나무가 내륙지역을 중심으로 급속한 속도로 확산되었고 커피생산은 불과 30년 사이에 10만 자루(60kg)에서 1,000만 자루까지 성장하였다. 커피보다는 차(茶)문화에 가까웠던 베트남에 최근 20~30년 사이 '달러나무'라 불리는 커피가 심겨진 데는 베트남 정부의 전쟁으로 황폐화된 내륙지역을 개간한다는 의지의 표명이었지만, 실은 그를 부추긴 IMF와 세계은행의 적극적인 지원이 있었기 때문이다. 그리고 그 이면엔 우리가 흔히 알고 있는 '네슬레'나 '멕스웰하우스'를 비롯한 다국적 커피기업의 로비와 전략이 있었다. 과잉공급으로 인한 커피가격 하락이 목적이었다.

베트남에서 생산되는 커피 대부분이 '로부스타'(Robusta) 종이다. 전 세계 커피의 70%를 점하는 '아라비카'(Arabica) 종에 비해 병충해에 강하고 성장이 빠르지만, 커피의 질은 낮은 편이어서 대부분이 인스턴트 커피재료로 사용된다. 세계 커피생산에서 전혀 의미를 점하지 못하던 베트남이 파죽지세로 치고 올라와 부동의 2위였던 콜롬비아를 제치고 세계 커피생산 2위를 점하게 되자 20세기 말 세계 커피가격은 끝이 보이지 않는 하락국면으로 접어들었다. 세계 커피시장에서 거래되던 가격이 파운드당 1.8달러에서 0.6달러까지 곤두박질쳤다. 과거 전 세계 커피생산의 30% 이상을 담당하는 브라질 상파울루 고원에 야간서리가 내려주면 단 한 방에 해소된다던 과잉공급의 덫이 혜성처럼 등장한 베트남 커피와 함께 도무지 해결의 기미가 보이지 않는 구조적 문제로 고착되어 버렸다. 어디서든 좋은 커피는 유럽이나 일본 상인들이 와서 입도선매격으로 계약구매하기 때문에 세계 커피가격 하락으로부터 그리 큰 영향을 받지 않는다지만, 문제는 베트남에서 생산되는 커피와 비슷한 수준의 커피를 생산하는 국가나 지역들이다. 코스타리

지금 상황이 너무 팍팍한 것 같다. 커피밭이 사라진 지금, 어떻게든 살아 간다고는 하지만, 그래도 왕년에 노래를 선창해 가며 커피 따던 시절을 그들도 그리워하고 있었다. 어제 7년 만에 받아든 사진을 보며 삶의 팍 팍함에 잠시 잊고 있었던 지난 날의 호시절을 아름답게 추억하였다. 이 른 새벽 텅 빈 커피밭으로 들어가는 길목에 서서 그 옛날 촤르륵~ 촤르 륵~ 커피열매 쏟아 내리던 소리를 듣는다. 하루 계측을 마치고 커피 바 구니 카후엘라를 둘러메고 나오며 폼을 잡던 그 장면을 본다. 그렇게 어 느 날 커피나무 아래 묻혀 어제 본 드라마를 구전으로 재방송하던 때처 럼, 어느 날 커피 따고 집으로 돌아가던 길 커피밭을 나오며 폼잡고 사 진 찍은 그날처럼 이들이 다시 커피밭으로 돌아올 수 있었으면 좋겠다. 그리고 어제 본 '수학 빵점' 양시가 그 사진 속에 보이던 만큼 다시, 환한 웃음을 웃어 주면 좋겠다.

카를 놓고 본다면 고급커피가 생산되는 '타라수' 지역은 세계 커피가격 하락을 견뎌 내며 기존 커피생산 시스템을 유지할 수 있다지만, 해발고도가 500미터 정도였던 '페레스 셀레동'에서 생산되는 커피는 베트 남에서 생산되는 커피와 직접 경쟁해야 하는 상황에 직면할 수밖에 없었다. 이들로부터 커피를 사들이는 다국적 커피기업들은 굳이 이곳이 아니더라도 얼마든지 과잉생산된 커피를 사들일 수 있기 때문에 가격 하락에 제동이 걸리질 않았다. 이러한 상황에서 가장 먼저 무너진 것은 규모의 이익을 기대할 수 없는 소 규모 커피생산 농가였다. 가격 하락의 압력을 견디지 못한 커피생산자들은 커피나무를 뽑아내고 유지비 가 덜 드는 생계작물이나 소 사료용 목초를 심을 수밖에 없는 상황이었다. 커피밭이 사라지면서 겪게 되 는 위기는 단순히 커피생산 농가에만 그치는 것이 아니라 노동력이 집중되는 수확기에 동원되던 농업임 금노동자들에게도 직접적 영향을 미치게 된다. 커피수확기 노동력 수요가 사라지면서 마을사람들은 주 변 지역의 파인애플이나 사탕수수 수확 등과 같은, 훨씬 더 힘든 일로 생계를 꾸려 간다. 그를 견디지 못 한 사람들은 도시로 흘러들어가 도시 빈민이 되거나, 남겨진 가족들의 삶을 담보로 한 채, 빚을 얻어 목숨 을 걸고 미국으로 불법이주할 수밖에 없는 상황에 처하게 되었다. 미개간지에 커피나무를 심는다는 것 자 체가 곧 장밋빛 미래였던 호시절은 이제 다시 오지 않을런지도 모르겠다. 가장 훌륭한 재상이라던 '좋은 커피가격'이 사라진 코스타리카에서 커피에 자존심과 자부심을 갖고 살아온 사람들이 직면하고 있는 현 실이다.

타라수,
카페 로스산토스

택시를 타고 기사에게 바리오 루한Barrio Lujan의 로스산토스행 버스터미널로 가자 했더니, 없어진 지 오래라 했다. 한적한 주택가에 철조망을 두르고 딱 버스 한 대 가두어 놓고 그 안에서 손님을 태우고 내렸는데, 그 터미널이 없어지고 대신 페레스 셀레동으로 출발하는 버스터미널인 MUSOC에서 타라수행 버스를 탈 수 있다고 했다. 작고 아담하고, 타고 내리는 사람들이 대부분 한 동네 사람들이다 보니 가족적이기까지 했는데, 그만, 그런 터미널이 사라져 버렸다니 아쉽다. 더 큰 버스회사인 MUSOC에 팔렸다 하니, 어딜 가나 작은 것은 살아남기 힘든 세상인가 보다.

기사가 내려준 MUSOC 버스터미널에 들어서면서 페레스 셀레동 냄새를 맡는다. 세월이 갔어도 산호세 MUSOC 터미널에서 나는 페레스 셀레동 냄새는 변함이 없다. 덥고 습하고 땀내가 진하다. 그 터미널 한 귀퉁이에 타라수행 버스표를 파는 창구가 있었다. 산호세에서 페레스 셀레동 냄새를 맡으며 타라수를 향해 떠났다.

차가 터미널을 떠나는 그 순간부터 사소한 것 하나하나 놓치지 않고 본다. '그래 이 길이었지, 이 길을 따라 처음 타라수에 갔었고, 그리고 그곳에 살게 되었지.' 인걸은 간 데 없어도 산천은 의구하다는 옛말 하나 그른 바 없이, 길은 그대로였다. 한국이라면, 벌써 몇 번 길이 넓혀지고 뒤집어지고 했을 시간인데, 딱 코스타리카의 리듬대로 그대로다. 애써 과거의 지표들을 찾으며 길가에 핀 들꽃 하나하나에도 눈길이 간다. 그 길을 거슬러 다시 8년 전, 그리고 7년 전, 그 시간으로 돌아간다.

한 시간 반 남짓, 파나마 방면으로 판아메리칸 하이웨이를 따라 3,000미터 가까이 고도를 높이다 타라수를 향해 내려가기 시작한다. 저 멀리 타라수가 보인다. 마을 한가운데, 코발트빛으로 칠해진 교회 종탑은 여전히 아름답다. 처음, 물어 물어 타라수를 찾아와서 버스에서 내리던 그때 내 마음을 살짝 끄집어 내보기도 하고, 한창 커피 수확철, 니카라과 사람들과 과이미들이 북적북적 거닐던 타라수 다운타운 거리를 추억해 보기도 한다. 괜히 마음이 싸아해진다.

도냐 베르타에게 가겠다 기별을 했으니 기다리고 있을 것이 뻔한데, 타라수에 내려 다운타운, 그 작은 시내를 천천히 둘러본다. 예전에 있던 빵집, 식당, 술집, 그리고 하나 있던 여관까지 그대로다. 다시 한 번, 나 혼자만 타임머신을 타고 잠시 잠깐 미래로 여행을 다녀온 기분이다. 커피 수확철이 아니니 다운타운은 적막하다 싶을 만큼 한가로웠다. 도냐 베르타 집에 가면 의자에 앉기도 전에 커피를 내줄 것이 뻔한데, 발길은 카페 로스산토스 Café Los Santos로 향한다. 가서 제시카에게 맛있는 커피 한 잔 만들어 줄 것을 부탁하고 7년 전에 찍은 사진을 건네줄 생각이었다. 정확히 기억을 쫓아갔는데, 카페 로스산토스가 보이질 않는다. 혹시나 길을 잘못 짚었나 싶어, 아니면 그 사이 이사를 했는가 싶어 두 서너 블록이 전부인 타라수 다운타운을 동서남북으로 훑어 봐도 카페 로스산토스가 없다. 정확히 카페가 있던 곳이다 싶은 곳엔 미장원이 들어서 있었다. 그 앞을 서성거리니 주인이 나온다. 카페 로스산토스를 아느냐 물으니, 몇 해 전에 없어졌단다.

겨우 세 개뿐이던 테이블을 채우는 날보다 비운 채로 두던 날이 더 많더니, 카페 로스산토스가 그새 사라져 버렸다. 하긴, 커피의 고장 이곳 타라수에서 학교에 가는 꼬맹이들도 하루하루 눈 뜨자마자 마시는 것이 커피이고, 하루 종일 집집마다 의식을 치르듯 시시때때로 커피를 끓여 내는데 누가 할 일 없이 부러 이곳 카페까지 와서 돈을 주고 커피를 사먹겠는가? 이틀이 멀다 하고 카페를 들락거리는 나를 도냐 베르타도 철없다 여기지 않았던가? 그러니 인근 세 개 마을을 털어 달랑 하나뿐인 카페라 하더라도 장사가 될 리 만무였을 터.

서운했다. 천장 구석 새집 모양으로 만들어진 작은 스피커에서 흘러나오던 올드팝송이 얼마나 달디 달았던가? 제시카가 만들어 주는 커피 한 잔 때문이 아니라 어쩌면 다소 촌스럽게 흘러나오던 그 올드팝송 때문에 카페 로스산토스를 찾던 날들이 있었다. 이해한다고 했지만, 그저 보고 들을 뿐이면서도 방죽가 집 사람들의 삶이 너무 딱하여 내 마음이 감당하지 못할 때가 허다했다. 그때마다 나는 카페 로스산토스로 숨어들었다. 그곳에서 늘 흘러나오던 올드팝송을 들으면서 애써 그들의 신산스러운 삶으로부터 도망치려고 안간힘을 썼다. 당시 카페 로스산토스는 내가 오직 나만을 위해 존재할 수 있는 유일한 공간이었다. 돈을 주고 커피를 사마시는 일은 분명 타라수에선 사치스러운 일이었지만, 그곳이, 그리고 그 순간이 타라수 시절 내 삶의 커다란 위안이었다. 테이블 달랑 세 개에 직원 한 명이 전부였던 카페였지만, 그곳이 내겐 예술의 전당, 그 이상이었다.

미장원 주인은 친절하게도 돈 로드리고Don Rodrigo의 철물점 옆으로 새로운 커피집이 생겼다고 안내해 주었다. 찾아가 보니 7년 전 통닭집이 있던 자리다. 매주 토요일이면 통닭을 철사 가득 꿰어 걸고 커피나무 장작을 때가며 빙글빙글 돌려 닭을 굽던 곳이다. 들어서고 보니 메탈로 된 탁자가 여러 개 놓여 있고 직원도 서너 명이나 되고 따로 빵과 케이크를 진열해 놓은 유리관까지 있는, 제법 큰 규모다. 바$_{Bar}$ 쪽으로 자리를 잡았다. 커피 한 잔을 시키고 제시카 사진을 꺼내 보이면서 혹 이 사람을 아느냐 물었다. 직원 중 한 명이 제시카를 알고 있었다. 몇 해 전 오라버니를 따라 미국 어딘가로 갔다 했다. 그러곤 소식이 없다 했다. 어쩌다 한두 명 손님이 드는 카페 로스산토스를 꾸준히 지키던 제시카였는데, 아마도 카페가 문을 닫고 나니 있을 곳이 없었던 모양이다. 혹시나 제시카가 고향으로 다시 올까 싶어 제시카를 알고 있다는 카페 직원에게 사진을 전해 둘까 싶기도 했지만, 분명 큰 대가를 치르고 들어간 곳일 텐데, 다시 돌아오기가 쉽겠나 싶은 마음에 꺼낸 사진을 도로 집어넣었다.

　새로 생긴 카페는 이제 막 문을 연 것인지, 아직 간판도 달지 않은 채였다. 카페 로스산토스에 비한다면 한참 세련된 모습이었지만, 나는 왠지 서먹했다. 차가운 느낌의 메탈로 된 테이블들과, 크지만 다소 어수선한 분위기가 아무리 봐도 이곳 타라수와는 어울리지 않는 것 같았다. 도시의 흉내를 제법 낸 것 같은데, 투박한 나무테이블 세 개가 정갈하게 놓여 있던 카페 로스산토스의 소박함이 그리웠다. 금속으로 된 스피커에서 흘러나오는 클래식 음악보다는, 새집 모양으로 만들어진 나무 스피커에서 흘러나오는 올드팝송이 훨씬 더 타라수다웠던 것 같다. 그런데 그것이 그만, 한때 참으로 촌스럽게 살았던 나만의 생각이었던 모양이다. 이름도 없는 새로운 커피집에 사람들이 제법 든다. 동네사람들인 것 같기도 하고 더러는 아닌 것 같기도 하고. 그러고 보니 입구에 선물용으로 포장한 타라수 커피들이 진열되어 있다. 이곳 타라수까지 관광객들이 오는 모양이다. 미국에서 온 듯한 사람들도 있고, 카페 안이 북적북적 생기가 넘치는데, 나는 자꾸만 그 옛날의 고즈넉했던 카페 로스산토스가 그립다. 수줍게 웃으며 커피를 만들어 내주던 제시카가 자꾸만 그리워진다. 방죽가 집에 살던 사람들의 고민을 다 끌어안고 허우적거리던 그 시절이, 그리고 그때의 내가 살짝 그리워지도 한다.

타라수,
도냐 베르타 가족

정신없이 흐른 것 같은 6년 세월이었는데, 그 사이 도냐 베르타 가족에게도 많은 변화가 있었다. 내 방문 소식에 도냐 베르타의 커피밭에서 커피를 따던 첫날, 나와 동행해 주었던 도냐 베르타의 손자 다니엘과 후안 카를로스가 옆마을에서 건너왔다. 첫날 같이 커피밭으로 오르던 길에 조금은 수줍어하면서도 내가 묻는 말에 아주 친절하고 정확하게 답해 주던 다니엘은 그 새 대학생이 되어 있었다. 수줍은 사춘기를 지나서인지 지난 날 후안 카를로스가 나를 졸졸 따라다니며 말을 걸던 것처럼 오히려 동생 후안 카를로스보다 훨씬 사교적이면서도 의젓해진 모습이었다. 반면 첫날 커피를 따러 가는 길에 조개를 잡아주겠다, 오렌지를 따주겠다 천방지축 첨벙거리던 후안 카를로스는 사춘기 중학생이 되어 그때 형이 그랬던 것처럼 과묵하고 진중한 청년이 되어 있었다. 다니엘은 그때의 바람대로 축산학과에 진학했다고 했다. 커피 수확철에 맞춰지는 방학 때마다 할머니 커피밭에서 커피를 따 모은 돈으로 이미 소도 두 마리나 샀다면서, 자기 몸에는 아마도 소를 사랑하는 피가 흐르는 것 같다고 했다. 한없이 개구지면서도 2002년 축구 월드컵이 열리던 해 학교 선생님한테 얻어온 신문을 보

2003년 다니엘(우)과 후안 카를로스(좌)

훌쩍 커버린 다니엘(우)과 후안 카를로스(좌)

고 배워 그린 태극기를 선물해 나를 감동시켰던 후안 카를로스는 생물학이 너무 좋아 아무래도 대학을 진학하게 되면 생물학을 전공할 것 같다고 했다. 방학이면 한없이 놀고 싶을 텐데 이른 아침 엄마가 싸주는 도시락을 챙겨들고 커피밭으로 오르던 형 다니엘과 동생 후안 카를로스, 둘 다 참 잘 컸다.

그날 저녁 이웃마을에 사는 도냐 베르타의 막내딸 마리셀라Maricela가 왔다. 내가 타라수에 살던 시절 이제 막 두 돌 무렵이던 마리셀라의 아들 호수에Josue는 의젓한 초등학생이 되어 있었고 내가 알지 못했던 동생이 태어나 그새 네 살 꼬마숙녀가 되어 있었다. 2002년 내가 처음 이곳에 들어왔을 때, 도냐 베르타 가족이 나를 데리고 마을에 유일한 피자가게에서 조촐한 환영파티를 열어 준 일이 있었다. 말이 환영파티지, 새로 살게 된 나에게 마을 인근에 흩어져 사는 도냐 베르타의 가족을 소

아홉 살이 된 호수에(왼쪽) 그리고 6년 전 호수에와 도냐 베르타(그녀 우측) 모습(오른쪽 위)
4년 전 태어난 호수에의 동생 마리(오른쪽 아래)

개해 주는 자리였다. 그래도 평생 외식이란 것을 모르고 살던 가족이기에, 도냐 베르타가 큰 맘먹고 만들어 준 자리였을 터. 언젠가 기회가 되면 그 고마움을 꼭 갚고 싶었다. 그래서 이번엔 내가 스무 명이 넘는 가족 모두를 저녁 외식에 초대했다. 8년 전 도냐 베르타가 자리를 만들어 준 그 피자집으로.

1920년대, 도냐 베르타의 아버지가 산호세에서 커피밭을 찾아 이곳 타라수에 들어와 시작되었다는 이들 가족의 타라수 생활, 그리고 커피. 타라수 제2세대인 도냐 베르타와 이미 작고한 그녀의 남편 돈 나랑호Don Naranjo에서 시작되어 다시 3대를 거치면서 가족은 자그마치 39명으로 불어 있었다. 그 중에 그 날 저녁 타라수 다운타운 피자집에 모인 사람은 스물댓 명 남짓. 대서양 쪽 항구도시인 리몬에서 나고 자란 흑인 남자와 결혼하여 코스타리카의 인종차별을 견디지 못하고 미국으로 건너 간 둘째딸 가족과 새로운 땅을 찾아 페레스 셀레동으로 개간을 위해 이주 한 둘째 셋째 아들 가족 빼고는 다섯 자녀의 배우자와 손자들까지 모두 모였다. 코스타리카 타라수 커피의 역사라 할 수도 있는 이들 가족 삼대를 보면서 괜히 내 마음이 뭉클했다.

    타라수에 들어온 후 소 두 마리가 끄는 마차에 커피를 가득 싣고 산호세까지 나가 소금을 비롯한 생필품과 바꿔 오곤 했다는 도냐 베르타의 아버지는 이미 돌아가신 지 오래이고, 어릴 적 어지간히 사는 집안 딸이었어도 신발이 귀해 맨발로 16킬로미터 첩첩산중 산길을 올라 오늘날 판아메리칸 하이웨이가 지나는 곳에서 트럭을 타고 산호세에 다녀오곤 했다는 도냐 베르타가 이제 일흔을 넘겼는데도 타라수 다운타운은 큰 변화 없이 그대로라 했다. 그때나 지금이나 가로 세로 두 블록씩, 그때는 남자옷을 맞춰 주는 집과 여자옷을 맞춰 주는 집이 따로 있었는데 다운타운에서 가장 늦게까지 불이 켜져 있을 정도로 장사가 잘 되었단다. 그런데 그 맞춤집이 다 사라지고 지금은 미국에서 들어온 중고옷집들이 판을 치고 있는 것이 큰 변화라면 큰 변화랄까. 최근까지도 옷을 만들어 입었다는 도냐 베르타도 요즘은 가끔 그 중고옷가게에서 옷을 사 입는다 했다.

    그때나 지금이나 별반 다름없는 타라수 다운타운 한가운데서 어떻게든 3대 4대에 걸쳐 타라수 커피와 관련을 맺고 사는 도냐 베르타의 식구들을 초대해 저녁식사를 한다는 것 자체가 큰 영광이었다. 내가 알고 지낸 7~8년의 세월과는 비교할 수 없는 세월을 살아 낸 사람들, 그 한가족 자체가 바로 코스타리카 타라수 커피의 산 역사였다. 몇 해째 커피가격이 곤두박질 치는 바람에 다소 어렵다 하나, 커피농사를 관두는 일은 차마 꿈에도 생각지 못하고 그저 묵묵히 그 세월을 견디어 내는 이 가족 앞에 절로 존경심이 우러나왔다. 평생 요령이라는 것과 사치라는 것을 모르고 그저 커피 하나만 보고 묵묵히 자기 인생 앞에 주어진 길을 걷는 이들 가족이 있어 타라수 커피의 명맥이 이어지는지도 모르겠다. 커피밭 주인이라고는 하지만, 커피를 따는 사람들보다 더 일찍 일어나 커피밭에 오르고 커피를 따던 사람들이 다 돌아간 후에도 커피밭에 남아 커피나무를 돌보는 이들을 통해 타라수 커피의 역사는 계속 이어질 것이다. 타라수 다운타운의 작은 피자가게 하나를 가득 채운 이 가족을 통해 타라수 커피의 명성이 이어질 것이다. 가족 전체로 치자면 수십 헥타의 커피밭을 가지고 있으면서도 소박하기 그지없어 그날 밤 피자 한조각에 그토록 행복해하던 도냐 베르타의 가족에게 오히려 내가 진심으로 감사했다.

산타마리아 도타 커피집,
그리고 옛친구 후안 엘리

타라수에 유일했던 커피집 카페 로스산토스의 옛 모습이 사라져 내심 서운하다 했더니 도냐 베르타가 타라수의 이웃마을인 '산타마리아 데 도타'Santa Maria de Dota에 가잔다. 커피로 치자면 타라수만큼이나 유명한 도타 커피조합에서 커피집을 냈단다. 당신도 소식만 듣던 중이라며, 그곳에 한번 가보자 했다. 그러지 않아도 도타 커피조합에서 커피 볶는 일을 하던 옛 친구 후안 엘리Juan Ely를 만나 보려던 차에 잘 되었다 싶어 도냐 베르타의 낡은 지프차를 타고 집을 나섰다.

도타 커피조합 한 귀퉁이에 문을 연 커피집은 그 옛날 타라수 커피집 로스산토스만큼이나 아담했다. 테이블 서너 개를 놓고 있었는데, 오전 중이라 그런지, 아니면 그 옛날 타라수 커피집 모양으로 늘 이렇게 손님이 없는 것인지, 모든 테이블이 텅 비어 있었다. 나를 그곳에 데려간 도냐 베르타는 커피집에 들어가 커피를 마셔 보기는 일흔 평생에 처음이라 했다. 더러 산호세에 나가면 길 모퉁이에서 잔에 담아 파는 커피를 사마셔 본 적은 있어도 이렇게 커피만 파는 집에 부러 들어와 보기는 생전 처음이라 했다. 설탕이 담뿍 들어간 채 솥에 끓여 내리는 커피를 평생

한껏 멋을 부려 내온 카푸치노

마셔 왔으니, 카푸치노나 카페모카와 같은 커피는 마셔 보지 못했을 터, 도냐 베르타를 위해 카푸치노 한 잔과 카페모카 한 잔을 주문했다. 무료하게 가게를 지키던 점원이 내온 커피를 보고 도냐 베르타가 아이같이 좋아했다. 카푸치노 윗부분 거품에 어떻게 기교를 부린 것인지 아름다운 나뭇잎 하나가 그려져 있었다. 커피집 벽면에는 2008년 세계커피대회에서 타라수 커피가 2위를 했다는 인증서와 커피대회 포스터가 걸려 있었다.

커피를 마시고 도타 커피조합Coope. Dota 안으로 들어갔다. 잘 건조된 커피가 산더미처럼 쌓인 곳을 지나 건물 깊숙히 커피 볶는 곳까지 들어갔다. 마침 아저씨 한 분이 커피를 볶고 있다가 우리를 본다. 옆동네라지만, 태어나고 자란 곳에서 결혼하고 아들 셋에 딸 다섯을 길러 낸 도냐 베르타이니, 어떻게든 엮일 것이다. 이러고 저러고 맞춰 보니 도냐 베르타 셋째딸과 초등학교 동창이라 했다. 그곳에서 볶아지고 분쇄된 후 포장되는 커피는 코스타리카 내수용이라는데, 내수용이라고는 하지만 CAFÉ BRITT나 CAFÉ REY 등과 같은 거대상표가 국내시장을 워낙 세게 잡고 있으니 도타 커피조합에서 나가는 커피는 안타깝게도 대부분 로스산토스 지역 내 소비로 한정되었다. 커다란 솥에 커피를 볶아 내는 바쁜 와중에도 도냐 베르타와 올해 커피 작황부터 가격까지 한참 이야기를 나누더니 그제서야 나를 본 모양이다. 어디서 왔느냐 묻는다. 대한민국에서 왔다 하니 반가운 기색이다. 잠시 생각에 잠기더니 7~8년 전쯤 이곳에 한국사람이 한 명 살았다고 말문을 뗀다.

'이곳에 한국사람이?' '이 시골까지 무슨 연유로 흘러들어온 것일

도타 커피조합 한쪽에 문을 연 카페테리아 전경

도타 커피조합 카페테리아 벽에 걸린 커피챔피언 포스터

까?' 아무리 생각해도 이곳까지 한국사람이 와서 살 이유는 딱 한 가지, 세계 각곳 시골 어디든지 들어가는 여호와증인 선교사가 아니었던가 물었다. 그랬더니 아니라면서, 커피에 관심이 많았던 아가씨였더라 했다. 그러지 않아도 최근 한국에서도 간혹 타라수 커피가 판매된다 하더니, 어느 지독한 커피 매니아가 아마도 이곳까지 타라수 커피를 찾아 왔었던 모양이다. 지도상에도 나오지 않는 이곳 시골마을 타라수까지 흘러 들어와 살았던 인연만으로도 한번 만나 보고 싶다는 생각이 들었다. 혹시 그 한국에서 왔다던 아가씨 이름을 알 수 있을까 물으니, 안타깝게도 이미 너무 오래 전 일이라며, 이름을 기억하지 못한다 했다. 오히려 날더러 혹시라도 한국 어딘가에서 우연히 한때 타라수에서 살았다는 처자를 만나게 되거든 이곳 타라수에서 여전히 커피 볶는 친구, 자기가 늘 소식 궁금해 하더라 안부를 전해 달라고 부탁했다. 아저씨 기억으로 7~8년 전이라니, 내가 타라수에 머물던 때와 거의 같은 시기였을 텐데, 이 좁은 지역사회에서 흔치도 않았을 한국, 아니 동양사람들끼리 서로 모르고 지냈다는 사실이 신기했다. 아마도 어쩌면 나보다 먼저 이곳을 다녀갔을 수도 있겠다 싶은 사람. 만날 수만 있다면 여러 가지 할 이야기들이 많을 것 같은데, 아쉽다. 아쉬워하는 내 마음을 읽은 것일까. 아저씨가 그때 다녀갔던 한국사람 이름은 기억하지 못하지만, 이곳에서 불리던 별명은 기억한다 했다.

'몬타냐', 아저씨가 기억하고 있는 그 한국사람의 별명이 몬타냐라 했다. 몬타냐라는 이름을 듣는 순간 하도 황당하여 넋을 놓고 있는데, 도냐 베르타가 옆에서 나서며 "아이고 이 친구야, 이 사람이 바로 몬타냐여" 말을 거든다. 커피를 볶던 그 아저씨도 순간 할 말을 잃는다. 서로 어색하게 웃으며 바라보다 겨우 물었다. "당신은, 누구신가요?" '후안 엘

도냐 베르타와 후안 엘리

리'란다. 그제야 7~8년 전 커피조합에 들를 때마다 이곳저곳으로 데리고 다니며 자상하게 설명을 해주던 후안 엘리 얼굴이 조금씩 드러난다. 7년 세월이 그렇게 길었나……. 30분을 넘게 이야기하면서도 서로가 옛날 친구의 얼굴을 알아보지 못했으니, 아이고 세상에, 라는 말밖에는 할 말이 없다. 후안 엘리도 Incréble, dios mio dios mio(믿을 수가 없어, 오! 신이시여~)를 연신 쏟아내며 도무지 믿지 못하겠다는 눈치이다. 그리고 미안해하는 눈치이다. 정작 미안하기로는 내가 더한데…….

7~8년 전, 타라수 도냐 베르타의 커피밭에서 지내면서 니카라과 사람들과 어울리다 보니 늘 빈대와 머릿속 이가 문제였다. 게다가 해발고도 2,000미터가 다 되는 곳에서 겨울철에 차가운 물로 머리를 감기란, 참으로 심란하기만 한 일이어서 결국 대책을 세운 것이 삭발을 겨우 면할 정도의 짧은 머리였다. 거기에 늘 흙먼지 가득한 입성이었으니, 7년

커피를 볶아 내는 후안 엘리

만에 나름 말쑥하게 차려입고 갑자기 나타난 친구를 몰라볼 수밖에 없을 터. 오히려 늘 그 자리에서 같은 모습으로 커피를 볶아 온 옛 친구 후안 엘리를 단박에 알아보지 못한 내가 그에게 참 미안했다. 서로가 서로에게 미안해하면서도 반가움에 할 말이 더 많아졌다.

후안 엘리가 먼길 찾아온 친구를 대접한다고 손으로 일일이 고른 최상품 콩을 즉석에서 볶은 후 갈아 만든 커피를 내려 준다. 최근 몇 년 새 더러 이곳까지 찾아오는 외국인 관광객들이 있어 커피조합 길가에 면한 쪽을 터 커피도 팔고 빵도 파는 커피숍 산타마리아 데 도타Cafeteria Santa Maria de Dota를 만들었지만, 아무래도 사람이 드는 날보다는 들지 않는 날이 더 많다 했다. 그래도 다행인 것은 이곳에서 생산되는 커피 대부분이 입도선매격으로 유럽시장으로 나가고, 최근에는 코스타리카 내 맥도날드에서 '도타-타라수' 커피 일부를 사들인다 했다. 후안 엘리는 맥도날드에서 이곳 커피를 사들인다는 소식에 아주 고무되어 있었다. 이미 도타-타라수 커피가 팔려 나가는 유럽의 고급 커피집에 비하면 맥도날드 쯤이야 아무것도 아닐 텐데, 평생 이곳에서 나고 자라 커피조합에서 커피를 볶아 온 후안 엘리에게는 맥도날드가 곧 제1세계요 신세계로 여겨지는 듯했다. 순간 미국으로 건너가 몇 달 일한 맥도날드에서 유니폼 한 벌을 얻어와 가보라도 되는 양 장롱 깊이 간직하고 있던 니카라과 산타루시아 마을의 도냐 루신다가 생각났다. 그녀가 그랬던 것처럼 후안 엘리도 '맥도날드 카페' 로고가 박힌 에스프레소 컵 하나를 소중하게 간직하고 있었다. 멀리서 반가운 친구가 왔다고 책상 위에 소중히 간직하고 있던 맥도날드 에스프레소 컵에 손수 볶고 갈아 내린 커피를 담아 준다. 7년의 세월, 정신없이 눈 깜빡 할 사이에 흘러온 시간인 것 같은데, 그래도 시간의 흐름은 거스를 수 없어 서로가 변하긴 변한 모양이다. 후안 엘리를 찾아간 곳에서 그를 바로 앞에 두고 이야기를 나누면서도 나는 그를 몰라봤고, 그 또한 나를 바로 앞에 두고서도 어딘가에 있을 몬타냐에게 안부를 전해 달라 오히려 나에게 청했으니, 오랜 시간 만에 불쑥 전에 살던 곳을 찾아 떠난 여행에서 얻은, 콩트와도 같은 유쾌한 에피소드다.

5장

프레디를 찾지 않는 것이 좋을 뻔했다

다시 프레디를 찾을 수 있는 유일한 길은,
니카라과 산타루시아 마을을 찾아가 그의 친척 누군가로부터
미국 연락처를 알아내는 것이었다. 더 미룰 수 없었다.
2009년 여름, 내 지난 삶의 흔적을 찾아 떠난 여행에서
어쩌면 프레디를 다시 찾는 것이 가장 큰 바람이었는지도 모를 일이었다.

2009년,
다시 니카라과로

2006년 프레디가 사는 마이애 미라는 곳이 어떤 곳일까 하는 마음으로 그곳을 방문한 후 3년이 흐르는 2009년까지 간혹 프레디를 생각하긴 했지만, 다시 프레디를 찾아 나설 만큼 내 삶이 여유롭지 못했다. 매년 크리스마스가 다가오면 내가 사는 곳 주소를 큼지막하게 적어 번지수도 없는 니카라과 산타루시아 안토니아 집으로 카드를 보냈지만, 답장은 오지 않았다. 좋게 생각했다. 마이애 미 빵집에서 일하던 프레디가 돈 많이 벌어 니카라과에 남겨 뒀던 아내 안토니아와 두 아이들을 미국으로 데려간 것이라고……. 아내와 아이들을 끔찍이도 아끼던 프레디였으니, 하루 스무 시간을 일해서라도 돈을 모아, 서둘러 아내와 아이들을 데려갈 만했다. 미국 어디에선가 네 식구가 단란하게 살고 있을 것이라 생각했다. 다시 프레디를 찾을 수 있는 유일한 길은, 니카라과 산타루시아 마을을 찾아가 그의 친척 누군가로부터 미국 연락처를 알아내는 것이었다. 더 미룰 수 없었다. 2009년 여름, 내 지난 삶의 흔적을 찾아 떠난 여행에서 어쩌면 프레디를 다시 찾는 것이 가장 큰 바람이었는지도 모를 일이었다.

2009년 7월 19일 오전 11시경 산호세San José 티카버스Tica Bus 터미널에 도착했다. 직원에게 여권을 보여주고 미리 예약된 표를 받았다. 12시 정각에 니카라과와 파나마로 동시 출발하는 모양인지 두 대의 버스가 나란히 대기하고 있다. 2000년대 초반에 코스타리카에 있으면서 니카라과를 다닐 때만 해도 티카버스는 산호세 시내 한 켠에 건물도 제대로 갖추지 못하고 길에서 출발했었다. 그런데 파세오 콜론Paseo Colon에 자리 잡은 새 터미널은 철조망이 둘러진 차부도 갖추고 안쪽에 승객을 위한 의자와 화장실도 갖춘 것이, 그야말로 상전벽해가 따로 없다.

파나마에서 멕시코까지 연결되는 국제버스인 티카버스. 파나마에서 출발하면 닷새 후에 멕시코 남쪽 국경도시인 타파출라(Tapachula)에 닿는다

12시 정각 파나마행 버스가 출발한 후 바로 니카라과행 버스 탑승이 이루어진다. 새벽에 니카라과행 고급버스가 출발한다기에 좌석이 좀 여유로울까 싶었는데, 고급버스를 이용하는 승객이 별로 없는 모양이다. 한 자리도 여유가 없이 꽉 찬다. 하긴, 미국이나 유럽쪽 여행객이 아니고서는 갑절이나 비싼 고급버스를 타기는 무리겠지…….

버스가 출발하자마자 깊은 잠이 들었다. 늘 뭔가 막막한 일이 있을 때는 도피처를 찾듯 정신 없이 잠을 청하는 버릇이 있는데, 당장 니카라과에서의 오늘 일정이 어찌 될지 모른다는 막막함에 애써 잠을 청했다. 웅성거리는 소리에 정신을 차리고 보니 벌써 여섯 시간을 달려 코스타리카-니카라과 국경 '페냐스 블랑카스'Peñas Blancas에 도착한 모양이다.

코스타리카 출국 수속을 하기 위해 버스에서 내리니 뜨겁고 습한 기운이 후끈 밀려온다. 코스타리카 이민국 사무소는 그 사이 변한 것이 하나도 없다. 어둡고 습한 이민국 복도에 줄을 서 기다리다 코스타리카 출국 도장을 받는다. 어디서나 출국은 참 쉽다. 그래도 한 시간이 넘게 지체되었다. 다시 버스에 올라 100여 미터 떨어진 니카라과 이민국에 닿았을 때 이미 날이 어두워지고 있었다.

코스타리카 국경사무소에 있을 때는 그저 덥고 습했는데, 불과 100미터 정도 떨어진 이곳은 그 사이 비가 왔는지 곳곳에 물웅덩이가 보이고 덕분에 날씨도 제법 시원해진 것 같다. 니카라과 국경 사무소의 문 닫을 시간이 임박해서인지, 버스 조수가 한꺼번에 여권을 걷어 가고 그 사이 승객들은 세관 검사를 받는다. 버스 짐칸에 실었던 짐들을 모두 내리고 어두운 국경사무소 한켠에 짐과 함께 일렬로 줄을 서라 한다. 한참 후에야 무장한 세관원들이 도착하고 일일이 짐을 열어 보며 검사를 한다. 버스 승객 중 유일하게 화물로 부친 짐이 없어 세관 심사를 받지 않고 한쪽으로 서 있는데, 여권을 걷어 갔던 버스 조수가 되돌아와 나를 부른다. 무슨 일인가 싶어 물으니 이민국 사무소에서 나를 찾는다며, 비가 온 후 어둠이 내려 스산하기만 한 국경사무소 마당을 가로질러 어느 한 건물로 나를 데려간다. 조수를 따라가는 중에 뭔가 이상하다 싶어 왜 나만 부르냐 물으니, 여권상에 문제가 있는 것 같다 했다.

니카라과 국경사무소

컴컴하다 못해 음산하기까지 한 국경사무소 마당을 가로질러 조수가 나를 데리고 간 곳은 어느 한 부속 건물이었고, 조수를 따라 들어가자 이미 네 명의 국경경찰들이 나를 기다리고 있었다. 조수가 나를 사무실에 데리고 들어가자 국경경찰들은 조수에게 나가라 하고 나만 남겨 놓은 채, 안에서 철문을 걸어 닫는다. 기분이 썩 유쾌하지 않았지만 침착하게 그들을 바라보고 있자니, 대뜸 하는 말이 그간에 니카라과에 입국한 적이 있는지 묻는다. 사실대로 여러 차례 이곳 육로를 통해 입국한 적이 있다 말했다. 그러자 왜 여권에 그런 기록이 없느냐 다시 따져 묻는다. 여권이 새로 갱신되어 그간의 기록이 남아 있지 않다 답을 해도 좀처럼 믿을 기미를 보이지 않는다. 그때부터 길고 지루한 취조가 시작되었다.

　가만 보아 하니 동양인이라고는 나 하나뿐이니 어찌어찌 해서 돈을 좀 뜯어 볼까 하고 거는 수작인 것 같은데, 이미 여러 차례 겪은 경험이 있는지라 나도 그렇게 호락호락하게 넘어가지는 않았다. 이리저리 흠을 잡으려 위압적인 자세로 질문을 하는데, 거기에 위축될 이유가 없어 또박또박 답했더니 이제는 백지를 내주면서 서명을 해보란다. 서명을 해서 주니, 여권에 나온 서명과 일치하지 않는다며 다시 트집을 잡는다. 사람이 하는 서명이 어찌 매순간 똑같을 수 있겠냐 되물으니, 계속 백지를 가져다주며 여러 차례 서명을 요구한다. 이리저리 기회를 보는 모양이다. 지루한 취조과정에서 멕시코에 거주하고 있는 것이 밝혀지자 이번에는 멕시코 신분증과 멕시코 비자까지 제시하길 요구한다. 급기야 내 인내력의 한계가 폭발하고 말았다. 폐쇄된 공간에서 네 명의 경찰관 앞에 혼자 있는 상황이었지만, 당신들이 무슨 권리로 니카라과 입국에 멕시코 신분증과 비자까지 제시하길 요구하느냐 소리를 쳤다. 사실, 수첩 형태로 된 멕시코 비자는 혹시 분실할까 싶어 코스타리카 안전한 곳에 두고 온 터라 큰소리를 치긴 하면서도 내심 걱정이 되긴 했는데, 오히려 저쪽에서 조금 수그러지는 듯하다. 그 여세를 몰아 당신들이 내 멕시코 비자까지 간섭할 권리는 없다고 못을 박고, 대신 멕시코 신분증을 제시

5장 • 프레디를 찾지 않는 것이 좋을 뻔했다　261

했다. 신분증을 돌려가며 보던 그들 얼굴에 김샜다 하는 표정이 역력하다. 비겁한 사람들. 그래도 그냥 놔주긴 그랬던지 다시 내게 여러 번 백지에 서명할 것을 요구하였고, 내 여권과 신분증을 가지고 다른 사무실로 가서 복사를 하는 것 같았다.

네 명의 경찰관들이 번갈아 가며 앞뒤도 맞지 않게 질문해 대는 것에 답하고 열 번이 넘게 백지에 서명을 하고 나서야 그곳에서 나올 수 있었다. 닫혔던 철문이 열리자 바로 앞에 나를 그곳 사무실로 안내했던 버스 조수가 초조하게 기다리고 있었다. 아마도 스페인어를 제대로 하지 못하는 상황이었다면 얼마 정도의 돈을 뜯겼겠지 싶은 마음에 씁쓸했다. 조수가 조심스럽게 안에서 무슨 일이 있었냐 물었지만, 굳이 이야기 하지 않았다. 다만 열 번이 넘게 백지에 했던 서명을 찢지 않고 그냥 두고 나온 것이 영 찜찜했다.

다시 그 음산한 마당을 가로질러 버스가 있는 곳으로 와보니 이미 세관 심사가 다 끝나고 사람들이 버스에 올라 내가 오기를 기다리고 있었다. 버스 조수와 함께 오르자마자 버스는 니카라과 수도 마나과를 향해 출발했다. 니카라과 국경에서 마나과까지는 그렇게 멀지 않은 거리이다. 길게 잡아야 세 시간이기 때문에 굳이 잠을 청하진 않았다. 마나과 도착 예정 시간은 밤 10시 30분이었지만, 내가 국경경찰에 불려 가는 바람에 한 시간 정도 더 소요되는 듯했다.

마나과,
호텔 티카버스

마나과에 가까워 오자 옆에 앉았던 아주머니가 이것저것 묻기 시작한다. 자기는 마나과에 사는 사람이라면서 오늘밤 내 잠자리가 정해졌는지 묻는다. 딱히 정해진 곳이 없어 아직 그러지 못했노라 답을 했다. 그러자 아주머니는 마나과 티카버스터미널 주변은 너무 위험하니 오늘 자기 집에 같이 가서 자자고 한다. 마음이 복잡해진다. 아마도 예전 같으면 감사합니다 하고 두 번 생각지 않고 따라갔을 것인데, 이상하게도 마음이 내키질 않는다. 불과 7~8년 전만 해도 코스타리카 사람들이 가장 험하다고 말하는 니카라과 사람들과 섞여 같이 일하고 같이 먹고 같이 살기까지 했지만, 그 사이 내 마음이 늙어 버린 것일까? 도무지 이 아주머니를 어디까지 믿을 수 있을지 기준이 서질 않는다. 한 5분 정도 생각하다가 정중하게 거절하였다. 그 이후로도 아줌마는 계속해서 버스터미널 근처가 너무 위험하다 강조하며 자기 집으로 같이 갈 것을 권하셨다. 오히려 아줌마가 자꾸 강권을 하니 같이 가지 않기로 한 것이 잘한 일인 것 같다는 생각이 들 정도다.

자정이 가까운 시간이 되어서야 버스는 니카라과 마나과 티카버스터미널에 도착하였다. 이곳 역시 7년 전과 많이 달라진 모습이었다. 그

호텔 티카버스

간 티카버스가 돈을 많이 벌었나? 무엇보다도 큰 변화는 터미널 안에 여행객이 묵어 갈 수 있는 숙소가 생긴 것이었다. 얼마나 반갑던지, 그렇지 않아도 버스가 한밤중에 도착하면 주변에서 숙소를 찾아 헤맬 일이 난감 하였는데, 버스터미널을 나갈 필요도 없이 바로 숙소에 닿을 수 있다는 사실이 그저 반가웠다. 이곳까지 오는 동안 승객 대부분이 니카라과 사람들인 줄 알았는데 과테말라나 온두라스까지 가는 사람들이 상당한 모양이다. 짐칸에서 짐을 찾아 숙소로 드는 사람들이 많았다.

티카버스 사무실에 딸린 숙소 '호텔 티카버스' Hotel Tica Bus는 비교적 깔끔했다. 화장실을 공동으로 사용하는 방이 하룻밤에 미화 15달러였다. 내게 배정된 방은 차부 쪽으로 난 방이었다. 차부에는 내일이면 온두라스와 과테말라를 거쳐 멕시코 국경도시인 타파출라 Tapachula까지 올라갈 버스와 또 코스타리카를 거쳐 파나마까지 내려갈 버스 두 대가 나란히 서 있었다. 숙소에 들긴 했으되, 멕시코로 올라가는 버스와 파나마로 내려가는 버스를 바로 옆에 두고 자려니, 그야말로 판아메리칸 하이웨이 길 한가운데서 잠을 청하는 기분이다. 묘하다.

차부에 밤새 커둔 가로등 불빛 때문인지, 달빛 때문인지, 쉽게 잠을 청하지 못했다. 하루에 15달러짜리 숙소였지만, 그간에 니카라과 다니던 때에 비하면 별 다섯 개짜리 호텔보다도 더 좋다는 생각이 들었다. 2003년 프레디를 찾아 나선 길에 이곳 마나과 티카버스터미널 근처에 묵었던 여관이 생각났다. 방 세 개가 전부였던 여관에 그날 들었던 손님은 나 혼자뿐. 방에 들고 보니 창문을 달려고 뚫어 놓은 구멍인지, 벽에 커다란 구멍이 휑하게 뚫린 방이었다. 혹시나 싶어 밤새 깊이 잠들지 못하고 모기와 치열하게 씨름했던 기억이 났다.

티카버스터미널에 딸린 숙소의 하루 시작은 참 빠른 편이다. 새벽 5시를 조금 넘긴 시간, 숙소의 안내방송 소리에 잠이 깼다. 5시 반에 출발하는 온두라스행 버스에 탑승하라는 안내방송이었다. 어제 타고 온 버스다. 이틀 후면 과테말라를 거쳐 멕시코에 닿을 것이다. 아침 6시에 코스타리카 거쳐 다음 날 파나마로 내려가는 버스마저 출발하고 나니 호텔 전체가 텅 빈 듯하다. 어디서부터 여정을 시작했는지, 어디까지 가는 길인지, 간밤 커다란 이민가방을 들고 숙소로 들던 사람들이 모두 빠져 나간 모양이다. 새벽녘에 시끌시끌하던 숙소에 정적이 흐른다. 비행기 탄 사람만은 못해도, 그래도 밤새 목숨 걸고 국경을 걸어 넘어야 하는 사람들에 비한다면 이 사람들이야말로 정말 성공한 인생들이겠지.

마나과, 도매시장 터미널

조금 더 잠을 청할까 하다가 오늘 프레디의 마을 산타루시아까지 들어가는 차 시간표가 어찌 되는지 몰라 서둘러 씻고 길을 나섰다. 택시를 잡아탔다. 도매시장 터미널Terminal Mercado Mayoreo에 가자 하니, 택시기사가 그 험한 데를 왜 가느냐 묻는다. 그곳에서 버스를 타고 산타루시아에 갈 일이 있다 하니, 자기 택시로 가잔다. 미화 80달러에 데려다 주겠단다.

돈도 돈이지만, 장거리를 택시기사와 단 둘이 가기가 여간 부담스럽지 않다. 무엇보다도 차가 장거리를 견뎌 줄지 모르겠다. 이 다음에 돈을 많이 벌게 되면 꼭 당신을 찾아서 당신 택시를 타고 산타루시아에 가겠다 농담으로 받으니, 맥이 풀리는 모양이다. 그러면서도 터미널에 도착하거든 절대로 가방을 몸에서 떼어 놓지 말라고 당부에 당부를 한다. 내가 그렇게 어리숙하게 보였나……. 정말, 나중에 돈 많이 벌게 되면 꼭 이 아저씨를 찾아서 택시를 타야 할 모양이다.

도매시장 터미널에 도착하고 보니, 온갖 사람들과 차가 뒤엉켜 있는데, 말 수레를 모는 사람들은 그 사이를 기술도 좋게 헤집고 돌아다닌다. 아침 9시도 채 되지 않았는데, 벌써 해는 중천에 떠올랐고, 말 수레를 끄는 남정네들은 더워서 그런 것인지, 아니면 변변한 옷이 없어서 그런 것인지 열이면 열 모두 웃통을 벗은 채 위태롭게 수레 위에 서서 말들을 다룬다. 차도를 꽉 메운 차와 차 사이에 어찌 그리도 곡예를 하듯 잘 달리는 것인지……. 여기저기서 차들이 경적을 울려댔지만, 말들도 이미 적응이 된 모양인지, 놀라지도 않고 유유히 차들 사이를 헤집고 빠져나간다. 차부로 들어가기 위해 그 사이를 나도 같이 헤집고 다니고 있으니, 도무지 정신을 차릴 수 없을 지경의 카오스다.

니카라과 수도 마나과에서 지방으로 내려가는 모든 장거리 버스는 몇 년, 아니 몇십 년은 족히 되었음직한 미국 스쿨버스다. 아직도 버스 좌측에 스탑 사인이 그대로 달린 경우가 대부분이다. 색깔도 여전히 노랗다. 다만 버스지붕 위에 짐을 싣기 위해 난간을 만들어서 그 위로 짐을 가득 쌓고 때로는 사람들까지 태우고 달리는 모습이 미국 스쿨버스와 구분되는 점이라 할 수 있을까……. 도매시장 터미널 안 풍경은 7~8년 전이나 지금이나 달라진 것이 하나도 없다. 묵은 기름에 튀겨진 닭들을 쟁반에 담아 그 쟁반을 몇 판씩 머리 위에 켜켜이 쌓아 팔고 다니던 장사들도 그대로고, 조잡한 비닐봉지에 색소물을 담아 파는 장사들도 그대로다.

차부로 들어서는데 여러 명의 조수들이 '보아코, 보아코'를 외치며 손님들을 불러 모으고 있었다. 그들에게 다가가 산타루시아로 들어가는 버스 시간표를 물으니, 이미 막차가 떠났단다. 아침 9시도 되지 않았는데, 그새 막차가 떴다니. 미련 없이 보아코행 버스에 올랐다. 일단 보아코까지 가면 산타루시아로 가는 버스가 있으려니 하는 막연한 기대와 함께……. 버스의 겉모습은 오래된 미국 스쿨버스 그대로이지만, 버스 안은 상당히 아기자기하다. 무슨 정성으로 그렇게 꾸밀 수 있는 것인지……. 운전석 앞부분에 성모상부터 시작해서 여러 가지 성인상과 함께 기도 문구들이 적혀 있고, 운전대는 오색 테이프로 단장되어 마치 서커스에서나 나올 법한 모양새다. 금방이라도 출발할 것처럼 사람들을 모으기에 요기도 못하고 차에 올랐는데, 버스는 그렇게 차부에 30분을 더 머물렀다.

보아코

오전 9시 조금 넘겨 마나과를 출발한 버스가 보아코Boaco에 도착한 시간은 정오 즈음이었다. 아침도 거른 터라 배가 고팠지만, 일단 보아코에서 산타루시아로 들어가는 버스 시간표를 알아봐야 했다. 행여 막차라도 놓치게 된다면 보아코에서 다시 하루를 묵어 가야 할 터였다. 간단하게 요기라도 할 수 있을 정도의 시간이라도 있으면 좋았으련만, 10분 후에 출발하는 산타루시아행 버스가 그날 막차라 했다. 결국 물 한모금 마시지 못하고 다시 버스에 올라 출발시간을 기다리는데, 그제야 내가 다시 산타루시아로 들어가는구나 하는 실감이 난다. 2003년 프레디 부부를 찾아가 꼬박 열흘을 머물던 곳, 그때 그곳을 떠나오면서 내 인생에 다시 오게 될까 싶었는데, 오늘 그곳을 다시 간다. 미국에 있는 프레디를 찾기 위해, 다시 그가 태어나고 자란 고향 산타루시아로 간다.

동양인인 내 모습이 신기한지 아이들이고 어른들이고 연신 내 모습을 훔쳐본다. 눈이 마주쳐 내가 웃어 주기라도 할라치면, 얼른 고개를 돌려 버린다. 쑥스러운가 보다. 금방 출발한다던 버스는 역시나 막차의 인심인지 자꾸만 출발을 늦추며 사람들을 태운다. 그 시간에 나는 온갖 상념에 빠진다. 2003년 3월 프레디 부부와 코스타리카 커피밭에서 헤어진 후 연락이 끊겨 버린 그들을 찾을 길이 막막하여 결국 프레디가 늘 말하던 그의 고향 산타루시아를 찾아가던 기억, 막상 그곳에 가서 프레디와 안토니아를 만나지 못한 채 다시 코스타리카로 되돌아갔던 기억, 프레디 부부를 다시 코스타리카에서 만났던 기억, 그리고 미국에 들어간 프레디로부터 연락을 받고 연락이 끊기기까지…….

버스는 아직 보아코 차부를 떠나지도 못하고 있는데, 내 마음은 벌써 산타루시아에 가 있다. 돈 레이놀드는 아직까지 살아 있을까? 도냐 루신다도 그 집에 그대로 살고 있을까? 혹시 그 사이 다시 미국으로 돈을 벌러 간 것은 아닐까? 아무래도 프레디는 산타루시아에 있을 리가 없겠지만, 안토니아가 산타루시아 집을 지키고 있을 확률은 반반일 것이다. 혹시 안토니아가 아직 산타루시아 집을 지키고 있다면, 아이들도 함께 있겠지. 그때 본 아이들이 지금은 청년이 되어 있을 것이다. 안토니아는 어떻게 변해 있을까? 안토니아를 만나게 되면 프레디의 소식도 알게 될 것이고, 그들이 그간에 어떻게 살아왔는지 밤새 이야기를 들을 수 있겠지. 하나부터 열까지 모든 것이 궁금해 죽을 지경인데, 출발시간을 훌쩍 넘기고도 떠날 기미를 보이지 않는 산타루시아행 막차가 그저 야속할 뿐이다.

코스타리카를 출발하면서부터 셔츠주머니에 넣어 왔던 프레디와 안토니아 사진을 꺼낸다. 버스에 탄 사람 대부분이 산타루시아 사람들이겠지 싶은 생각에 옆에 앉은 아저씨에게 사진을 내밀어 본다. 아저씨는 잘 모르겠다면서 그 사진을 앞에 앉은 아주머니에게 보여 준다. 이 사람 저 사람 손을 타고 건네지던 사진이 내가 앉은 자리에서 그리 멀지 않은 곳에서 멈췄다. 나이 지긋하신 아주머니 한 분이 프레디와 안토니아를 안다고 했다. 그 말에 귀가 번쩍 뜨인다. 근처에 앉은 아주머니들끼리 정보를 맞추는 모양이다. 아무개 아들 프레디고 아무개 딸 안토니아 아니냐고, 그러더니 자기들끼리 무어라 한참을 이야기하더니 내게 전하기를 프레디는 여전히 미국에 있고 아마도 안토니아는 작년인가 재작년이던가 코스타리카로 돈을 벌러 내려간 것 같단다. 프레디가 산타루시아에 없을 것이라는 생각은 이미 하고 온 터였지만, 안토니아가 코스타리카로 건너갔다는 소식이 영 수상하다. 안토니아가 산타루시아 마을에 없다면 당연히 미국에 프레디와 같이 있을 것이라 생각하고 왔는데, 안토니아가 코스타리카에 있다니, 도무지 알다가도 모를 일이었다. 프레디가 미국에서 착실하게 송금을 해줄 테니 안토니아가 굳이 코스타리카로 혼자 건너가진 않았을 것 같다는 생각에 설마 하고 있는데, 아주머니는 친절하게도 버스에 있던 사람들에게 다시 물어 안토니아가 코스타리카에 있다는 사실을 확인시켜 준다. 맥이 풀린다.

산타루시아,
도냐 루신다 민박집

버스가 산타루시아에 닿자마자 2003년 프레디와 안토니아를 기다리며 묵었던 도냐 루신다의 집을 찾았다. 나를 기억해 줄까, 문을 열고 들어서니 도냐 루신다와 그녀의 딸이 나온다. 변하지 않았다. 한눈에 봐도 6년 전 모습 그대로 도냐 루신다. 내가 누구라 말하지 않고 2003년 머물 당시 도냐 루신다가 하루 하루 지루해하는 나에게 가르쳐 준 노래를 허밍으로 조용히 불렀다. 우리나라에도 있는 찬송가 한 구절이다. 노래 가락을 듣고도 도냐 루신다는 전혀 기억을 못하는 것 같은데, 같이 나온 딸이 갑자기 내 이름을 대며 소리지르고 반가워한다. 한동안 어리둥절하던 도냐 루신다는 그제야 나를 알아보는 듯하더니 소리 없이 나를 끌어안는다. 한 번 스쳐가는 인연이란 것이 참 소중하지······. 6년 전에 잠깐 묵어 간 인연으로 이 멀고도 낯설기만 한 니카라과의 시골마을에서 다시 이렇게 만남을 반가워할 수 있다는 사실에 그저 감사하다. 이곳을 떠나간 후 딱 한 번 크리스마스 카드를 보내고 그 이후로 계속 연락을 하지 못했으니······. 도냐 루신다는 나를 앞에 두고도 쉽게 믿어지지 않는 모양이다. 계속해서 오! 신이시여, 오! 신이시여!Dios mio!, Dios mio! 할 뿐이다. 그러면서도 아침부터 아무것

도냐 루신다의 집 마당에서 그녀와 두 딸

도 먹지 못했다는 내 말에 어디서 생선을 구했는지, 시골마을에서 귀할 수밖에 없는 생선을 꺼내 굽고 요리를 한다. 마치 매일 마실을 다니는 곳처럼, 나 또한 짐을 풀지도 않고 그냥 그렇게 도냐 루신다의 부엌 한켠에 자리 잡고 앉아 그간에 살아온 이야기를 했다.

   도냐 루신다의 부엌에서 황송하게도 도냐 루신다와 그녀의 세 명 딸들에 주욱 둘러싸여 식사를 하고 있는데, 도냐 루신다가 먼저 이야기를 꺼낸다. 프레디와 안토니아 소식에 대해 알고 있느냐고, 버스에서 들었던 바대로 프레디는 여전히 미국에 있고 안토니아는 딸을 데리고 코스타리카로 간 지 1년이 넘었다고 했다. 버스에서 안토니아 소식을 듣고 설마 했는데, 사실이었던가 보다. 안토니아마저 없다는 소식에 서운함과 막막함이 밀려오려 하는데, 뒤이어 도냐 루신다가 전하는 소식에 그만 가슴이 쿵 하고 내려앉는다. 프레디가 미국에서 새로운 가정을 꾸렸다는 것이다. 새로운 가정을 꾸리며 자연스레 송금이 끊어졌고 결국은 안토니아가 살 길을 찾아 딸을 데리고 코스타리카로 갔다는 것이다.

아침과 점심을 걸러 시장하던 참에 맛있게 먹던 귀한 생선요리가 가시가 되어 마음에 턱 걸리는 것 같다.

설마, 프레디가 안토니아를 얼마나 아꼈는데……, 또 안토니아는 프레디를 얼마나 살뜰히 챙겼는데……, 설마 그럴리가. 아니라고 믿고 싶었지만, 루신다 아주머니의 딸들까지 나서서 전하는 프레디와 안토니아 소식은 사실인 듯했다. 멕시코에서 코스타리카를 거쳐 니카라과 이곳까지 오면서 프레디야 당연히 이곳에 없을 것이라 여겼고, 산타루시아로 들어오는 버스에서 안토니아가 코스타리카로 내려갔다는 소식을 듣고도 그렇게 크게 실망하진 않았었다. 그들은 어딘가에 살고 있을 것이고, 이렇게 찾아다니다 보면 언젠가는 만나게 되는 날이 올 것이라 생각했다. 그런데 프레디의 가정 해체 소식은 도무지 감당하기 힘든 충격으로 다가왔다. 프레디가, 내 친구 프레디가 설마 그럴 수 있을까 하는 의심이 먼저 일었고, 설령 프레디가 미국에서 다른 여자와 살림을 차리게 되었다면, 그 이면엔 분명 무언가 프레디 나름대로의 사정이 있을 것이라, 니카라과에 남겨진 가족을 위해 그럴 수밖에 없었던 사정이 있었을 것이라 그렇게 생각하고 싶었다. 그러면서도 어쩔 수 없이 마음 한편에서는 프레디에 대한 배신감이 일었다. 어쩌다 그런 실수를 했을까? 어쩌다 그런 바보 같은 짓을 했을까?, 무슨 사정이 있었으리라, 분명 프레디에게 무슨 사연이 있었으리라 마음을 다잡으면서 돈 레이놀드의 집을 찾았다.

돈 레이놀드

시간이 너무 많이 흐른 것인지, 아니면 내 방문이 너무 갑작스러웠던 것인지 프레디의 할아버지 돈 레이놀드Don Reynold는 나를 알아보지 못했다. 2003년 이곳에 왔을 때 찍은 사진을 건네주자 그제서야 나를 기억해 내는 듯했다. 2003년 이미 여든을 넘기고 아흔에 가깝다 했는데, 돈 레이놀드는 그때나 지금이나 변한 것이 하나도 없는 것같이 보였다. 돈 레이놀드와 함께 사는 유일한 가족, 1979년 혁명이 나던 해 태어나, 2003년에 이미 나이 스물을 훌쩍 넘겼다던 앵무새도 그대로였다. 백 살에 가까운 노인이 서른 살이 된 앵무새와 함께 살고 있었다. 한 세기를 살아온 돈 레이놀드도, 한 세대를 살아온 앵무새도 어제 보고 오늘 보는 모습처럼 변한 것이 없어보였다. 마치 이곳의 시간은 그때나 지금이나 그대로인데, 내가 살다 온 바깥세상에서만 시간이 홀로 흘러가 버린 듯했다. 이곳 사람들은 그대로인데, 바깥세상으로 나간 사람들만 시간의 흐름을 타고 변해 버린 듯한 느낌이 들었다. 어쩌면 프레디도 바깥세상으로 나가지 않았다면, 이곳에 그대로 있었더라면 좋았을걸, 안토니아와 함께 오순도순 살고 있었더라면 좋았을걸 하는 생각이 순간 스친다.

(위 왼쪽)프레디의 할아버지 돈 레이놀드. 6년 전에 찍은 사진과 별반 다를 것이 없다
(위 오른쪽)2003년 당시 프레디의 할아버지 돈 레이놀드와 앵무새
(아래)돈 레이놀드와 여전히 같이 살고 있는, 서른 살 된 앵무새

돈 레이놀드는 프레디 소식을 모른다 했다. 연락이 끊긴 지 오래라 했다. '저쪽'Alla으로 건너간 사람들은 열이면 열, 다 그렇다면서 부부지간에도 연락이 끊기고 부모 자식과도 연락이 끊기는 마당에 손자의 무소식이 무슨 대수랴 했다. 평생을 그렇게 자식들도 떠나보내고 손주들도 떠나보냈을 백발 노인은 마당에 작은 의자 하나를 놓고 어깨에 30년지기 앵무새를 얹은 채 동네사람들의 머리를 깎아 주며 한 세기에 가까운 그의 삶을 스스로 꾸려 나가고 있었다.

프레디의 집,
프레디의 우물

프레디 집으로 가야 했다. 한때 프레디와 안토니아에게 희망의 보금자리였을 그 집에 다시 가보고 싶었다. 무엇보다도 안토니아의 부모님을 만나고 싶었다. 그들이라면, 저간의 사정을 알고 있을 것이란 생각이 들었다. 하다못해, 안토니아가 어디에 어떻게 살고 있는지는 알고 있을 것 같았다.

2003년 프레디 집으로 가면서 탔던 택시를 청해 물으니, 마을에 이제는 택시가 없다 했다. 마을에 딱 한 대 있던 택시, 프레디 할아버지 집에 살고 있는 앵무새와 나이가 거의 같다던 그 택시는 그때도 이미 바닥에 구멍이 숭숭 나 있어 어디를 디뎌야 할지 모를 정도였다. 결국, 어느 날 세월의 흐름을 견디지 못하고 서버리고 말았단다. 택시가 없다는 소식에 다시 난감해진다. 걷자면 한 시간이 훌쩍 넘는 거리인지라, 이를 어찌하나 생각하고 있는데 도냐 루신다가 동네 오토바이를 수소문해 준다. 그렇게 마을 젊은이가 타고 온 오토바이에 실려 프레디의 집이 있는 동네로 향했다.

저 멀리 프레디의 집이 보인다. 코스타리카에서 프레디 부부와 같이 커피를 따던 시절 거의 매일 사진으로 보아오던 집이다. 프레디가 대

문이 닫힌 채 주인을 기다리는 프레디의 집

여섯 살 먹은 두 아이들을 양팔에 번쩍 안고 찍은 사진 속에 나오던 그 집이다. 2003년 방문했을 때만 해도 미완성이었더랬는데, 그 사이 집은 거의 완성되어 있었다. 오토바이를 돌려보내고 프레디 집 마당으로 들어섰다. 출입문에 큰 자물쇠가 걸려 있다. 그래도 문을 두드리며 프레디를 불렀다. 안토니아를 불렀다. 한때 네 식구가 오순도순 살았을 집인데, 지금은 아무도 없다. 프레디도, 안토니아도, 그리고 두 아이들도 없고 텅 빈 집만 그대로 그 자리에 있다. 4~5년에 걸쳐 프레디 부부가 코스타리카로 내려가 온갖 차별 속에 새벽 이슬을 맞아 가며 커피를 딴 결과물이, 프레디가 아내와 아이들을 두고 미국으로 들어가 빵집으로 공사장으로 전전하며 돈을 벌어 송금한 결과물이 이 집 한 채다. 그런데 이제는 남편이자 아버지였던 프레디도 없고, 아내이자 엄마였던 안토니아도 없다. 이 집보다 훨씬 더 소중했을 그들의 두 아이들도 없다. 그냥 이 집 한 채만 지난날의 흔적으로, 한때 프레디 가족이 살았다는 흔적으로 덩그러니 남아 있다.

안토니아의 친정

아무도 없는 프레디 집 앞에 한참을 앉아 있다가 바로 옆 안토니아 친정으로 향했다. 안토니아의 부모가 마침 뒷마당에서 일을 하고 있다가 나를 알아본다. 2003년 잠깐 봤던 안토니아의 아버지가 내 이름을 기억하고 있었다. 안토니아의 엄마는 그때도 그랬는데, 이번에도 또 아무 말씀도 잇지 못하고 눈물을 흘리신다. 안토니아 소식부터 물었다. 딸과 함께 코스타리카에 있다고 했다. 미국에서 새로운 가정을 꾸렸다는 프레디 소식을 어찌 물어볼까 고민하고 있는데, 먼저 안토니아 아버지가 프레디 소식을 전한다. 아쉬움과 원망이 진하게 배어 있다.

2003년 프레디가 미국으로 간 후 3년 동안은 꼬박꼬박 산타루시아에 있는 안토니아에게 송금을 했단다. 안토니아는 프레디가 보내 준 돈으로 5~6년째 지지부진하게 이어지던 집 마무리 공사를 하고 집 뒤편 숲에 그들의 평생 숙원이었던 우물도 팠단다. 그런데 2006년인가부터 프레디가 보내는 송금이 점점 뜸해지기 시작하더니 2007년에는 아주 송금이 끊어져 버렸다 했다. 이차저차 연락도 되지 않아 그저 걱정만 하고 있던 차에 마이애미를 오고 갈 수 있는 동네사람으로부터 프레디가 그곳에서 새로운 여자와 살림을 차렸다는 소식을 들었다고 했다.

프레디가 새로운 여자와 살림을 차렸다는 소식, 내가 이렇게 낙담이 될 정도인데, 안토니아는 얼마나 큰 배신감과 상실감을 느꼈을까······. 마음먹는다 해서 쫓아가 볼 수 있는 곳도 아니고, 전화조차 맘대로 할 수 없는 처지였을 테니, 두 눈으로 보지도 못하고 무어라 말 한

안토니아의 친정엄마

마디 묻지도 못한 채 남편이 미국에서 새살림을 차렸다는 소식을 받아들여야 했던 안토니아의 마음이 얼마나 아팠을까. 코스타리카에 살던 시절 커피를 따고 돌아온 저녁이면 둘이서 한 장뿐인 사진을 들여다보며 니카라과에 남겨 두고 온 아이들 생각에 서로 눈물을 보이곤 했었는데……. 미국으로 건너간 후 한국에 있는 나에게까지 전화를 걸어 한 시간에 8달러나 벌 수 있다고 자랑하며 한시라도 빨리 아이들과 안토니아를 데려와야겠다고 다짐에 다짐을 하던 프레디였는데, 안토니아의 상실감이 얼마나 컸을까…….

안토니아는 프레디로부터 연락이 끊긴 이후에 많이 아팠다고 했다. 음식을 넘길 수 없는 지경이 되어 피골이 상접했단다. 어렵게 보아코에 있는 병원에 가서 몇 달 약을 받아 먹은 후에 겨우 다스릴 수 있었다 했다. 프레디를 잃은 상실감과 배신감이 안토니아의 속을 상하게 했으리라. 그 와중에 초등학교 5학년에 다니던 프레디 부부의 아들이 돈을 벌기 위해 산타루시아에서 한참 떨어진 대농장으로 일을 갈 수밖에 없었다 했다. 그곳에서 소를 돌보는 일이라 하는데, 일요일도 없이 일을 하는 곳이라 1년에 부활절과 성탄절에 딱 두 번 이곳 산타루시아에 다녀갈 수 있었단다. 그나마 안토니아가 딸을 데리고 코스타리카로 내려간 후론 그 아들과도 소식이 끊겼다 했다.

자물쇠가 채워진 프레디의 우물

조금 전 한참을 앉아 있었던 프레디 집을 다시 보자 했다. 한 동네에 산다는 안토니아 동생이 와서 굳게 채워진 자물쇠를 열어 주었다. 방 한 칸에 마루 한 칸이 전부인 집, 천장은 중천장을 대지 못해 함석이 그대로 드러나 있고 바닥은 타일을 입히지 못해 시멘트 바닥이었다. 그래도 이 정도면 동네에서 상당히 좋은 집일 텐데, 이 집을 놔둔 채 미국으로 간 프레디가 원망스러웠고, 코스타리카로 간 안토니아가 안타까웠다. 살림살이가 거의 없어 집 안은 텅 비어 있었다.

텅 빈 집 마루 한켠에 사진을 담은 액자 두 개가 걸려 있었다. 눈에 익은 사진, 7년 전 코스타리카 타라수에서 커피 따던 시절, 밤이면 밤마다 프레디 부부가 들여다보고 또 들여다보던 그 사진이었다. 그 옆으로 안토니아가 두 아이들을 데리고 우물 앞에서 찍은 사진이 걸려 있다. 동생 말이, 우물이 완성되던 날 사진사를 불러 찍은 사진이라 했다. 사진 찍기에 익숙하지 않아서인지, 안토니아도 그렇고 아이들도 그렇고, 모두가 약간은 경직된 표정이었지만 그래도 그 안에 수줍으면서도 행복한 미소가 담긴 사진이었다. 프레디가 보내 준 돈으로 판 우물이라 했다. 이 사진이 마이애미에 살고 있는 프레디에게도 전해졌겠지…….

안토니아 동생이 열어 준 자물쇠를 내 손으로 직접 채우고 나와 집

뒤쪽 숲에 자리 잡은 우물로 갔다. 우물도 집처럼 뚜껑이 덮인 채 자물쇠가 채워져 있었다. 프레디와 안토니아 부부에게 희망의 상징이었을 이 집과 우물에 언젠가 자물쇠가 풀릴 날이 올 수 있을지 모르겠다. 착잡한 마음에 되돌아 내려오는데 프레디 집 마당까지 나와 기다리던 안토니아 어머니가 커피를 마시고 가라 청한다. 그녀를 따라 부엌으로 들어갔다. 창이 없어 한낮인데도 컴컴한 부엌에서 안토니아 어머니가 커피를 끓여 내는데, 달랑 한 잔뿐이다. 아궁이에 삭정이로 불을 붙인 후 그 위에 얼마나 오래되었는지 도무지 가늠할 수 없는 양은컵을 올려 커피 한 잔을 끓여 내느라 매운 연기 앞에 고생이시다. 소문을 듣고 하나 둘 모여선 아이들과 동네 사람들 앞에 혼자 커피를 마시기도 민망할 판인데, 안토니아 어머니는 아이들 중 하나를 시켜 어디까지 가서 과자 한 봉지를 사오라 한다. 아이에게 작은 소리로 "돈은 나중에 가져다주겠다 해라"라고 이르시는 소리를 듣는다. 어디까지 갔다 온 것일까, 한참이 지나 땀으로 뒤범벅된 아이가 달랑 크래커 두 개가 든 작고도 조잡한 과자봉지를 하나 들고 뛰어 올라왔다. 이방인의 방문이 마냥 신기한지 자꾸만 내 앞으로 왔다갔다 하는 아이들 앞에서 커피 맛보다는 설탕 맛이 훨씬 진하게 나는 커피 한 잔과 크래커 두 조각을 먹는데 자꾸만 목이 멘다.

숙소가 있는 아랫마을로 내려오기 전에 사진을 찍자 했다. 코스타리카에 있다는 안토니아를 만나게 되면 전해 줄 요량이었다. 싫다 할 줄 알았는데, 안토니아 아버지도, 어머니도 잠시만 기다리라 하더니 서둘러 옷을 바꿔 입고 나온다. 가지고 있는 옷 중 가장 좋은 옷이리라. 몇 장 사진을 찍고 늦기 전에 서둘러 내려오려는데, 다시 안토니아의 어머니가 우신다. 그 어머니의 손에 20달러 정도를 아무도 몰래 쥐어 드렸다. 그러고도 그냥 내려오기 쉽지 않다. 타라수에 있을 때 안토니아가 나

아궁이에 삭정이로 불을 지펴 낡은 양은컵에 딱 한 잔 커피를 끓여 내는 안토니아의 엄마

를 얼마나 살뜰히 챙겨 줬던가. 안토니아의 아버지에게 필요한 것이 있느냐 물었다. 설탕도 필요하고 쌀도 필요하다 어렵게 말씀하신다. 택시가 있다면 좋으련만, 아랫마을로 내려갔다 다시 올라올 시간이 도무지 안 될 것 같아 아랫마을로 내려가는 길에 물건 사서 올려 보낼 사람 한 명을 붙여 달라 했다. 안토니아의 아버지는 당신은 다리가 아파 잘 걷지 못한다 하시면서 안토니아의 조카를 붙여 주시는데, 이제 겨우 초등학교 3학년이란다. 사주는 물건을 들고 다시 15리를 걸어 돌아올 수 있을까 싶은 마음에 좀더 큰 사람은 없냐 물으니, 남자 중에는 이 아이가 제일 크다 하신다. 사주기만 하면 어떻게 해서든지 다 들고 올라온다고 장담을 하시며 아이 등에 커다란 자루 하나를 메어 준다.

(위)안토니아의 친정식구들. 앞줄 맨 오른쪽에 있는 아이가 지오반이다
(아래)안토니아의 친정부모님. 사진을 찍자 하니 가지고 있는 옷 중 가장 좋은 옷으로 갈아 입었다

지오반과 함께
아랫마을로 내려오다

프레디와 안토니아를 만나지 못한 것은 둘째 치고, 프레디의 가정 해체 소식을 듣고 내려가는 길에 마음이 무어라 표현할 수 없을 만큼 착잡하기만 한데, 그 마음을 아는지 모르는지 빈 자루를 메고 따라 나선 안토니아의 조카 지오반Giovan은 마냥 즐거운 모양이다. 작아서 그런지 꺾어 신은 신발로 한 시간 반 길을 걸어 아랫마을로 내려오는 동안 룰루랄라 신이 났다. 아랫마을에 내려가면 지오반 신발도 한 켤레 사줘야겠다고 맘먹으며 착잡한 마음을 달래 보지만, 쉽지 않다.

아랫마을로 내려오는 동안 내심 걱정이다. 이제 겨우 초등학교 3학년이라는데, 과연 사주는 물건들을 지고 다시 15리 길을 되짚어 집으로 돌아갈 수 있을까. 여차하면 아이와 등짐을 나누어지고 다시 한 번 안토니아 부모님이 계시는 마을로 올라가야겠다 맘먹고 내려오던 중에 지오반과 같은 반 친구 두 명이 따라 붙었다. 세르히오Sergio와 움베르토Humberto라 했던가. 그 중 움베르토는 여간 개구진 것이 아니어서 지나가는 말, 소, 개까지 다 상관하고 내게도 끊임없이 뭔가를 묻는다. 내 이름을 묻기에 늘 불리던 대로 '몬타냐'Montaña라 하니 믿지 못하는 눈치다.

세르히오와 움베르토에게 짐을 나누어 지우면 되겠다 했는데, 안타깝게도 이 둘은 학교가 있는 아랫마을에 산단다. 다시 걱정이지만, 그래도 이 친구들의 순수함 덕분에 프레디 가정 해체 소식을 듣고 내 마음에 들었던 슬픔을 잠시 잊고 걸었다.

마을에 들어서는데 지오반과 친구들이 오토바이 한 대를 둘러싸고 서 있는 한 무리 젊은 청년들에게 인사를 한다. 누구냐 물으니, 그 중 한 명이 학교 담임선생님이란다. 잘 됐다 싶어 그들에게 다가가 정중히 인사를 하고 오토바이 주인에게 2달러 정도 돈을 먼저 건네면서 잠시 후에 지오반을 윗동네까지 실어다 줄 수 있겠느냐 물었다. 조금 전 프레디 집에 올라갈 때 나를 실어다 준 오토바이 주인에게 2달러를 줬으니, 이번에도 그 정도 주면 될 것 같았다. 막상 돈을 받은 오토바이 주인은 어정쩡한 자세로 이게 무슨 일인가 싶은데, 그냥 내가 강하게 청했다. 그 옆에서 지오반 학교 선생님이 거들었고 결국 오토바이 주인이 지오반을 실어다 주기로 했다.

아이와 물건을 실어다 줄 오토바이도 마련이 되었겠다, 가벼운 마음으로 아이를 데리고 동네 가게로 들어섰다. 그런데 문제는 물건을 날라다 줄 오토바이가 아니라 가게 상황이었다. 안토니아의 아버지가 말했던 설탕과 쌀을 달라 하니 먼지 가득한 진열장에 있던 설탕과 쌀 몇 봉지를 집어 준다. 더 달라 하니, 물건이 없단다. 한 가게를 다 털어 계산한 돈이 미화 20달러가 채 되지 못했다. 다른 가게도 상황이 마찬가지, 마을에 있는 두 곳 가게를 다 털어 사도 내가 지불한 돈은 50달러도 채 되지 못했다. 돈이 문제가 아니라, 물건이 문제였다. 나를 따라 내려온 지오반은 그런 사정에는 아랑곳하지 않고 가게에 걸린 빛바랜 모자를 만지작거린다. 아주 오래 전부터 하나 가져 보고 싶은 것이었다며 모자에서 눈길을 떼지 못했다. 차마 사달라고는 하지 못하고, 자기가 아주 오래 전부터 정말 갖고 싶어했던 것이라고 내게 거듭 강조한다. 그 모습이 귀엽기도 하고 안쓰럽기도 해 두 번 망설이지 않고 빛바랜 모자를 사줬다. 모자 값이 설탕 5킬로그램을 살 수 있는 돈이니 그간에 어찌 쉽게 살 수 있었겠는가…….

지오반을 오토바이에 실려 보내고 나니 그새 날이 어두워진다. 오토바이를 만나지 못했다면 참으로 낭패였으리라. 도냐 루신다 집으로 돌아오는데 마침 집 앞에 내일 마나과로 나가는 버스가 서 있다. 서너 명의 조수들이 내일 이른 새벽 나가는 버스를 쓸고 닦느라 정신이 없는데 지오반의 친구라 하던 움베르토는 어느새 이곳에 와서 버스 지붕 위에 올라 앉아 있다. 나를 보더니 같이 있던 어른들한테, "저기 몬타냐가 오잖아요" 하고 소리를 지른다. 아마도 몬타냐라는 사람을 봤다 했는데 어른들이 아무도 그 말을 믿어 주지 않았던 모양이다. 나를 보더니 버스 지붕 위에서 펄쩍펄쩍 뛰면서 어른들에게 소리를 친다. 그 말에 버스 조수 서너 명과 함께 버스 운전사까지 나왔다. 그러더니 날더러 이름이 진짜 몬타냐인지 묻는데, 그 눈에 의심 반 걱정 반이다. 아무 생각 없이 그렇다고 대답하니, 무슨 이름이 그러냐고, 자기들은 동네방네 헤집고 돌아다니는 움베르토가 와서 다짜고짜 몬타냐(산, 혹은 산사람)를 만났다고 하기에 그게 무슨 소린가 하고 깜짝 놀랐노라고. 덧붙이기를 전쟁(니카라과 내전) 끝난 지가 언젠데, 아직도 산에서 사람이 내려오는가 싶어 궁금하기도 하고 걱정스럽기도 했다고 전한다. 들고 보니, 우리나라 전쟁의 격동기에 산사람, 혹은 산으로 간 사람들이 갖는 의미하고도 비슷할 수 있었겠구나 생각이 든다.

소모사Somosa 일당과 산디니스타Sandinista 그리고 다시 우익반군들이 충돌하던 오랜 시간 동안 지난하게 살아왔을 이들에게 아직도 그 전쟁의 상흔이 남은 모양이다. 2003년 처음 산타루시아를 찾아드는 길, 흙먼지가 날리던 그 길에서 낡은 기관총을 딸깍딸깍 돌리던 소년이 생각났다. 그해 마타갈파 어느 커피밭을 찾아가던 길에 본 녹슨 채 방치되어 있던 탱크도 생각났다. 우연히 산디니스타 이야기를 꺼내자 "우린 사회주의자도 아니고 공산주의자도 아니요, 그저 소모사 일당을 더 이상 두고 볼 수 없어 일어난 사람들이오"라며 소리 죽여, 그렇지만 절규하듯 외치던 마타갈파 허름한 식당 주인이 생각났다. 그리고 다시 7년, 전쟁이 완전히 끝났다는지가 한참인데, 아직도 이들에게는 여전히 아린 상처인가 보다. '몬타냐', 한시도 쉴 새 없이 온 동네를 헤집고 다니는 움베르토가 처음 보는 동양인도 만났겠다, 얼마나 신이 나서 동네방네 몬타냐가 왔다고 소리소문을 하고 다녔는지 몰라도, 동네어른들이 도대체 어디서 '산사람'이 내려온 것인가 하고 걱정했다니 엉뚱한 이름으로 벌어진 해프닝이긴 해도, 마음 한편이 무겁다.

프레디의 사촌형

'산사람' 해프닝이 끝나고 보니, 성격 좋아 보이는 버스 운전사도 그렇고 서너 명 조수들도 이 시골마을까지 방문한 내가 궁금한 모양이다. 하던 일들을 멈추고 내 주변으로 모여든다. 여차저차 프레디와 안토니아를 찾아 이 마을까지 오게 되었노라고, 그러나 만나지 못했노라고, 그래서 내일이면 다시 코스타리카로 돌아갈 것이라고 말하는데, 뜻밖에도 버스 운전사가 프레디의 사촌형이 사는 집을 알려 준다. 미국에 사람들을 넘겨 주는 코요테(브로커)라 했다. 그 집에 가면 혹시라도 미국에 있는 프레디의 소식을 알 수도 있지 않겠냐면서, 이곳을 아주 떠나기 전 그곳에 한번 찾아가 보라 했다.

그런데, 내 마음이 심드렁하다. 오랫동안 찾고 싶어했던 프레디 소식을 알 수도 있을 것이라는데, 마음이 동하지 않았다. 이제 중학생 정도의 나이가 되었을 프레디 아들이 바닷가 근처 어느 대농장에 머슴으로 갔다 했고, 프레디의 아내 안토니아가 살 길을 찾아 딸을 데리고 코스타리카에 식모살이를 갔다는 소식을 듣고 내려오던 차에, 미국에서 새살림을 차렸다는 프레디 소식을 굳이 듣고 싶은 마음이 일지 않았다. 설령 프레디 사촌형이 미국 전화번호나 주소를 준다 해도 다시 프레디에게 전화를 하고픈 마음이 들 것 같지 않았다. 그간 내 친구로 알아오던 프레디와 미국에서 새살림을 차린 프레디는 분명 다른 사람일 것이라 생각했다.

한참을 고민했다. 내일 이곳을 떠나 다시 코스타리카를 거쳐 멕시코로 돌아가면, 아마 앞으로 다시는 프레디를 찾을 일도 만날 일도 없을 것 같았다. 이미 프레디가 미국에서 새살림을 차렸다는 소식을 접했을 때부터, 차라리 프레디를 찾지 말 걸 그랬다는 후회를 하고 있던 참이었다. 그런 마음 가운데서도 결국 그날 저녁 나는 프레디의 사촌형 집을 찾아갔다. 친구로서의 프레디는 이미 잊었다지만, 마음 한편에는 아직도 새살림을 차리게 된 프레디를 이해하고픈 바람이 있었는지도 모르겠다. 분명히 무슨 사연이 있었을 거야, 피치 못할 사연이 있었을 거야, 그렇게 맘을 다잡으며 프레디 사촌형을 만났다.

워낙에 이쪽 지역에서 불법이주 브로커들이 좋지 않은 평을 듣고 있어 코요테나 닭장수 등으로 불리는데, 마을사람들 사이에서도 인심을 잃고 사는지 그를 좋게 말하는 사람이 없었다. 프레디 사촌형을 찾아갔을 때, 그는 저녁식사 중이었다. 그간에 사람들을 '북쪽'으로 넘겨 주면서 어지간히 많은 돈을 번 모양인지 제법 큰 집이었다. 크고 기다란 식탁에서 혼자 식사를 하고 있었고 그 옆으로 어떤 사이인지 두 명의 여인이 식사 시중을 들고 있었다. 내가 들어갔는데도 그는 태연하게 식사를 계속했다. 오히려 두 명의 여인이 내 방문에 불안해하는 눈치였다. 머리를 온통 샛노랗게 물들이고 살이 붙은 얼굴에는 개기름이 흐르는 것이, 게다가 온갖 화려한 장신구로 치장한 모습이 참으로 이 마을에는 어울리지 않는 사람이라는 생각이 들었다.

여차저차 해서 프레디 소식을 물으러 왔다고 했지만, 내 말에는 괘념치도 않는 듯, 내겐 묻지도 않고 옆에 시중들던 여자 한 명을 시켜 내 식사를 내오라 한다. 썩 유쾌한 기분은 아니었지만, 굳이 마다할 이유도 없어, 식사를 받았다. 식사를 하는 동안 간단한 인사는 오고갔지만, 깊은 이야기는 없었다. 그가 식사를 마치기를 기다렸다가 프레디에 대해 물었다. 그는 내게 왜 프레디를 찾느냐고 되물었고 나는 그에게 프레디의 오랜 친구라고 답했다.

잠시 뜸을 들이는가 싶더니, 내게 프레디 소식을 전한다. 프레디가 마이애미에서 감옥에 수감되었다 했다. 수감이라니, 오늘 하루 종일 안토니아의 친정식구들로부터 들은 사실과 너무 다른 내용이라 도무지 이 서로 다른 두 내용을 어디에서부터 어떻게 조합을 해야 할지 감이 잡히지 않는다. 안토니아 친정식구들로부터 들은 소식을 마치 오래 전부터 알고 있었던 것처럼 태연하게 가장하며, 프레디가 미국에서 새로운 여자와 살림을 차렸다는 소식은 어찌된 것이냐 물었다. 그랬더니 그런 일은 전혀 없고 프레디가 감옥에 들어가면서 안토니아에게 송금을 할 수 없었던 것이라 말한다. 왜 수감이 되었는지 물으니, 그 부분에 대해서는 나를 믿을 수 없어 말해 줄 수가 없고 조만간 니카라과로 추방될 것인데 그때 기회가 된다면 다시 와서 프레디에게 수감 이유를 직접 물으라 했다. 프레디 사촌형이란 그의 인상과 언행이 영 의심스러웠지만, 어찌되었든 그에게 내 멕시코 연락처를 남기고 나왔다. 혹시 프레디가 니카라과로 돌아오거든 그에게 내 연락처를 전해 달라는 말과 함께…….

긴 하루, 늦은 밤 도냐 루신다의 집 낡은 방에 누웠다. 밤새 함석 지붕에 떨어지는 세찬 빗소리를 듣는다. 6년 만에 프레디를 찾아 다시 이곳 산타루시아에 와서 듣게 된 소식들, 누구의 말이 사실이고 또 누구의 말이 거짓이라 하더라도 그 어느 한쪽이 조금 덜하고 또 다른 한쪽이 조금 더할 수 있는 상황이 아닌 것 같다. 그 어느 쪽이 사실이라 하더라도 프레디의 가정은 이미 해체되었다. 프레디는 미국에, 안토니아와 딸은 코스타리카에, 그리고 아들은 니카라과 어딘가에, 그렇게 온 가족이 흩어져 서로의 소식을 모른 채 살아가고 있다. 차마 꿈조차 꾸기 힘든 '아메리칸 드림', 가족을 위해 목숨 걸고 아메리칸 드림을 좇아간 프레디의 가정이 해체되었다. 새살림을 차렸든지, 감옥에 들어갔든지. 밤새 비는 점점 더 세차게 내린다. 이 비에 오늘 하루 들은 소식이 모두 씻겨 나갔으면 좋겠는데, 자꾸만 무겁게 무겁게 내 마음속으로 가라앉는다.

다시,
마나과로

새벽 4시, 마나과로 나가는 버스가 시계를 대신해 경적을 울리며 온 동네를 한바퀴 도는 동안 도냐 루신다와 마당에서 작별인사를 나눈다. 이번에도 역시, 프레디 부부를 만나지 못하고 가는 나를 위로해 준다. 아침 해가 떠오를 즈음, 다시 마나과 도매시장 버스터미널로 돌아왔다. 조수들은 소리를 질러 가며 손님들을 태우고 있고, 차들은 여전히 엉켜 있고, 그 사이 사람과 말 수레들이 곡예를 하듯 빠져나간다. 어제와 똑같은 카오스다. 코스타리카 산호세로 내려가는 국제버스는 정오가 되어야 출발할 것이다. 주머니에 500코르도바 정도가 남았다. 어제 산타루시아 가게에 설탕과 쌀이 조금만 더 있었어도 남지 않았을 돈이다. 가게에 물건이 그리 없을 줄 알았다면, 안토니아 어머니에게라도 돈을 좀더 충분히 주고 오는 것인데……. 코스타리카로 넘어 가면 쓰지도 못할 돈인데, 아침이라도 먹을까 싶어 터미널 주변을 둘러봐도 딱히 아침을 먹을 만한 곳이 보이지 않는다. 티카버스터미널 근처에 가서 아침을 먹기로 하고 택시를 잡아 탄다. 티카버스터미널까지 80코르도바를 달란다. 택시비를 내고 아침을 먹는다 쳐도 300코르도바 이상의 돈이 남을 것이다. 그간에 여러 번 니카라과에 와

봤지만, 마나과 시내관광을 해본 적이 한 번도 없다. 앞으로도 니카라과에 다시 올 일은 없을 것 같다. 나이 지긋하고 인상 좋아 보이는 택시기사에게 티카버스터미널로 바로 가지 말고 시내관광을 가자고 했다. 미리 택시비를 300코르도바 줄 터이니, 그 돈만큼 시내를 돌아보자고.

마나과 호수 쪽으로 방향을 잡은 운전수는 내게 이것저것 묻기 시작한다. 게다가 무슨 일로 이른 아침부터 외국인인 내가 다소 험한 도매시장 터미널 근처에 있었느냐 묻는다. 프레디 가족 해체 소식을 듣고 난 이후 내내 서운했던 마음을 쏟아내고 싶었던 것일까……. 산타루시아에 친구를 찾아왔었노라고, 그런데 친구를 만나지 못했노라고, 그저 들리는 소문은 친구가 미국에서 감옥에 있다는 것과 혹은 니카라과에 남겨진 가족을 버리고 미국에서 새로운 여자를 만났다는 소식뿐이라고. 그 두 소식 중 어떤 소식을 믿고 싶은지, 혹은 믿어야 할지 잘 모르겠다고, 그렇게 담담하게 택시기사에게 이야기를 전했다.

조용히 내 이야기를 듣던 택시기사가 자기 삶에 대해 이야기하기 시작했다. 열네 살 먹던 해에 마나과에 있는 미국 대사관에 청소원으로 들어가, 그곳에서 20년 가까이 일한 덕에 미국 비자를 얻어 미국으로 가게 되었단다. 시카고 근처에서 15년 가까이 일용직 노동자로 살면서 수도 없이 많은 가정이 해체되는 과정을 봤다고 했다. 그러나 그 사람들이 나빠서가 아니라 상황이 어쩔 수 없이 그렇게 사람을 몰아가더라 했다. 미국에서 불법 외국인노동자로 살아가다 보면, 남자고 여자고 방값으로 나가는 돈 몇푼 때문에 원치 않는 동거를 해야 하는 경우가 있더라 했다. 어쩌다 몸이 아파 사나흘 일을 나가지 못하면 일을 잃게 되고 그렇게 되면 어김없이 다음 달 살아갈 방마저도 사라져 버리더란다. 방값을 내기 힘든 여자들은 남자 혼자 사는 방에 빨래와 청소, 그리고 요리까지 해주

마나과 호수

는 조건으로 들어가게 되고 남자들은 하루 종일 힘든 육체노동을 하고 와서 밥 하고 빨래 해낼 일이 힘들기만 한데, 밥 해주고 빨래까지 해주겠다는 여자를 어지간해서는 내치기 힘들 것이라 했다. 내 친구 프레디도 아마 그 중 하나일 것이라고, 그가 나빠서가 아니라 어쩌다 보니 상황이 그리되었을 것이라며 나에게 프레디를 이해해야 한다고 했다.

  시내구경을 하는지 마는지, 택시기사 이야기를 듣는 사이 택시는 마나과 호수Lago Managua에 닿았다. 운전수가 내려 호수를 보란다. 원하면 한참 멀리 보이는 호수 건너편까지 택시로 데려다 주겠단다. 이쪽에서 보면 됐지, 굳이 호수 건너편까지 차를 몰아 갈 필요가 있을까. 호수에 내려 심호흡을 해보지만, 역시나 무거운 마음에 별로 흥이 나질 않는다. 최종 목적지인 티카버스터미널로 가자 했더니, 아직도 내가 지불한 돈이 많이 남았다며 어디든 가자 한다. 참 양심적이다. 그제야 통성명을 했다. 후안Juan이라 했다. 흔하디 흔한 이름. 다음 번에 니카라과에 오면 다시 당신 택시를 불러 타겠다 하며 전화번호를 청했다. 남겨진 택시 요금은 당신에게서 이야기를 들은 값으로 치자 했다.

티카버스터미널로 돌아오는 길에 시내 언덕 위에 동상이 서 있다. 작년 니카라과 혁명 30주년 기념으로 세운 산디노Sandino 동상이란다. 택시기사 후안에게 살짝 빗겨 물었다. 어느 시절이 니카라과 삶 중에 제일 호시절이었는지. 어려운 질문이라며 뜸을 들이더니, 단 한 번도 그의 삶 중에는 니카라과인으로서의 호시절이 없었던 것 같다 답한다. 미국에 살았던 15년을 빼곤 늘 돈가뭄에 허덕이던 삶이라 했다. 그나마 미국에 살 때는 달러 버는 재미로 살았는데, 다시 니카라과로 돌아오고 보니 늘 돈이 마르더라 했다. 하루 종일 택시를 몰아도 기름값과 차주에게 주는 돈을 제하고 나면 수중에 10달러 남기기도 힘든 날이 많단다. 다시 미국에 들어가고 싶은 맘은 굴뚝 같지만, 막상 가면 몸 부리는 일을 해야 하는데, 나이 육십 가까이 먹고 보니 몸 부려 하는 일에 겁이 먼저 들어 그냥 니카라과에 눌러앉아야 할 모양이라 했다. 다행히 미국에서 벌어온 돈으로 시골에 땅을 사놓아 택시운전도 하기 힘들어지면 아내를 데리고 시골에 내려가 살 계획이라 했다. 티카버스터미널에 도착하여 차에서 내리는데, 택시기사 후안이 얼굴도 모르는 내 친구 프레디를 오히려 내게 부탁한다. 그를 이해하라고, 그리고 그를 잊지 말라고.

안토니아에게
전화를 걸다

　　　　　　　　　　　니카라과에 다녀온 후 며칠 더
코스타리카에 머물다 그곳을 떠나오기 하루 전 날, 프레디의 아내 안토
니아와 전화 연결이 되었다. 산타루시아에서 만난 그녀의 동생이 준 전
화번호였다. 푸에르토 히메네스Puerto Jimenez라는 태평양 바닷가 도시에
서 딸과 함께 살고 있다고 했다. 그곳에 정착한 미국인 집에서 가정부로
일하며 자기는 집 청소와 빨래를 하고 딸아이는 주인집 아기 돌보는 일
을 하고 있다고 했다. 건강을 묻는 안부에 여전히 속이 아프긴 하지만,
많이 좋아졌다고 했다. 니카라과 보아코 산타루시아에 다녀왔다고 하니
먼저, 혹시 자기 친정에 아들 소식이 있더냐고 묻는다. 작년 크리스마스
에 아무도 없는 빈 집에 와서 이틀 머물다 간 후론 소식이 없더라는 안
토니아 친정엄마의 말을 그녀에게 전했다. 이번엔 프레디 소식을 내게
묻는다. 내가 바로 대답을 하지 못하자, 안토니아가 다시 말을 이었다.
프레디가 미국에서 다른 여자와 새살림을 차렸다지만, 자기는 프레디를
이미 용서했다고 했다. 모든 것을 떠나, 그가 자기가 낳은 두 아이의 아
버지이기 때문에 미워할 수 없다고, 그렇게 담담하게 이야기했다.
　　몇 번을 망설이다 프레디 사촌형으로부터 들은 소식을 안토니아에

게 전했다. 아마도 그간에 무슨 일인가가 잘못되어 프레디가 미국의 감옥에 수감되어 있었던 것 같더라는 소식을 전했다. 둘 중 어떤 소식이 사실이라 해도 다시 한 번 그녀 마음은 쓰리고 아릴 것이다. 그래도 프레디가 다른 여자와 새살림을 차렸다는 소식보다는 프레디의 수감소식이 그녀에게 조금이라도 위안이 될 수 있을 것 같았다. 죗값을 치르고 나면 프레디가 언젠가 다시 돌아올 수 있으리라는 희망이라도 가질 수 있을 것 같았다. 어쩌면 내가 그렇게 믿고 싶었는지도 모르겠다. 6년 만에 다시 연결되어 전하는 소식치고는 너무 무겁고 가혹했지만, 그녀가 오히려 나를 위로해 주었다. 안토니아는 내가 코스타리카를 떠나기 전 자기가 있는 곳, 푸에르토 히메네스에 들러 주기를 간절히 원했다. 내가 그곳으로 간다면 주인에게 하루 휴가를 얻어 같이 바닷가를 거닐자 했다. 석양이 아주 아름다운 곳이라 했다.

　기회를 봐서 그녀가 있는 곳, 푸에르토 히메네스에 내려가 보겠다고 그녀와 약속하였지만, 나는 그 약속을 지키지 못했다. 아니 지키지 않았다. 냉방도 되지 않는 버스를 타고 열한 시간 거리라는 그곳까지 갈 엄두가 나질 않았다. 그녀가 프레디와 함께였다면 열한 시간이 아니라 스물두 시간이라도 마다하지 않고 찾아갔을 것이다. 그곳에 가서 가난하지만, 그래도 행복하게 사는 그들의 모습을 볼 수만 있다면 여행의 피로쯤이야 아무것도 아닐 것 같았다. 그런데, 내가 많이 지쳐 있었다. 니카라과에서 들은 소식만으로도 충분히 지쳐 있었다. 다시, 그녀의 아픔을 볼 용기가 나지 않았다. 안토니아와 통화를 한 다음 날, 나는 코스타리카를 떠나왔다. 몰랐으면 좋았을 걸, 궁금한 채, 때론 보고 싶은 채 그냥 마음에 담고 있었으면 좋았을 걸……. 어느 수필에 나오는 말처럼, 아무래도, 아무리 생각해도 프레디를 찾지 않는 것이 좋을 뻔하였다.

6장

2010년 다시, 커피밭에서 만난 사람들

2010년 3월 초에 메일 한 통을 받았다.
2002년 페레스 셀레동 산페드로 마을에서 같이 커피를 따던 마르티였다.
중학교를 마치고 일찌감치 고향을 떠나 이곳저곳을 떠돌다
코스타리카 북쪽 태평양 해안도시인 플라맹고의 한 호텔에서
청소일을 하고 있는 친구다.

기예르모

2010년 3월 초에 메일 한 통을 받았다. 2002년 페레스 셀레동 산페드로 마을에서 같이 커피를 따던 마르타였다. 중학교를 마치고 일찌감치 고향을 떠나 이곳저곳을 떠돌다 코스타리카 북쪽 태평양 해안도시인 플라멩고Flamengo의 한 호텔에서 청소일을 하고 있는 친구다. 1년에 한두 번이지만, 내가 코스타리카 커피밭에서 만난 모든 사람을 통틀어 유일하게 이메일로 연락을 주고받는 친구다. 기예르모의 동생이기도 했다.

그녀에게서 받은 편지는 딱 한 줄이었다. 오빠가 사고를 당해 병원에 있다는 말과 엘레나가 임신 중이라는 것이 내용의 전부였다. 사고를 당했다 하니 교통사고인지 작업 중에 당한 사고인지 궁금하고 걱정이 되어 바로 마르타에게 메일을 썼지만, 답장이 없었다. 늘 그렇듯 그녀의 삶 속에서 다시 인터넷에 접속할 기회가 있으면 답장을 줄 것이다. 한 달이 될 수도 있고 석 달이 될 수도 있는 시간이었다.

마르타의 답장을 기다리다 3월 말에 마침 2주간 부활절 방학을 얻어 코스타리카로 갔다. 벌써 우기가 시작되는 것인지, 후안산타마리아 국제공항에 내리자 눅눅한 밤바람이 불어왔다. 공항을 나서 숙소로 들어가는 길에 산호세를 둘러싼 산자락 곳곳에 박힌 불빛들이 검은 융단에 깔아 놓은 보석같이 아름답다. 낮보다 밤이 훨씬 아름다운 산호세의 매력이다.

공항 근처 에레디아Heredia에서 하룻밤을 자고 다음 날 페레스 셀레동 산페드로 마을 도냐 카르멘Doña Carmen에게 전화를 했다. 바로 앞집에 기예르모의 엄마 도냐 플로르Doña Flor가 살고 있으니, 기예르모의 상태가 어떠한지, 아직까지 병원에 있는 것인지 퇴원을 한 것인지 알아볼 참이었다. 마르타로부터 소식을 받은 지 한 달 가까운 시간이 흘렀던지라 은연중에 지금쯤이면 퇴원을 했겠지 기대하고 있었는데 기예르모는 아직까지 병원에 있다고 했다. 그것도 페레스 셀레동에서 치료가 힘들어 산호세로 옮겨진 상태라 했다. 상황은 생각했던 것보다 많이 심각한 것 같았다. 안타깝게도 기예르모의 엄마 도냐 플로르는 아들의 상태를 제대로 설명하지 못했다. 의사들이 사용하는 의학용어는 내게도 어렵다. 하물며 글을 읽기도 힘든 도냐 플로르가 의사가 아무리 설명을 자세히 해주었다 한들, 그 내용을 제대로 알아들을 수 없었을 것이다. 기예르모가 산호세로 이송된 후 한 번도 가보질 못했다고 했다. 페레스 셀레동에 있는 동안 두 번 수술을 했다는 것 말고는 그녀가 알고 있는 바가 없었다. 기예르모는 산호세 국립의료원에 있다고 했다.

국립의료원 면회는 오후 4시, 하루에 딱 한 번뿐이었다. 기예르모가 있는 곳은 국립의료원 안에 있는 재활병동Isntituto Nacional de Rehabilitación이었다. 국립의료원을 거쳐 숲길을 따라 한참을 들어가는 곳이었다. 면회 시간이 가까워져 오면서 수많은 사람들이 병원 앞에 장사진을 치더니, 재활병동으로 가는 사람은 나 혼자뿐이다. 한 달 넘게 병원에 있다니 간단한 사고는 아니겠다 싶지만, 그래도 재활병동이라니 심각한 상태는 면한 모양이다. 재활병동으로 이어지는 호젓한 산길에 괜찮다 괜찮다 마음을 잡고 걷는데, 이러한 위로도 잠시, 재활병동에 들어서면서 마주치는 환자들 대부분이 절단 환자들이다. 기예르모가 있다는 병실을 찾아 긴 복도를 따라가는 동안 만나는 환자들 대부분이 다리가 없거나 팔이 없는 경우다. 땅 한 평 없이 그저 부지런한 몸 하나로 먹고살던 기예르모도 이런 상황인가? 가슴이 쿵쾅거리기 시작한다. 임신을 했다는 엘레나 소식이 내 마음을 더 무겁게 누른다.

기예르모가 있다는 병실은 병원 가장 구석진 곳이었다. 심호흡을 하고 병실로 들어섰다. 여럿이 같이 쓰는 병실의 입구 쪽에 기예르모가 있었다. 자는지, 눈을 감은 채 반듯하게 누워 있었다. 재빨리 기예르모의 팔다리부터 확인했다. 다 있다. 다행이다. 천만다행이다. 조용히 기예르모를 불렀다. 기예르모가 눈을 뜬다. 누군가 면회를 오리라고는 생각지도 못했던지 어리둥절해 한다. 처음엔 나를 알아보지 못했다. 아마도 너무 갑작스러워서이겠지, 바싹 마른 얼굴에 퀭한 눈으로 나를 한참 쳐다보더니 눈물부터 흘린다. 그리고 겨우 입을 열어 내 이름을 불렀다.

내게 어떻게 여기까지 왔느냐 물었다. 내가 그에게 묻고 싶은 말이었다. 비행기 타고 왔다고 실없는 농담을 하면서 당신이야말로 어찌된 일이냐 물으니 소한테 받혔단다. 2월 어느 날 새벽에 마초 집에 내려가 한참 소젖을 짜는데, 무슨 일인지 소가 놀라 날뛰는 통에 그만 소 뒷발에 채였다 한다. 거기서 소가 진정되었으면 좋으련만, 계속 날뛰다가 축사 기둥을 들이받았고 그 와중에 축사가 무너지면서 마초와 기예르모를 한꺼번에 덮쳤단다. 마초가 겨우 빠져나와 기예르모를 끄집어내려 했지만 기예르모를 덮친 철 구조물이 너무 무거워 어쩌지 못하고 앰뷸런스를 불렀는데, 앰뷸런스가 두 시간을 넘겨 마초 축사에 도착했단다. 동네 사람들이 와서 철 구조물을 들어낼 때까지 기예르모는 한참 동안 그 아래 깔려 있었는데, 앰뷸런스가 왔을 때는 이미 의식을 잃은 후였다. 의식이 돌아온 것은 페레스 셀레동 병원이었는데, 깨어났을 때 목 아랫부분으로 몸이 사라져 버린 느낌이 들더라 했다.

경추 골절이었다. 가슴 아래로 전혀 움직일 수 없는 지경이었다. 페레스 셀레동에서 이곳으로 오기 전에 수술을 두 번이나 했는데, 장출혈이 의심되어 개복 수술을 하였고, 경추골절과 관련하여 등쪽으로 수술을 하였단다. 살짝 들춰 본 환자복 아래로 가슴부터 배꼽까지 깊은 수술 자국이 남아 있었다. 배 아프면 열어 보고 이 아프면 뽑는다더니, 두 번에 걸친 대수술이 과연 제대로 된 것이었는지 싶어 안타깝고 화가 났다. 사고야 어쩔 수 없다 치지만, 구급차가 조금만 더 일찍 왔더라면, 모든 것이 열악하기만 한 페레스 셀레동에 머물지 않고 바로 이곳 산호세로 이송이 되었더라면……, 아쉬운 부분이 한두 가지가 아니었다.

사고 직후 두 번 연달아 있었던 수술의 후유증이었을까. 이곳 산호세 병원에서는 밥도 잘 나오고 오전과 오후에 한 번씩 커피와 과자도 주기에 배고플 일이 없다 했지만, 기예르모는 많이 야위어 있었다. 그러면서도 잔뜩 겁먹은 눈으로 엘레나를 걱정했다. 기예르모의 사고 이후 엘레나는 세 번이나 혼절을 했다고 한다. 사고가 나던 날, 사고 소식을 듣고 달려와 철골 밑에 깔려 의식을 잃은 기예르모를 보고 엘레나도 그 자리에서 의식을 잃었다 했다. 마을사람들이 집으로 들어다 눕혀 겨우 정신이 들었는데, 뒤늦게 온 앰뷸런스를 타고 기예르모와 함께 병원에 들어서면서 다시 정신을 잃었단다. 그 이후 또 한 번 병원에서 정신을 잃고 쓰러졌는데, 그 과정에서 엘레나의 임신 소식을 알게 되었다고 했다. 첫째를 어렵게 얻고, 이후 6년이 지나도록 아이가 없더니, 기예르모의 사고와 함께 아이 소식을 듣게 된 셈이다.

이곳 산호세 병원으로 옮겨진 이후에 그는 계속 혼자였다. 아내인 엘레나와 엄마인 도냐 플로르가 한 번 면회를 오려 해도 너무 먼 길이었고, 막상 온다 해도 하루 묵어 가야 할 이곳 산호세에 잘 곳이 없어 면회를 오지 못하는 상황이었다. 언제쯤 퇴원을 할 수 있을 것인지 물었지만, 그 자신도 자신의 상황에 대해 별반 알고 있는 것이 없었다. 어디가 어떻게 부러졌는지조차 잘 알지 못하였고 언제쯤 퇴원을 할 수 있을 것인지는 더더욱 알지 못하는 것 같았다. 다만 언젠가 의사가 휠체어를 혼자서 탈 수 있으면 퇴원을 시켜 준다고 했다고 한다. 다시 걸을 수 있겠냐 물으니, 아마도 힘들 것 같다고 답했다. 내가 다시 물었다. 그리고 내가 대신 기예르모 앞에 또박또박 답했다. '기예르모 당신은 분명히 걸을 수 있을 것이라고, 난 기예르모 당신을 믿는다고, 그간 내가 알아온 기예르모는 분명 다시 걸을 수 있을 것'이라고. 다시 기예르모가 울었다.

작년에 기예르모 집에 갔을 때 찍은 가족사진을 전해 주었다. 엘레나와 저스틴과 함께 찍은 사진이다. 집 마당에 세 식구가 서서 건강한 모습으로 찍은 사진이다. 엘레나가 보고 싶을 때, 아들 저스틴이 보고 싶을 때, 그 사진을 보라 했다. 그 사진을 보고 힘을 내라고. 사진을 보면서도 기예르모는 계속 울었다. 그렇게 면회시간이 끝났다. 모든 방문객은 다 병실을 나가야 한다고 방송이 나왔다. 준비해 간 돈을 기예르모의 베개 밑에 넣어 줬다. 보호자도 없는 환자, 돈이 아쉬울 때가 왜 없겠는가. 서둘러 나서는데, 기예르모가 나를 불렀다. 자기는 돈이 필요 없다고, 산페드로에 갈 수 있으면 엘레나에게 그 돈을 전해 달라고 간곡히 부탁했다. 걱정하지 말라고, 엘레나 몫은 내가 따로 준비할 거라고 안심시켰다. 겨우겨우 참는 것 같더니 내가 돌아서자 결국 기예르모가 흐느껴 울기 시작한다. 엉엉 우는 기예르모를 향해 온힘을 다해 씩 웃어 줬다.

병상에 누운 기예르모에게 전해 준 가족사진. 2009년에 찍은 사진이다

그 누구보다도 성실한 기예르모였다. 새벽 4시면 일어나 돈 마초 집에 내려가 소젖을 짜줬고 돌아오는 길이면 소젖 한 병을 들고 와 아침 식탁에 커피와 함께 올리던 그였다. 땅 한 평 없으면서도 워낙 성실하여 커피밭 주인이던 마초가 평생의 동업자라 생각한다 했던 사람이었다. 쓰러져 가는 프로일란의 집에 세를 살다 2009년에 그간 모은 돈으로 동네 작은 터를 사 그곳에 새 집을 짓고 나니 세상 모든 것을 다 얻은 것 같더라는 기예르모였다. 나름 화려했던 젊은 시절도 있던 기예르모였다. 엘레나와 결혼하기 전 잠시 나가 살았던 산호세에서 롤러스케이트장에서 먹고 자며 일하던 시절도 있었다 했다. 8년 전 그와 함께 살면서 어느 날 옆마을에 들어온 천막 롤러스케이트장에 가자 하기에 밤길을 더듬어 산 넘고 물 건너 10리 길을 간 적이 있다. 따라가서 보니 우시장 커다란 축사에 천막을 치고 임시로 만든 롤러스케이트장인데, 그곳에서 물 만난 고기 모양으로 롤러스케이트를 신고 온갖 기술을 부려 가며 붕붕 날

2002년 당시 마을에 들어온 임시 롤러스케이트장에서 붕붕 날던 기예르모

아다니던 기예르모였다. 생전 땀에 전 작업복을 입고 투박한 작업화를 신고 사는 기예르모만 보다 그날 밤 쫙 차려 입고 롤러스케이트를 타던 기예르모를 보니 사람이 달라 보였더랬다.

  그랬던 기예르모가 병상에 누워 있다. 그것도 어쩌면 평생 두 다리로 다시 걸을 수 없을지도 모르는 상황이라 한다. 땅 한 평, 소 한 마리 없이 가진 것은 몸 하나뿐인데, 병상에 누웠으니 어찌 해야 할 것인가? 이제 서른을 갓 넘겼을 뿐인데, 이제 곧 둘째아이도 태어날 텐데 이 일을 어찌 해야 할 것인가? 기예르모에게는 애써 웃어 주고 병원을 걸어 나오는데, 속이 상했다. 너무 속이 상해서 눈물이 났다. 병원을 미처 빠져 나오기도 전에, 자꾸만 눈이 어룽어룽거리더니 이내 나도 기예르모처럼 엉엉 울어 버렸다.

엘레나

 엘레나가 걱정이었다. 홀몸도 아니라는데, 기예르모가 사고 당한 후 세 번이나 쓰러졌다 했으니, 그 전에 여러 차례 뱃속에서 아이를 잃은 적이 있는 엘레나가 걱정이었다. 기예르모도 없이 무엇을 끓여 먹고 사는지도 걱정이었다. 병상에 누운 기예르모를 만나고 온 다음 날 페레스 셀레동을 거쳐 산페드로로 향했다. 연락도 없이 왔으니, 깜짝 반가워한다. 사고를 당한 기예르모 때문인지, 뱃속에 가진 아이 때문인지 얼굴이 영 안됐다. 예전의 철없다 싶을 만큼의 생기발랄함도 찾아볼 수가 없다.
 먼저, 기예르모의 소식을 전했다. 잘 먹고 있고 나날이 좋아지고 있으니 걱정 말라 했다. 내가 기예르모의 병원에 다녀왔다는 소식에 아주 많이 고마워했다. 한번 가보고 싶은 마음이야 더할 수 없이 크지만, 뱃속에 아이가 생겨 장시간 버스를 탈 수가 없다 했다. 그러더니 언제나처럼 두 말 묻지도 않고 밥을 앉히고 단물을 만들어 낸다. 그녀 번거로울까 싶어 페레스 셀레동에서 점심을 먹고 왔다 해도, 자기 집에 왔으니 일단 자기 밥을 먹어야 한단다. 밥이 익는 사이 뒤꼍에 가서 호박 하나를 따와 뚝딱뚝딱 요리를 한다.
 늦은 점심을 먹고 그녀와 마주 앉았다. 그녀 역시 남편 기예르모의

아빠가 병원에 있는 사이 초등학교 1학년이 된 저스틴

상황에 대해 자세히 알고 있는 바가 없었다. 기예르모가 언제쯤 집으로 돌아올 수 있을 것 같은지 오히려 내게 물었지만, 나 또한 아무런 답을 줄 수가 없었다. 당장은 돈 마초가 기예르모에게 지급하던 주급을 그대로 주고 있다고 했다. 그 돈으로 아들 저스틴과 함께 살고 있다고 했다. 그러나 앞으로가 문제라고, 언제까지 돈 마초로부터 일도 하지 않고 돈을 받을 수는 없을 거라 했다. 커피를 따려면 앞으로도 다섯 달은 더 기다려야 하는데, 그때까지가 문제라며 걱정이었다.

기예르모보다 2년을 더 다녀 초등학교 3학년까지 마쳤다는 엘레나는 늘 기예르모의 훌륭한 조력자였다. 당장 뒷밭에 농약을 칠라 해도 농약 사용설명서를 읽어 내는 일은 언제나 엘레나 몫이었다. 그러나 글은 잘 읽었지만, 커피 수확이 아니고서는 엘레나가 돈을 벌 수 있는 일이 없었다. 적어도 산페드로에서는. 엘레나는 애써 웃으면서 어떻게든 살아지겠지 했지만, 정작 나는 암담했다. 기예르모가 병상에 누워 있다는 사실이 얼마나 심란할까마는, 엘레나는 아이를 가진 몸으로 한시도 쉬지 않고 집 안팎을 쓸고 닦았다. 저 부지런함이라면 부부가 어디서라도 대접받고 살 수 있을 텐데 싶었지만, 기예르모 생각에 자꾸만 내 마음이 무겁게 가라앉았다. 어쩌면 엘레나도 시시때때로 드는 기예르모와 그 가족의 앞날에 대한 걱정을 닦아 내는 중인지도 몰랐다.

산페드로를 떠나오기 전 날 엘레나를 데리고 마을 공판장으로 내려갔다. 쌀, 기름, 비누부터 시작해서 당장에 필요한 것들을 사고 보니 한 짐이다. 기예르모가 있었다면 커다란 자루에 담아 어깨에 메고 씽씽 날라다 줬겠지만, 기예르모가 없다. 나와 엘레나 그리고 여섯 살 먹은 저스틴이 짐을 나누어지고 올라왔다. 어른들이야 참는다지만, 여섯 살 먹은 저스틴이 물건을 들고 5리가 넘는 땡볕에 따라 걷기에는 무리였으리라. 먼지가 날리는 길에 작은 나무 그늘을 찾아 셋이 주저앉았다. 8년 전 결혼 1주년을 기념한다고 잔뜩 물건을 샀던 날, 어디서 그런 힘이 나오는가 싶게 어깨에 큰 자루를 걸머진 채 성큼성큼 걷던 기예르모가 생각났다. 이제 다시 기예르모가 돌아온다 해도 예전처럼 짐을 어깨에 지고 씩씩하게 날라다 주진 못할 것 같다. 기적이 일어나지 않는 한······.

엘레나와 함께 이틀을 지내고 다시 새벽차를 탔다. 더듬거리며 신발을 찾는데, 엘레나가 뒤뜰 화덕 곁으로 가서 신발을 내준다. 흙먼지 범벅인 신발을 늦은 밤 씻어 말렸다고 했다. 8년 전 이곳에 머물며 일주일이나 보름에 한 번씩 산호세에 나가던 때도 엘레나는 단 한 번도 내게 흙먼지 묻은 신발을 그대로 내준 적이 없었다. 이 착하고 성실한 사람의 삶이 왜 이렇게 신산스러운 것일까 싶은 마음에 허리 숙여 신발을 신는데 자꾸만 눈물이 나려고 한다. 저스틴이 자고 있어 그대로 집에서 헤어지자는데도 굳이 나를 쫓아 나온다. 둘이 길가에 서서 이런저런 이야기를 나눈다. 저 멀리 버스가 내려오는데, 그제서야 엘레나가 어렵게 묻는다. "몬타냐, 기예르모 걸을 수 있겠지?" 왜 진즉 그녀에게 그 말을 해주지 않았을까? 어쩌면 기예르모를 보고 왔다는 내게서 정말로 그녀가 듣고 싶은 말은 그 말이었을 텐데, 왜 위로 삼아서라도 그녀에게 그 말 한마디 못 해줬을까, 내가 바보다. "걱정마, 기예르모 반드시 일어날 거야.

내가 기예르모 걸으면 나이키 운동화 사주기로 했다." 엘레나가 웃는다. 언제가 될지 모르는 만남을 기약한 채 엘레나와 헤어져 산호세로 돌아오는 길, 8년 전 아직 그녀가 새댁이었을 때 내게 말하던 그녀의 꿈을 생각한다. 아이를 낳게 되면 어떻게 해서라도 아이들을 고등학교까지 가르치고 싶다고, 기예르모와 함께라면 그렇게 할 수 있을 것 같다고. 산호세로 나가 기예르모를 만나면, 꼭 이 말을 전해 줘야겠다. 그리고 기적을 믿어 봐야겠다.

다시 사라져 버린
안토니아

열 번을 생각해도 잘못했다. 작년에 전화 연결이 되었을 때 내처 찾아가 봤어야 했다. 멕시코로 돌아간 후 그곳에서 여러 차례 안토니아에게 전화를 걸어 보았지만, 없는 번호라는 안내방송이 흘러나왔다. 니카라과 산타루시아에 있는 도냐 루신다를 통해 어렵게 안토니아의 아버지와 연결이 되었지만, 안토니아의 부모도 딸의 소식을 알지 못한다 했다. 올 연초부터 연락이 끊어졌단다. 무슨 일일까? 그녀의 흔적이라곤 결번이라 안내방송이 나오는 전화번호 하나가 전부였다. 산호세 전화국으로 찾아갔다. 작년에 안토니아와 연결되었던 전화번호는 이미 오래 전에 해지된 번호라 했다. 혹시나 싶어 전화 가입했던 사람의 이름이라도 알려 달라 했지만, 그럴 수 없단다.

니카라과에 있는 부모에게도 소식을 전하지 못한 채 사라져 버린 안토니아, 무슨 사정이 있었던 것일까? 작년에 연결이 되었을 때, 위장이 좋지 않아 여전히 고생하고 있다 했는데, 그간에 건강이 더 안 좋아진 것일까? 전화번호가 해지되었다 하는 것을 보면, 일단 전에 가사도우미로 살고 있던 집에서 나온 것은 분명한데, 무슨 사정으로 부모님 계시는 집에 몇 달째 연락을 못하고 사는 것일까? 딸과 같이 있었으니, 무슨 일이 있었더라면, 딸이라도 연락을 취했을 텐데, 걱정스러웠다. 그리고 후회스러웠다. 작년에 연락이 되었을 때 어떻게 해서라도 안토니아가 있다는 곳, 내가 꼭 왔으면 좋겠다 하던 그곳에 갔었어야 했다. 그녀의 아픔 앞에 마주 설 용기를 내지 못해, 가마 하고 포기하고 말았는데, 그 사실이 못내 마음에 걸렸다. 니카라과 집으로 가지 않았으니 분명 코스타리카 어딘가엔 있을 텐데, 어디서부터 어떻게 그녀를 다시 찾아야 할지 암담하기만 하다. 다시 하릴없이 그녀가 니카라과에 있는 그녀의 가족에게 연락해 주기만 기다려 보지만, 그러기엔 내가 코스타리카에 머무를 수 있는 시간이 너무 짧다. 그녀를 만날 수만 있다면, 이제는 그녀의 아픔을 담담하게 바라봐 줄 수 있을 것 같은데, 이제는 그녀를 위로해 줄 수도 있을 것 같은데, 정작 그녀가 없다. 전화번호 하나로 간신히 유지되던 그녀의 흔적이 통째로 사라져 버렸다.

다시 원점이다. 미국에 있다는 프레디와도 연락이 닿지 않고 코스타리카 어딘가에 있을 안토니아와도 연락이 끊어졌으니, 그들과 헤어지고 연락이 끊긴 2003년으로 회귀해 버린 듯 하다. 다시 그들과 연락이 닿을 수 있는 유일한 창구는 니카라과 보아코 산타루시아 안토니아의 친정, 그리고 프레디의 할아버지 돈 레이놀드의 집. 코스타리카에 잠시 머무는 동안 이틀이 멀다 하고 니카라과 산타루시아 도냐 루신다의 집에 전화를 해가며 안토니아의 소식을 물었지만, 그녀는 아무 소식도 내게 주지 못하였다. 안토니아가 친정으로 연락 한 번만 해준다면, 그녀가 코스타리카 어디에 있든 단박에 달려 갈 텐데, 그녀는 내가 떠나오는 날까지도 친정에 연락을 하지 않은 채였다. 이미 연초부터 끊긴 소식이라니 새삼스러울 것도 없었지만, 그래도 내심 작년 통화에 위장병으로 고생하고 있다던 안토니아가 걱정스러웠다.

방죽가 집에 홀로 남은
과이미 여인

안토니아를 찾지 못한 채, 타라수로 들어갔다. 2010년 4월 타라수를 찾았을 땐, 이미 커피 수확이 끝난 다음이었다. 불과 2~3주 전만 해도 커피 수확철 분위기에 북적거렸다는 타라수 중심가는 다시 고즈넉함을 되찾아 가고 있었다. 커피 수확이 끝났다고는 하지만, 시내에는 아직 커피 수확철 이주노동자로 보이는 사람들이 간간이 보였다. 여전히 전통의상을 고집하는 과이미들이야 그렇다 치더라도, 우리네와 똑같은 옷을 입는 니카라과 사람들을 어떻게 구분하느냐 묻는다면 무어라 딱히 설명할 수 없지만서도, 굳이 억양이 센 그들의 말소리를 들어보지 않아도 그들에게선 어딘지 모르게 이방인 표가 났다. 늘 여러 명이 함께 다녔고, 어디서든 조금은 조심스러워 보였고, 코스타리카 사람들과 섞이는 법이 거의 없었다. 어쩌다 시내에 나오는 날이면 남자건 여자건 애써 화려한 옷들을 입었는데 오히려 그 화려함이 코스타리카인들의 잔잔한 일상 속에서 툭툭 튀어 단박에 니카라과에서 내려온 사람들임을 표해 냈다. 그렇게 신경써 치장을 하고 시내에 나오지만, 그들에게서 보이는 이방인의 모습은 어딘지 어설퍼 보였다. 그곳에 삶의 뿌리를 두고 살고 있는 코스타리카 사람에게 차분함이 있다면, 니카라과 사람들에게서는 어딘지 모를 들뜸이 느껴졌다. 아마도 어쩔 수 없이 이방인으로서 갖게 되는 주눅을 만회해 보려는 그들 나름의 호기인지도 모르겠다.

사전 연락도 없이 불쑥 찾아온 나를 보고 도냐 베르타가 아이처럼 손뼉을 치며 좋아한다. 그러면서도 커피 수확이 다 끝난 다음에 온 내가 못내 아쉬운가 보다. 보름만 일찍 오지, 이제 왔느냐면서 안타까워했다. 괜찮다고, 노동자들을 보러 온 것이 아니라 도냐 베르타 당신이 보고 싶어 왔다고 했다. 마치 엊그제 보고 오늘 다시 보는 동네사람 맞이하듯 자연스럽다. 도냐 베르타도, 나도. 2003년 안토니아가 떠나간 다음, 늘 프레디와 안토니아 소식을 궁금해하던 도냐 베르타이기에 연락이 끊긴 안토니아 소식을 전했다. 아마도 딸을 데리고 어디에선가 자리를 잡고 있는 중이라 경황이 없어 집에 소식을 전하지 못했을 것이라며 나를 위로한다.

언제나처럼 도냐 베르타의 지붕 위 다락방에 올라가 하룻밤을 보낸다. 달빛 아래 푸르스름하게 실루엣으로 보이는 방죽가 집, 보름 전만 해도 사람들이 북적거리고 저녁이면 굴뚝에 연기가 피어올랐을 텐데, 올해 말 다시 커피 수확철이 시작되기까지 그 집은 내내 닫혀 있을 것이다. 원래 도냐 베르타의 소들이 살던 집인데, 어쩌다 보니 사람들이 살게 되었고, 해마다 스무 명 남짓 되는 이방인들이 그 집에서 서너 달을 머물고 갔으리라. 한때 안토니아와 프레디가 고향에 두고 온 아이들을 그리워하며 그래도 행복하게 살았던 집인데, 지금은 프레디도 없고 안토니아도 없다. 어디서부터 그들을 다시 찾을 수 있을지도 모르겠다. 오직 프레디와 안토니아가 방죽가 집에서 한때나마 행복하게 살았던 흔적만 내 가방 속에 가져온 사진 몇 장으로 남아 있을 뿐이다. 안토니아를 만나게

도냐 베르타의 다락방 창을 통해 보이는 방죽가 집. 지붕을 새로 이었다.

되면 주려고 작년에 니카라과에서 찍은 안토니아 부모님 사진과 함께 멕시코에서부터 여러 장 사진을 준비해 왔는데, 프레디와 같이 찍은 사진을 준비하면서 혹 안토니아 맘을 더 아프게 하는 것은 아닌지 싶어 걱정스러웠는데, 결국은 전해 주지 못한 채 다시 가져가야 할 모양이다. 언젠가는 웃으면서 전해 줄 수 있는 날이 오겠지…….

이른 새벽 도냐 베르타가 끓여 내는 커피 내음에 잠에서 깼다. 다락방 바로 아래가 부엌이니, 나무로 엮어진 바닥에 엎드려 틈 사이로 도냐 베르타를 본다. 타라수에서 나고 자라 일흔 평생을 살아온 도냐 베르타에게 커피를 끓여 내리는 일은 하루를 시작하는 성스러운 의식이고 절차인 모양이다. 매일 끓여 내는 커피일 텐데도 잠시도 자리를 비우지 않고 커피솥 앞에 서서 그 자리를 지킨다. 천장 위에서 들여다보는 그 모습이 사뭇 경건하기까지 하다. 도냐 베르타가 차려 준 아침을 먹고 늘 언제나처럼 방죽가 집으로 내려갔다. 시간의 흐름을 이기지 못하고 낡아 버린 출입문, 쇠사슬이 걸리긴 했지만 쇠사슬을 풀어 내고 밀어 보았다. 쉽게 열린다. 검댕이 두껍게 달라붙은 화덕과 얼기설기 엮어진 부엌 선반, 그리고 벽에 붙은 몇 개 나무 침상까지. 유리 대신 나무로 만들어진 창 때문에 빛이 들지 않아 컴컴한 그곳에서 일부러 눈을 크게 뜨고 둘러보아도 변한 것이 없다. 저 어느쪽 벽에는 프레디가 떠나가기 며칠 전, 숯검댕으로 적어 놓은 그 이름도 그대로 있을 것 같다. 카일린이 금방이라도 나와 태엽을 감으면 빙글빙글 돌아가는 인형처럼 춤을 출 것 같고 나무 침상 곳곳에 일찌감치 커피 따는 일을 마치고 내려온 사람들이 커피 자루를 이불 삼아 반쯤 기대어 누운 채 두런두런 이야기하며 휴식을 취하고 있을 것 같다.

　나와 같이 커피를 땄던 사람들 중 몇 명은 그 이듬해에도 도냐 베르타 커피밭을 찾아왔었단다. 그러더니 해가 갈수록 무슨 연유인지 점차 니카라과 사람들의 숫자가 줄어들었고 어쩔 수 없이 도냐 베르타도 니카라과 사람들 대신 과이미 인디오들을 써야 했다고 했다. 일 속도가 느려서 그렇지 사람들이 순해서 쓸 만하더라 했다. 올해도 스무 명 남짓 과이미들이 와서 방죽가 집에 머물며 도냐 베르타의 커피를 땄다는데, 돈 모으는 법 없이 주말에 주급을 받으면 시내로 나가 술 먹고 고기 먹고, 그렇게 석 달을 잘 살다 갔다고 했다. 모두 돌아갔는데, 어찌된 이유인지 아이를 가진 여인 한 명이 아직까지도 돌아가지 않고 남아 이래저래 걱정이라 했다. 아기와 함께 방죽가 집에 그대로 머물고 있다는 과이미 여인은 외출 중인지 집에 보이지 않았다.

　혹시 여자를 볼 수 있을까 싶어 집을 나와 방죽 근처를 어슬렁거리는데, 도냐 베르타의 옆집에 사는 꼬맹이 크리스티안이 나를 보고 쪼르

(위)쇠사슬이 걸린 방죽가 집 출입문
(아래 좌우)문을 열고 들어간 방죽가 집의 텅 빈 내부 모습들

방죽가 집 앞에서 만난 크리스티안

르 달려와 반가워한다. 내가 이곳에 있던 마지막 해 엄마 뱃속에 있던 녀석인데, 그새 학교에 들어갔단다. 예전에 후안 카를로스가 내게 그랬던 것처럼, 나를 보자마자 조개를 잡아 주겠다며 빨간 고무장화를 신은 채 방죽 안으로 철벙철벙 들어간다. 작년에 잠깐 보고 다시 올해 보는데, 그새 많이 컸다. 8년 전 꼭 이만했던 후안 카를로스가 이 방죽에서 나에게 조개를 잡아 준다고 했는데 이젠 과묵한 고등학생이 되어 버렸다. 어제 만나 나를 보고 씩 웃더니 귀밑이 빨개져 버렸다. 언제가 될지 모르겠지만 내가 다시 올 때 크리스티안도 나를 보곤 수줍어 귀밑까지 빨개지는 청년이 되어 있겠지, 그새 크리스티안이 조개를 건져 올린다. 방죽가 텅 빈 집을 잠시 잊고 크리스티앙에게서 위로를 받는다.

방죽가 집에 홀로 남았다는 과이미 여인을 보지 못한 채 가려는가 보다 맘먹고 도냐 베르타 집으로 올라오던 길 중간에 그녀를 만났다. 아

방죽가 집 앞에서 만난 과이미 여인과 아이

이를 안고 마을에 나왔다 오나 보다. 스페인어를 하지 못하니 의사소통이 쉽지 않은데, 성격이 좋은 모양인지 아니면 조금 모자라는 모양인지 연신 싱글벙글이다. 도냐 베르타 말로는 커피 수확이 끝나고 남편이 아이와 여자를 놓고 혼자 떠나가 버렸다고 했다. 도냐 베르타가 방죽가 집으로 내려가는 나더러 만나거든 이름이라도 알아오라 했는데, 이름 묻기도 쉽지가 않다. 그러니 무슨 사연인들 물을 수 있겠는가? 전기도 끊어진 텅 빈 집에서 아이와 단 둘이 살고 있다고 했다. 아이 데리고 혼자 남겨진 사정이 딱해 도냐 베르타가 달걀이라도 내려 먹고, 병아리라도 키워 보라며 암수 닭 한쌍을 줬는데 그새 암탉을 잡아먹고 수탉 한 마리만 덜렁 남겨 놨더라면서 걱정이 태산이었다.

그런 걱정을 아는지 모르는지, 여자는 처음 보는 나를 보고도 경계심이라곤 전혀 없이 기분 좋게 웃는다. 내 손에 든 사진기를 가리키며 싱

과이미 여인과 아들

 글싱글 웃기에 사진을 찍어 달라는가 싶어 사진을 찍어 주려는데, 안고 있던 아이를 흙바닥에 털썩 내려놓고 자기는 한 발 물러선다. 아이를 찍어 달라는 모양이었다. 몇 장 사진을 찍고 이번엔 내가 손짓으로 그녀에게 아이와 함께 사진을 찍어 주겠다고 했다. 그렇게 다시 사진을 몇 장 더 찍었다. 그냥 사진을 찍는 것만으로도 좋은가 보다. 내가 언제 다시 이 사진을 전해 줄 수 있을지 모르는데, 아이와 함께 사진을 찍는다는 그 사실만으로도 뿌듯한지, 연신 싱글벙글이다.
 철을 따라 이동하는 기러기들 모양 타라수 커피 수확철에 맞춰 밀물처럼 들었다가 커피 수확이 끝나면 다시 썰물처럼 빠지는 과이미들. 그야말로 기러기들처럼 아무런 욕심 없이 그저 이곳에 있는 동안 풍족하게 먹고 마시며 한철 잘 나고 가는 사람들. 타라수 마을사람들은 그들이 어디에서 오는지 어디로 가는지 자세히 알지 못했다. 그저 커피가 익어 갈 즈음이면 한 가족 두 가족 나타나기 시작하다가 커피철이 끝나면 다시 무리를 지어 그들이 왔던 곳으로 되돌아간다는 것 말고는, 그들에 대해 아는 것이 없었다. 더러는 파나마에서부터 온다 하기도 했고 또 더러는 코스타리카 남쪽 산간마을에서 오는 것 같기도 하다 했다. 그렇게 철새처럼 올 때도 갈 때도 늘 무리를 지어 다니는 사람들인데, 한철 나기 위해 온 이곳에서 혼자 떨어져 남았으니, 다시 내년 수확철까지 이제 막 돌 지난 아이를 데리고 어떻게 살아갈지 내 마음이 심란해진다. 니카라과 사람들처럼 스페인어라도 자유롭게 하고 빠릿빠릿하기라도 하면 이곳 타라수에서 남의 집에 들어가 허드렛일이라도 해가며 어찌 살아가겠지만, 무리를 쫓아가지 못하고 홀로 떨어져 남아서도 나사가 한두 개 빠진 모양으로 세상 근심 걱정이라곤 모르는 듯하니 도냐 베르타의 걱정이 심히 이해가 되고도 남을 일이었다.

그녀가 아이와 함께 들던 짐을 들어 방죽가 집까지 바래다주고 돌아와 짐을 꾸렸다. 만나자마자 이별이라며, 도냐 베르타가 많이 서운해하더니 굳이 시내까지 따라나선다. 내년 커피 수확이 끝나기 전에 다시 올 것을 약속했다. 혼자 남은 과이미 여인을 어찌할 것인지 물으니, 어쩌겠냐고, 혼자서 집을 찾아갈 수도 없는 사람을 어쩌겠냐고, 그냥 살 수 있는 데까지 살게 내버려 둬야 하지 않겠냐고 도냐 베르타다운 답을 한다. 마을 한가운데 교회 앞 버스 정류장에 서 있는데, 도냐 베르타가 잠시만 기다리라며 어디론가 사라지더니 코스타리카의 상징인 부리가 아름다운 새, 투캉이 큼지막하게 그려진 티셔츠 한 장을 사들고 온다. 타라수에 천지사방으로 널린 커피밭만큼이나 마음이 넉넉한 사람. 내년 수확철에 다시 도냐 베르타를 보러 와야겠다. 그때까지 과이미 여인이 방

떠나는 내게 과자를 만들어 준 도냐 베르타

죽가 집에 여전히 살고 있을지 모르겠지만, 오늘 찍은 사진을 인화해 와야겠다. 올 한해 도냐 베르타 방죽가 집에서 아무 탈 없이 잘 지내고 내년이면 다시 찾아올 그들의 무리를 따라 고향으로 무사히 돌아갈 수 있었으면 좋겠다.

산호세로 나가는 버스가 왔다. 버스에 오르기 전 둘이 사진 한 장을 찍었다. 그녀와 함께 많은 시간을 지내면서도 둘이 사진을 찍기는 처음인 것 같다. 도냐 베르타가 아주 좋아한다. 나이 일흔을 넘긴 도냐 베르타가 이곳에 살아 있는 동안 한 번이라도 더 와봐야겠다. 도냐 베르타가 나고 자라 평생을 커피와 함께 살아온 이곳 타라수에 자꾸자꾸 오다 보면 어쩌면 이곳 타라수에서 안토니아를 다시 만나게 될 날이 있을지도 모르겠다. 어쩌면 프레디도 이곳 타라수에서 다시 만나게 될지 모르겠다. 미국이건, 코스타리카이건 어디서건 잘 살아 주길 바랄 뿐이지만, 둘이 서로 아껴 주고 살았던 이곳 타라수 도냐 베르타의 커피밭으로 그들이 다시 돌아왔으면 좋겠다. 물론 욕심인 줄 알지만서도, 그랬으면 참 좋겠다.

에필로그 _
여전히 쓴 그들의 삶

프레디, 안토니아, 엘레나, 기예르모, 얀시, 마르타, 둘리아, 아우구스팅, 미친 독토르 델 카페탈, 플로르…… 그리고 수많은, 이름도 모르는 과이미 인디오들까지. 처음 그들을 만났을 때 배우는 자의 욕심에서 그들의 삶을 엿보기 시작했다. 지구 정반대편, 지도에도 나오지 않는 시골 구석구석을 돌며 커피 따는 그들이 있는 곳을 찾아다녔다. 그때만 해도 이 일이 쉽게 끝날 줄 알았다. 한두 해 바짝 하면 끝내질 일인 줄 알았다. 그래서 시작할 수 있는 일이었다. 그때 내 나이 서른이었다. 그리고 다시 10년의 세월이 흘렀다.

10년의 세월, 내가 변한 만큼 그들도 변했다. 호기심에 반짝반짝 눈이 빛나던 꼬마녀석들은 청년이 되었고 선남선녀 처녀 총각들은 이제 새로운 가정을 꾸렸다. 그리고 그 가정 속에 새로운 아이들이 태어났다. 그런데도 신기하지. 이 동네가 물이 좋아 그런지 공기가 좋아 그런지 이곳 사람들은 그때나 지금이나 별반 차이가 없는 것 같다. 10년 사이에 90세에서 100세에 이른 할아버지도 여전히 자기 하던 일을 하며 살고 있다. 그런데, 든 자리는 몰라도 난 자리는 안다 했던가. 그렇게 그들은 10

년 전이나 지금이나 별반 차이 없이 그대로 살고 있는데, 다만 표가 나는 것은 사람이 떠나간 자리다. 더러는 미국으로 갔다 하기도 하고, 또 더러는 여전히 코스타리카 어딘가에서 떠도는 것 같기도 하다.

들고 난 사람뿐이랴, 10년이면 강산도 변한다더니, 수확철이면 천 명에 가까운 익명의 니카라과 노동자들이 든다던 '작은 공화국' 산타페 커피농장은 그 위풍당당하던 농장 건물 곳곳에 지붕이며 마당이며 가릴 것 없이 잡초가 무성하다. 일개 방문객에게 얼음 넣은 콜라를 내던 그 부귀와 영화가 다 어디로 갔는지, 농장 안에 잔디가 깔린 비행기 활주로를 닦던 그 기개가 다 어디로 갔는지, 지난 10년 세월이 참 무상하다. 가게에서 콜라를 사면 묻지도 않고 비닐봉지에 담아 실로 입구를 묶어 건네줬는데, 이젠 시골에서도 일회용 플라스틱병이 대세다. 상수원이 어딘지 몰라도 그저 수도꼭지에서 나오는 물이면 감지덕지였는데, 이제는 돈을 주고 일회용 병에 담긴 물을 사먹기도 한다. 세상 참 많이 변했다.

그렇게 시간의 흐름을 거스를 수 없어 지난 10년 사이 사람이 들고 나고 세상이 변했다지만, 유독 한 가지 변하지 않은 것이 있다면, 그들의 삶을 여전히 꽁꽁 동여매고 있는 가난이다. 10년 동안 하루도 제대로 쉬지 못하고 커피진에 범벅이 된 채 고단한 삶을 살아 냈을 텐데 그들은 여전히 가난하다. 아니 10년 전보다 더 가난하다. 어지간한 도시에서라면 커피 한 잔에 4달러, 5달러가 너무도 당연한 가격이라지만, 커피밭에서 커피를 따며 삶을 살아 내는 이들은 여전히 하루에 4달러, 5달러 벌기도 힘든 모양이다. 하루에 그 돈이라도 꾸준하게 1년 열두 달 벌 수 있으면 좋겠는데, 고작해야 1년이면 서너 달뿐이니, 도무지 이들이 그곳에 계속 사는 한 가난으로부터 벗어날 길이 없어 보인다. 어찌어찌 일가친척의 돈이라도 빌려 식구 중 한 명이라도 미국으로 보내기 전에는 그 집

안 살림 펴기가 영 어려운 모양이다. 멕시코처럼 미국이랑 좀 가까이나 붙어 있어야 괴나리봇짐 지고 밑져야 본전이다 싶게 달랑달랑 떠나 보기라도 할 텐데, 코스타리카나 니카라과에선 생전 만져 보기도 힘든 돈, 미화 5천 달러를 코요테 혹은 닭장수라 불리는 브로커들에게 주기 전에는 도무지 아메리칸 드림을 꿈꿀 수조차 없는 상황인 듯하다.

어지간하면 나고 자란 곳이 세상 전부인 줄 알고, 풍족하지 못해도 가족이 있는 곳에서 어울렁더울렁 살았으면 했는데, 어느 날부터인가 이 시골마을 구석까지 이름도 생소한 베트남 소식이 들려왔단다. 미국보다 먼 나라인가? 도무지 그들이 알 수 없을 것 같은 그 생경스러운 이름의 나라에서 커피를 생산하기 시작하면서 커피 가격이 자꾸만 낮아지더라 했다. 전통과 역사를 자랑하는, 그래서 커피가 익기도 전에 유럽의 커피상들이 드나드는 타라수는 그나마 여파가 덜하다 싶은데, 베트남에서 생산된다는 커피랑 도찐개찐이라는 페레스 셀레돈 커피는 영 견디기가 어려웠던 모양이다. 수십 년 전 커피붐을 쫓아 이곳까지 와서 땅을 개간하고 커피나무를 심었던 이들이 스무 해 남짓 소중히 가꿔 온 커피밭을 엎어 버렸다. 돈이 있는 커피밭 주인들은 커피를 뽑아 낸 자리에 파인애플을 심기도 하고 더러는 사탕수수를 심기도 했다지만, 가진 것 없이 남의 밭에서 커피를 따던 사람들은 도무지 선택의 여지가 없었다 했다. 긴 칼 마체테로 하루에 수톤씩 사탕수수를 자르고 이를 등짐으로 트럭이 있는 곳까지 져 날라야 하는 사탕수수밭으로 가든지, 아니면 새벽 4시에 파인애플농장에서 보내 주는 버스를 타고 나가, 그늘이라곤 한점도 없는 땡볕 아래 몸을 살라 가며 하루 종일 허리 한 번 제대로 펴지 못하고 파인애플을 따든지, 둘 중 하나. 그러고 얻는 돈이 하루 잘 해봐야 미화 4달러 정도라니, 딱 커피 한 잔 값이다.

그래도 코스타리카에서 나고 자랐다는 이유만으로 자동적으로 그들 사이에 고급 인간 축에 드는 코스타리카 사람들은 그나마 나은 편. 뭐든 닥치는 대로 먹어치워 쥐raton라 불리던 니카라과 사람들, 그리고 그 니카라과 사람들에게마저 인간으로 대접받지 못하던 과이미들, 커피 수확철을 쫓아 온갖 차별 속에 코스타리카를 떠돌던 그들의 삶은 어쩔 것인가? 그래도 코스타리카에 한 번 다녀가면 그 돈이 목돈이 되어 집을 짓기도 하고 그나마 그 돈 때문에 조금씩 아메리칸 드림이라도 꿈꿔 볼 수 있었던 사람들 아니던가? 또 니카라과 사람들처럼 악착같이 돈을 모으진 않는다 해도 과이미들에게는 그래도 1년에 서너 달이라도 잘 먹고 마실 수 있는 기회가 아니었던가? 그런데 그마저도 사라지고 있으니, 고향에 집을 짓는 것도, 목숨을 걸고 꿈을 꾸던 아메리카에 대한 환상도, 그리고 1년 중 한철이나마 잘 먹고 마실 수 있는 코스타리칸 드림도 그들에겐 자꾸만 꿈꾸기조차 어려운 일이 되어가는 것 같다.

요 근래 부쩍, 커피를 둘러싸고 지구촌 곳곳에서 공정거래라 하기도 하고 또 한편에선 착한 소비라 불리기도 하는 움직임들이 일어나고 있는가 보다. '공정'과 '착함'. 참 너무도 좋은 말인데, 아직까진 그저 미미한 시작인 모양인지 산페드로 마을 그리고 타라수 마을까지 공정하고도 착한 바람이 불기는 요원한 일이기만 한 것 같다. 설령 그 바람이 자꾸만 불어 산페드로 마을까지 그리고 타라수 마을까지 닿는다 쳐도, 엘레나, 기예르모, 얀시, 마리아, 플로르, 안토니아, 프레디, 그리고 수많은 과이미들처럼 커피밭 한 조각 가지지 못한 이들의 삶은 그냥 늘 그대로일 것 같다. 더 나빠지지 않으면 그나마 다행일 뿐.

나는 이렇게 암담한데, 그래도 그들은 여전히 쓰기만 한 그들 하루하루의 삶을 웃으며 살아간다. 어찌 기뻐서만 웃을 수 있을까마는, 팍팍

하고 고된 세월 속에 웃음을 잃지 않고 시린 삶의 마디마디 눈물까지도 웃음으로 살아 내는 그들 삶의 내공 앞에 절로 고개가 숙여진다. 지난 10년의 세월을 살아 준, 커피밭에서 만난 모든 사람들에게 깊이 감사한다.

　간절한 바람이 있다면, 산페드로 마을에 사는 기예르모가 다시 걸을 수 있게 되면 정말 좋겠다. 그리고 니카라과 산타루시아 마을에서 다시 프레디와 안토니아를 볼 수 있으면 정말 좋겠다. 기적 같은 일들이겠지만, 바라고 믿으면 이루어진다 했으니, 그런 기적을 간절히 믿고 싶다.